알고리즘으로 배우는 엔트리

발 행 일	2018년 2월 28일 (2018년 2월 28일)
I S B N	978-89-8455-935-6 (13000)
정 가	12,000원
책 임	이대명
진 행	이창욱
디 자 인	디자인앨리스
영 업	안광준
물 류	안우열
발 행 인	유성천
발 행 처	(주)아카데미소프트
주 소	경기도 파주시 정문로 588길 24
대표전화	02)3463-5000
대표팩스	02)3463-0400
홈페이지	www.academysoft.co.kr

※ 이 책에 실린 독창적인 내용의 무단 전재, 복제는 저작권법에 저촉됩니다.

구성 — 이런 내용으로 구성되어 있어요!

● 순서도와 알고리즘 그리고 엔트리를 학습할 수 있도록 구성하였습니다.

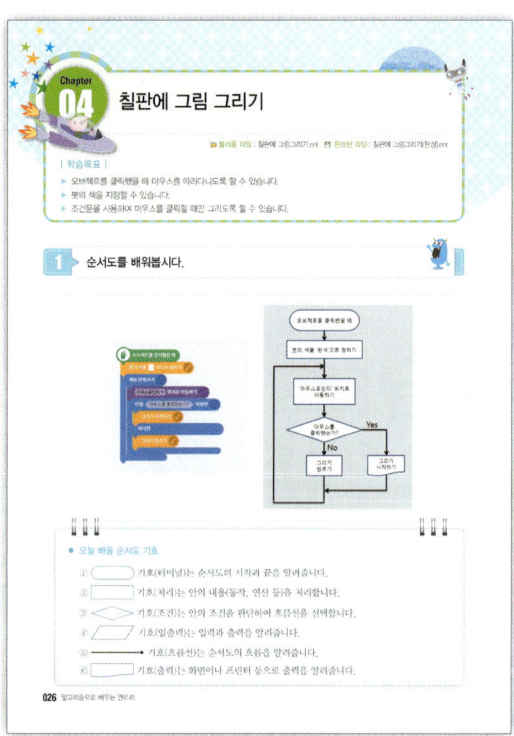

순서도 배우기

1~8차시는 순서도 기호의 대한 설명을 보여줍니다.

9~24차시는 순서도의 구조를 학습한 후 순서도의 흐름을 파악하여 문제를 해결할 수 있습니다.

알고리즘 배우기

다양한 문제와 놀이를 통해 알고리즘을 배울 수 있습니다.

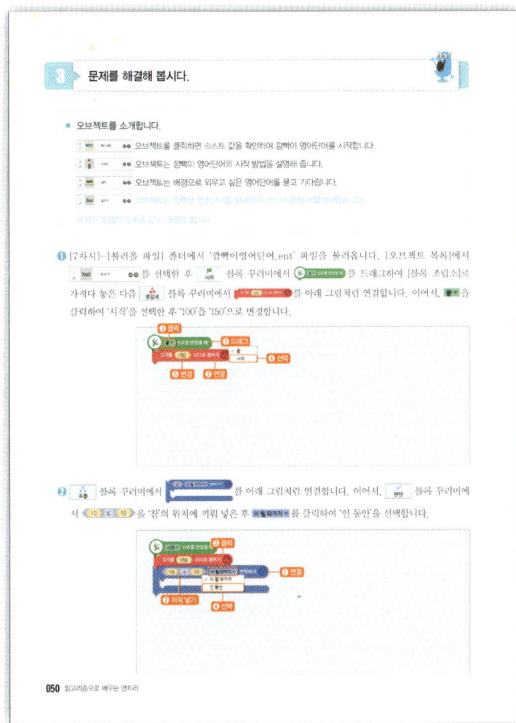

 문제 해결하기

오브젝트에 발생한 문제점을 파악한 후 문제해결을 위해 교재 내용 및 코딩풀이를 참고하여 코드를 작성합니다.

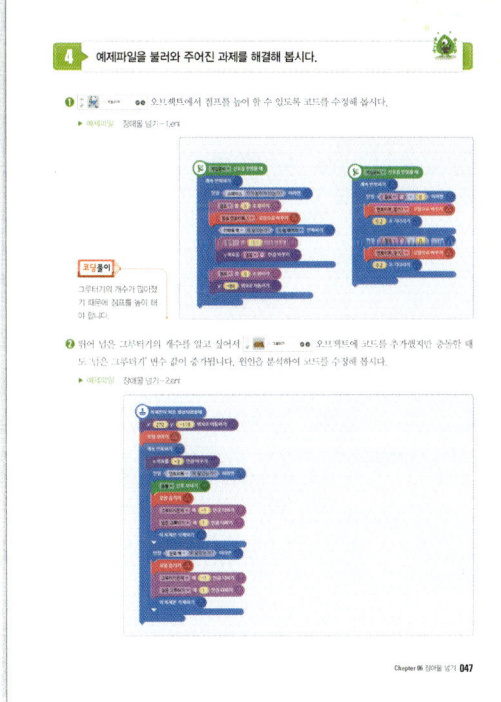

 과제 해결하기

각 차시가 끝나면 스스로 생각하며 코딩을 할 수 있도록 과제를 제공합니다.

구성 **003**

목차 CONTENTS

Chapter 01	마우스로 움직이는 엔트리봇 만들기	006
Chapter 02	키보드로 움직이는 엔트리봇 만들기	012
Chapter 03	동전획득	018
Chapter 04	칠판에 그림 그리기	026
Chapter 05	주사위의 눈을 바꿔보자	032
Chapter 06	장애물 넘기	040
Chapter 07	깜빡이 영어단어	048
Chapter 08	단원종합 평가문제	054
Chapter 09	스페이스바로 조종하는 드론	056
Chapter 10	굴러오는 바위 피하기	062
Chapter 11	마우스로 조종하는 자동차	070
Chapter 12	미로에서 치킨을 찾아보자	078

Chapter 13	야구 게임	• 086
Chapter 14	2명이 함께하는 축구게임	• 094
Chapter 15	구구단 게임	• 102
Chapter 16	단원종합 평가문제	• 110
Chapter 17	지나가는 풍선 터트리기	• 112
Chapter 18	미사일 피하기	• 120
Chapter 19	3L와 5L 비커로 물 4L 만들기	• 128
Chapter 20	공동 묘지 사격	• 136
Chapter 21	가위바위보	• 144
Chapter 22	행성이 커진다 ①	• 152
Chapter 23	행성이 커진다 ②	• 160
Chapter 24	단원종합 평가문제	• 168

Chapter 01 마우스로 움직이는 엔트리봇 만들기

📁 불러올 파일 : 없음   📄 완성된 파일 : 마우스로 엔트리봇 움직이기(완성).ent

| 학습목표 |
▶ 엔트리(Entry)를 실행하여 새 작품을 만들 수 있습니다.
▶ 마우스를 사용하여 엔트리봇을 움직일 수 있습니다.

1 순서도를 배워봅시다.

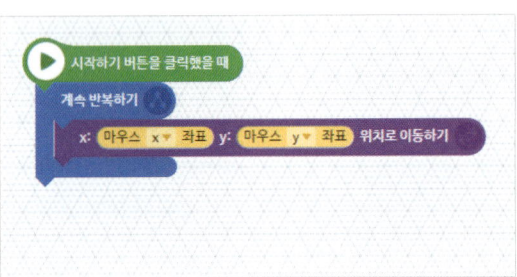
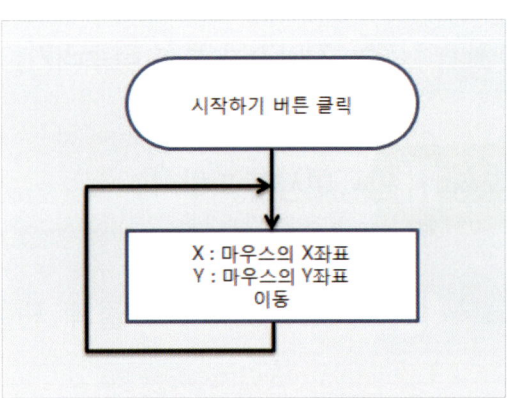

● 오늘 배울 순서도 기호

①  기호(터미널)는 순서도의 시작과 끝을 알려줍니다.

② ▭ 기호(처리)는 안의 내용(동작, 연산 등)을 처리합니다.

③ ─────▶ 기호(흐름선)는 순서도의 흐름을 알려줍니다.

006 알고리즘으로 배우는 엔트리

2 알고리즘을 배워봅시다.

- 알고리즘이란 어떤 문제를 해결하기 위한 절차나 방법을 의미합니다. 우리가 마트에서 물건을 살 때 첫 번째는 어떤 물건을 사야할지 그리고 두 번째는 현재 내가 가지고 있는 돈으로 살 수 있는지를 생각합니다. 즉, 마트에서 이 2가지 조건을 만족하는 물건을 사야 하는데 이 과정을 하나의 알고리즘으로 생각해 볼 수 있습니다.

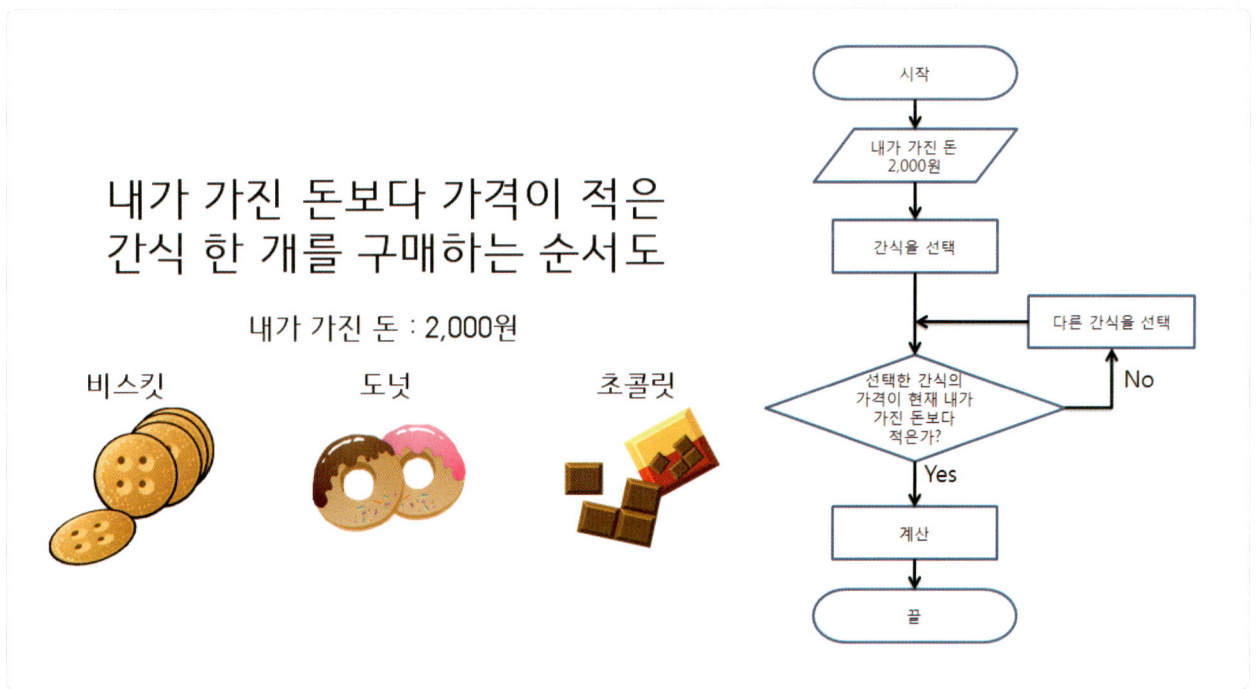

※ ◇ (조건), ▱ (입력과 출력) 기호는 앞으로 배울 순서도 기호입니다.

위 그림은 우리가 마트에 가서 간식을 고를 때의 생각을 순서도로 그린 것입니다. 실제와 차이는 있겠지만 알고리즘은 우리 생활의 많은 부분에서 보이지 않게 사용되고 있으며, 앞으로 프로그래밍을 하면서 알고리즘은 필수요소이기 때문에 조금 어렵게 느껴지더라도 함께 공부해 봅시다.

보충설명

알고리즘이란 단어는 '아부 압둘라 무함마드 이븐 무사 알콰리즈미'란 페르시아의 수학자의 이름에서 따왔습니다. 그는 인도에 도입된 아라비아 숫자를 이용하여 최초로 사칙연산(덧셈, 뺄셈, 곱셈, 나눗셈)을 만들고 0과 위치값을 사용한 수학자입니다.

3 ▶ 문제를 해결해 봅시다.

- 오브젝트를 소개합니다.

  마우스를 이용하여 움직이도록 코딩해 봅시다.

❶ 엔트리(Entry)를 시작한 후 `시작하기 버튼을 클릭했을 때` 아래의 블록들을 [블록 꾸러미]나 오른쪽 밑의 휴지통으로 드래그하여 삭제합니다.

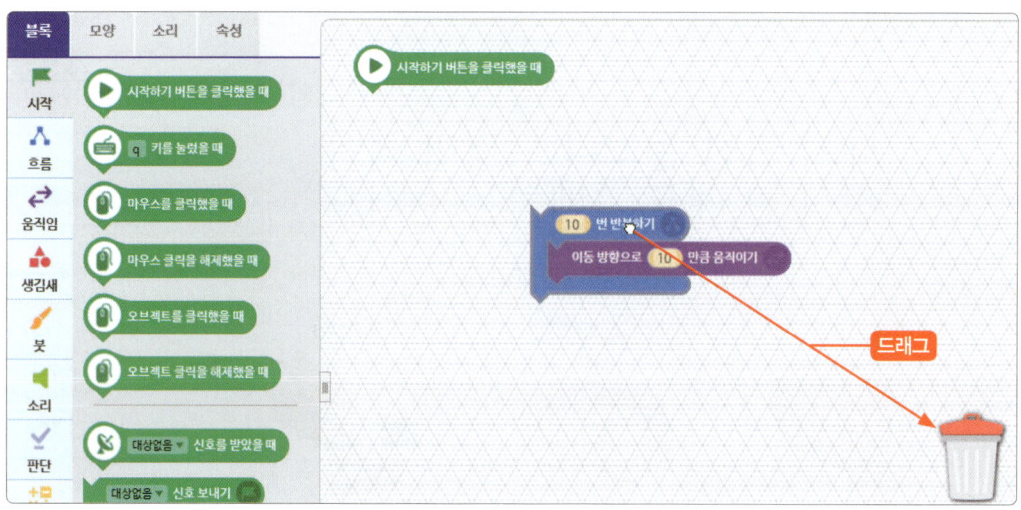

❷ `흐름` 블록 꾸러미에서 `계속 반복하기`를 아래 그림처럼 연결합니다.

❸ `움직임` 블록 꾸러미에서 `x: 0 y: 0 위치로 이동하기`를 아래 그림처럼 연결합니다.

❹ [계산] 블록 꾸러미에서 마우스 x 좌표 를 첫 번째 '0'의 위치에 끼워 넣습니다.

❺ [계산] 블록 꾸러미에서 마우스 x 좌표 를 '0'의 위치에 끼워 넣습니다.

❻ 두 번째 마우스 x 좌표 에 x▼ 를 클릭하여 목록이 나오면 'y'를 선택합니다.

코딩풀이

현재 오브젝트에 시작하기 버튼을 클릭했을 때 계속해서 x좌표를 마우스의 x좌표로, y좌표를 마우스의 y좌표로 이동합니다.

❼ ▶ 버튼을 클릭하여 [엔트리봇] 오브젝트가 마우스 커서의 위치로 이동하는지 확인합니다.

❽ 프로그램이 정상적으로 실행되면 [파일]-[복사본으로 저장하기]를 클릭합니다.

❾ [저장하기] 대화상자가 나오면 바탕 화면이나 특정 드라이브에 본인의 이름으로 폴더를 만들어 '마우스로 엔트리봇 움직이기.ent'로 저장합니다.

4 예제파일을 불러와 주어진 과제를 해결해 봅시다.

❶ [엔트리봇]이 마우스를 따라서 움직이지 않습니다. 코드를 수정해 봅시다.

▶ 예제파일 : 마우스로 엔트리봇 움직이기-1.ent

❷ [엔트리봇]이 마우스를 계속해서 따라가지 않고 멈춥니다. 코드를 수정해 봅시다.

▶ 예제파일 : 마우스로 엔트리봇 움직이기-2.ent

Chapter 02 키보드로 움직이는 엔트리봇 만들기

📁 불러올 파일 : 없음   💾 완성된 파일 : 키보드로 엔트리봇 이동하기(완성).ent

| 학습목표 |

▶ 계속 반복하기를 사용하여 조건을 확인할 수 있습니다.
▶ 키보드를 사용하여 엔트리봇을 움직일 수 있습니다.

1 순서도를 배워봅시다.

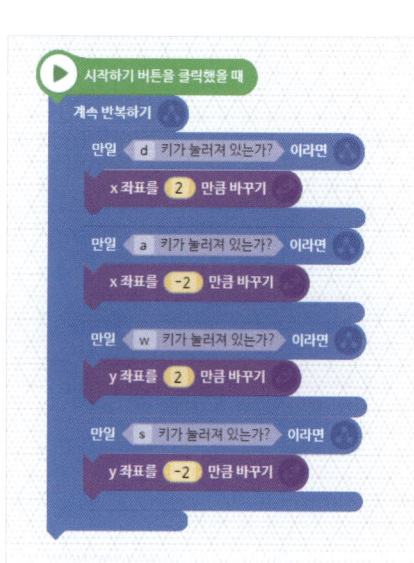

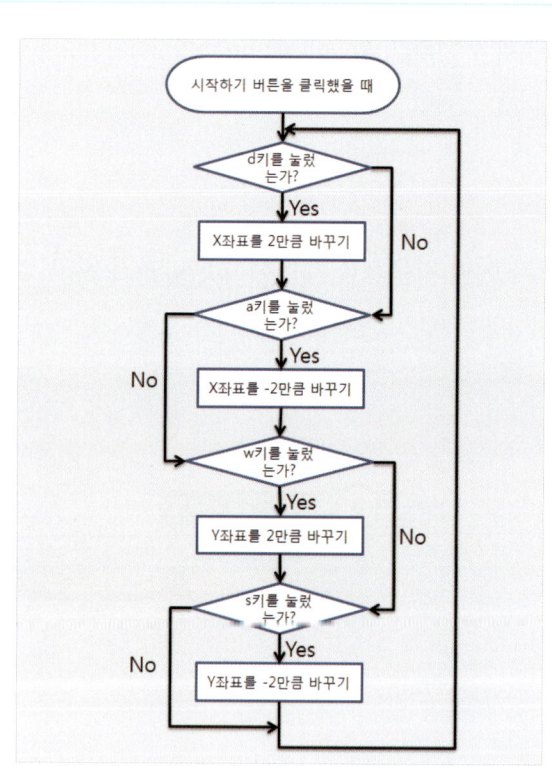

● 오늘 배울 순서도 기호

① ⬭ 기호(터미널)는 순서도의 시작과 끝을 알려줍니다.

② ◇ 기호(조건)는 안의 조건을 판단하여 흐름선을 선택합니다.

③ ▭ 기호(처리)는 안의 내용(동작, 연상 등)을 처리합니다.

④ ⟶ 기호(흐름선)는 흐름을 알려줍니다.

2 알고리즘을 배워봅시다.

- 자율주행 자동차가 집까지 가는데 방향 전환을 몇 번 해야 할까요?
  ※ 자동차는 대각선으로 이동하지 못하고 방향 전환도 직각으로만 가능합니다.

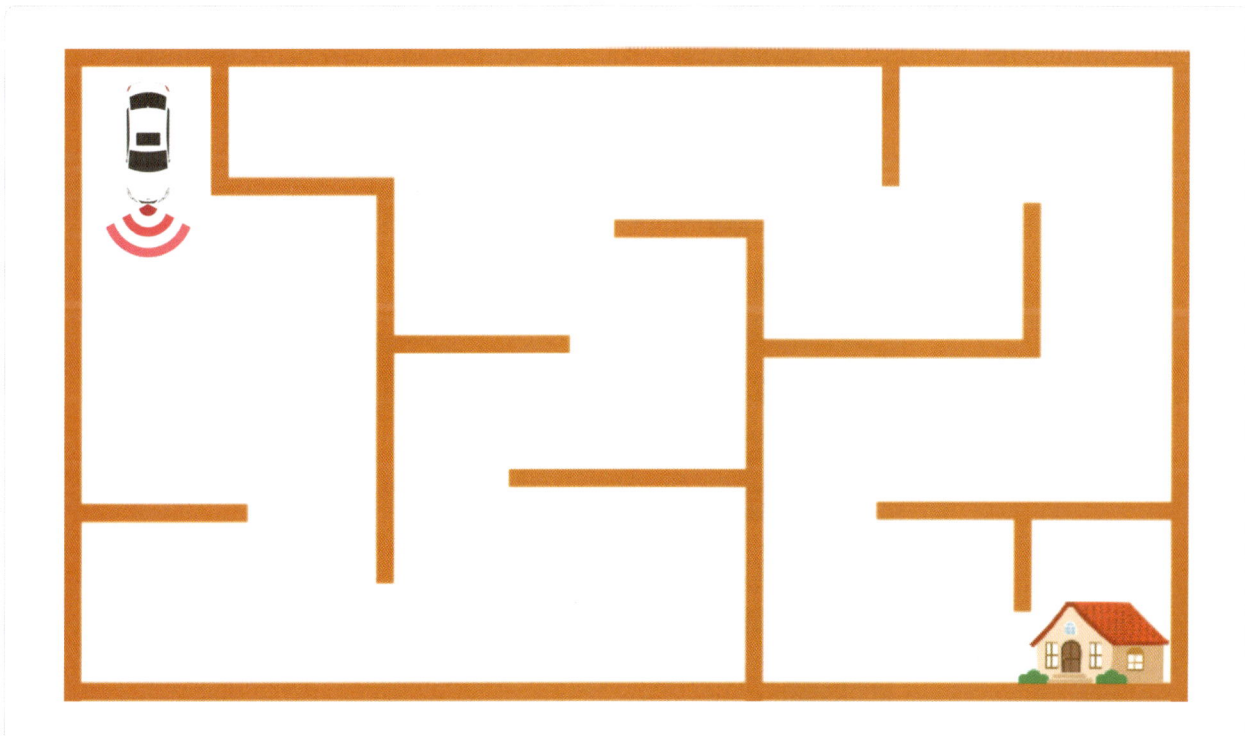

문제에서 자동차의 이동은 계속 반복하기이며, 방향 전환은 조건문으로 볼 수 있습니다. 프로그램에서 '계속 반복하기'는 안에 포함된 블록들의 내용을 프로그램이 종료되기 전까지 계속해서 반복합니다. 이번 챕터에서 '계속 반복하기'를 사용하는 이유는 프로그램을 사용하는 사람이 어떤 키를 눌렀는지 계속 체크하기 위해서 입니다.

보충설명

자율주행 자동차란?

운전자가 차량을 조작하지 않고 스스로 주행하여 정해진 목적지까지 주행하는 자동차를 말합니다. 자율주행의 개념은 1960년대부터 등장하였지만 기술적인 부분이 부족하여 90년대 컴퓨터의 판단 기술이 급속도로 발전되면서 본격적인 연구가 시작되었습니다. 현재 많은 자동차 회사들이 2020년부터 완전한 자율주행 자동차를 출시하는데 목표를 두고 개발하고 있습니다.

3 문제를 해결해 봅시다.

- 오브젝트를 소개합니다.

  키보드의 W, S, A, D 키를 이용하여 움직이도록 코딩해 봅시다.

❶ 엔트리(Entry)를 시작한 후 [시작하기 버튼을 클릭했을 때] 아래의 블록들을 드래그하여 [블록 꾸러미]나 오른쪽 밑의 휴지통으로 이동시켜 삭제합니다.

❷ [흐름] 블록 꾸러미에서 [계속 반복하기]를 아래 그림처럼 연결합니다.

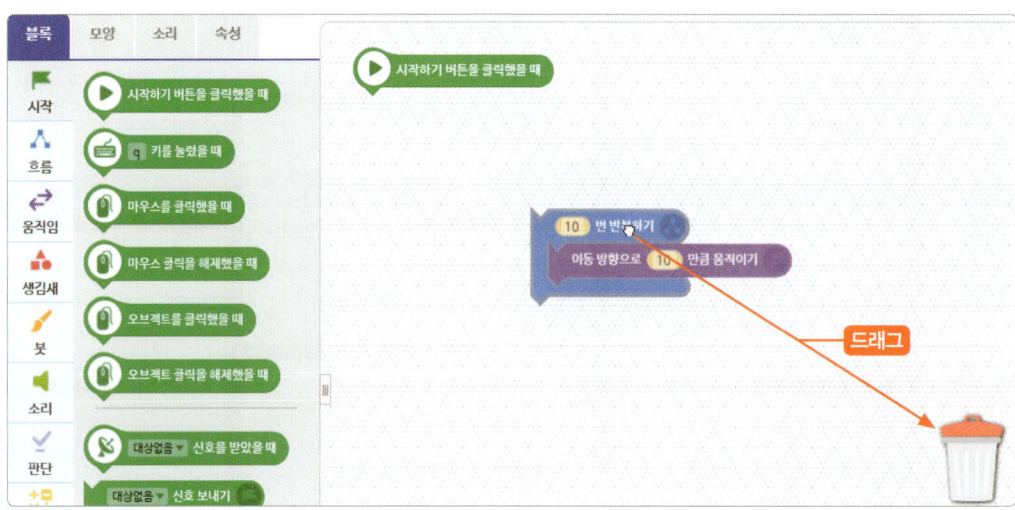

❸ [흐름] 블록 꾸러미에서 [만일 참 이라면]을 아래 그림처럼 연결합니다. 이어서, [판단] 블록 꾸러미에서 [q 키가 눌러져 있는가?]를 '참'의 위치에 끼워 넣습니다.

❹ q를 클릭하여 키보드 모양의 이미지가 나오면 키보드의 'W' 키를 누릅니다.

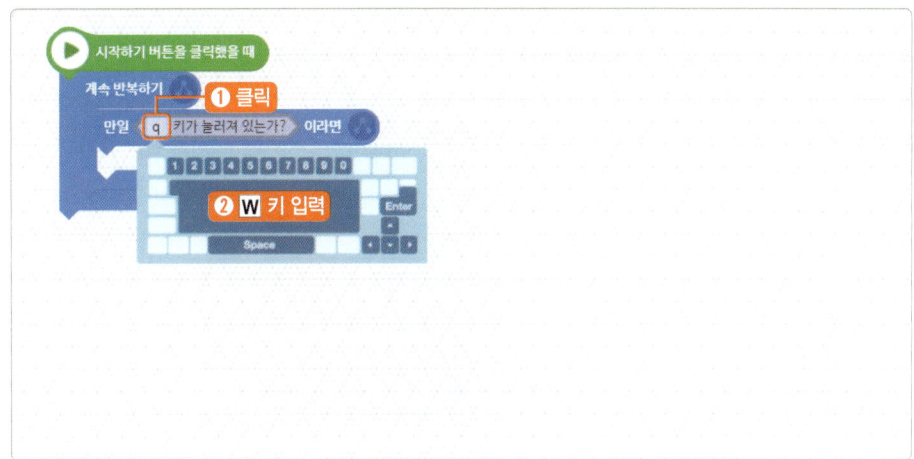

❺ 움직임 블록 꾸러미에서 y좌표를 10 만큼 바꾸기 를 아래 그림처럼 연결한 후 '10'을 '2'로 변경합니다.

코딩풀이

키보드의 W 키를 눌렀을 때 y좌표를 '2' 만큼 바꿉니다. 그러면 [엔트리봇] 오브젝트가 화면에서 위로 올라가는 모습으로 보입니다.

❻ 만일 w 키가 눌러져 있는가? 이라면 위에서 마우스 오른쪽 버튼을 눌러 [코드 복사 & 붙여넣기]를 선택하여 블록을 복사한 후 아래 그림처럼 연결합니다. 똑같은 방법으로 2개를 더 복사하여 아래 그림처럼 연결합니다.

Chapter 02 키보드로 움직이는 엔트리봇 만들기 **015**

❼ 두 번째 `w 키가 눌러져 있는가?`를 `s`로 변경한 다음 두 번째 `y좌표를 2 만큼 바꾸기`의 '2'를 '-2'로 변경합니다. 이어서, 세 번째와 네 번째 `w 키가 눌러져 있는가?`를 `a`와 `d`로 변경합니다.

❽ 세 번째 `y좌표를 2 만큼 바꾸기`를 삭제한 후 `움직임` 블록 꾸러미에서 `x좌표를 10 만큼 바꾸기`로 변경합니다. 네 번째 `y좌표를 2 만큼 바꾸기`도 동일한 방법으로 변경합니다.

코딩풀이

W 키와 S 키는 위, 아래(y좌표)로 이동하고 A 키와 D 키는 좌, 우(x좌표)로 이동합니다.

❾ 첫 번째 '10'을 '-2'로 변경한 후 두 번째 '10'을 '2'로 변경합니다. 이어서, ▶ 버튼을 클릭하여 W, S, A, D 키로 [엔트리봇]을 조종해 봅시다.

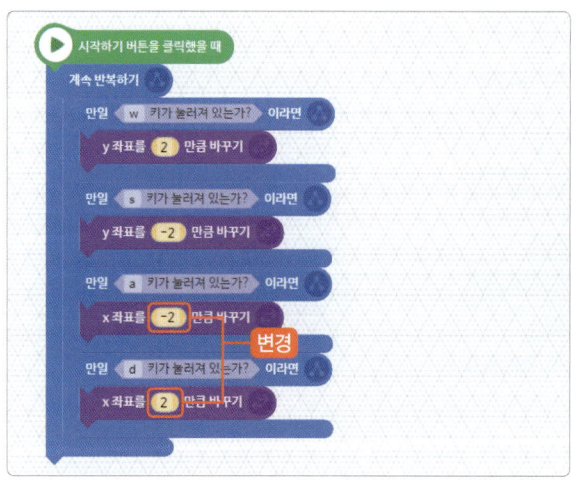

016 알고리즘으로 배우는 엔트리

4 ▶ 예제파일을 불러와 주어진 과제를 해결해 봅시다.

❶ `계속 반복하기` 블록을 제거하면 어떻게 되는지 코드를 수정하여 실행해 봅시다.

▶ 예제파일 : 키보드로 엔트리봇 이동하기-1.ent

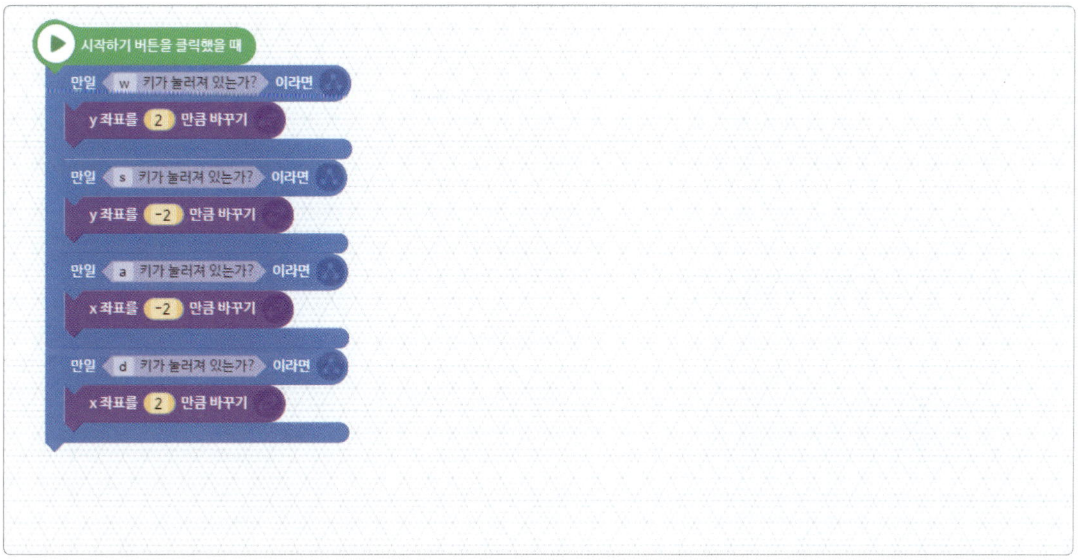

❷ W, S, A, D 키를 ↑, ↓, ←, → 방향키로 변경한 후 실행해 봅시다.

▶ 예제파일 : 키보드로 엔트리봇 이동하기-2.ent

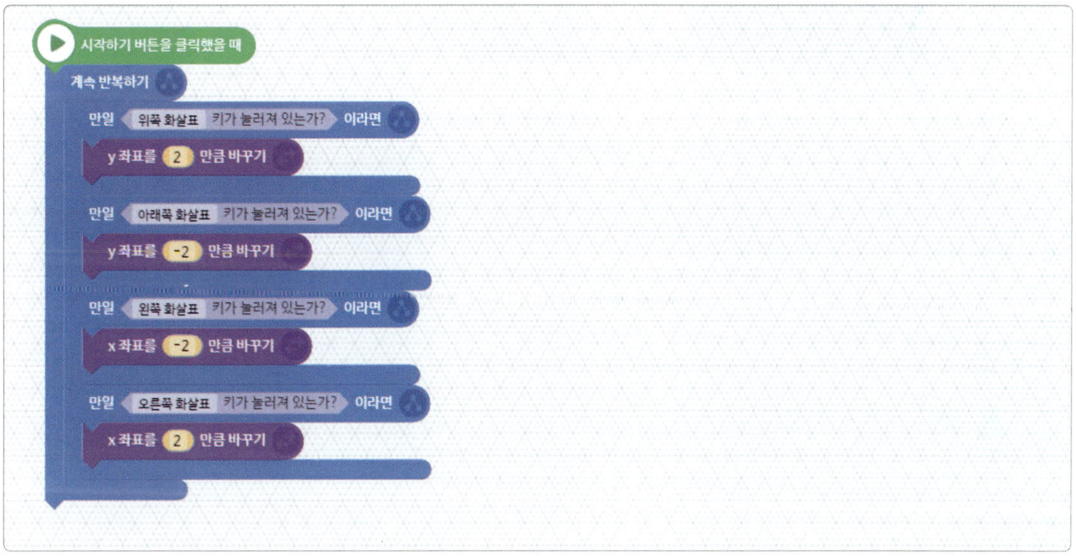

Chapter 03 동전획득

📁 불러올 파일 : 동전획득.ent   💾 완성된 파일 : 동전획득(완성).ent

| 학습목표 |

▶ 오브젝트의 복제본을 만들 수 있습니다.
▶ 화면의 무작위 장소에 코인 오브젝트를 생성할 수 있습니다.
▶ 오브젝트가 닿았을 때 복제본을 삭제할 수 있습니다.

1 순서도를 배워봅시다.

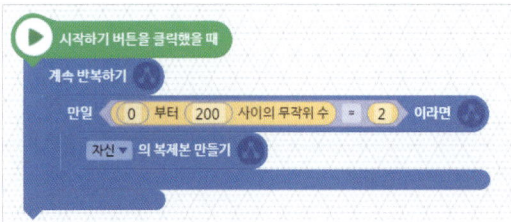

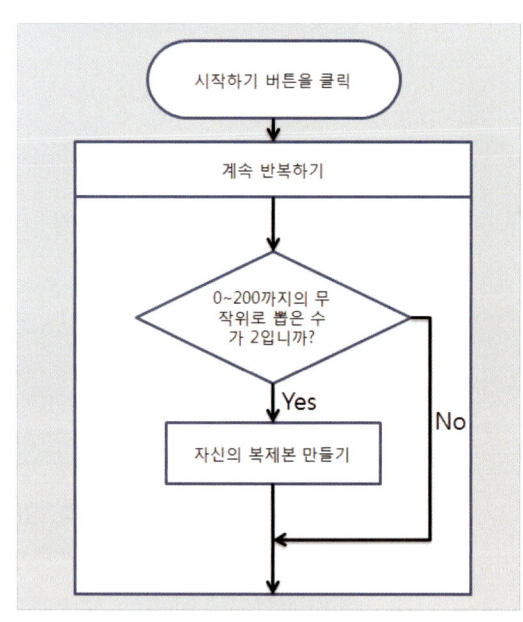

● 오늘 배울 순서도 기호

①  기호(터미널)는 순서도의 시작과 끝을 알려줍니다.

② ▢ 기호(반복)는 위쪽의 얇은 칸의 조건에 맞추어 안의 내용을 반복합니다.

③ ◇ 기호(조건)는 안의 조건을 판단하여 흐름선을 선택합니다.

④ ▭ 기호(처리)는 안의 내용(동작, 연산 등)을 처리합니다.

⑤  기호(흐름선)는 순서도의 흐름을 알려줍니다.

2. 알고리즘을 배워봅시다.

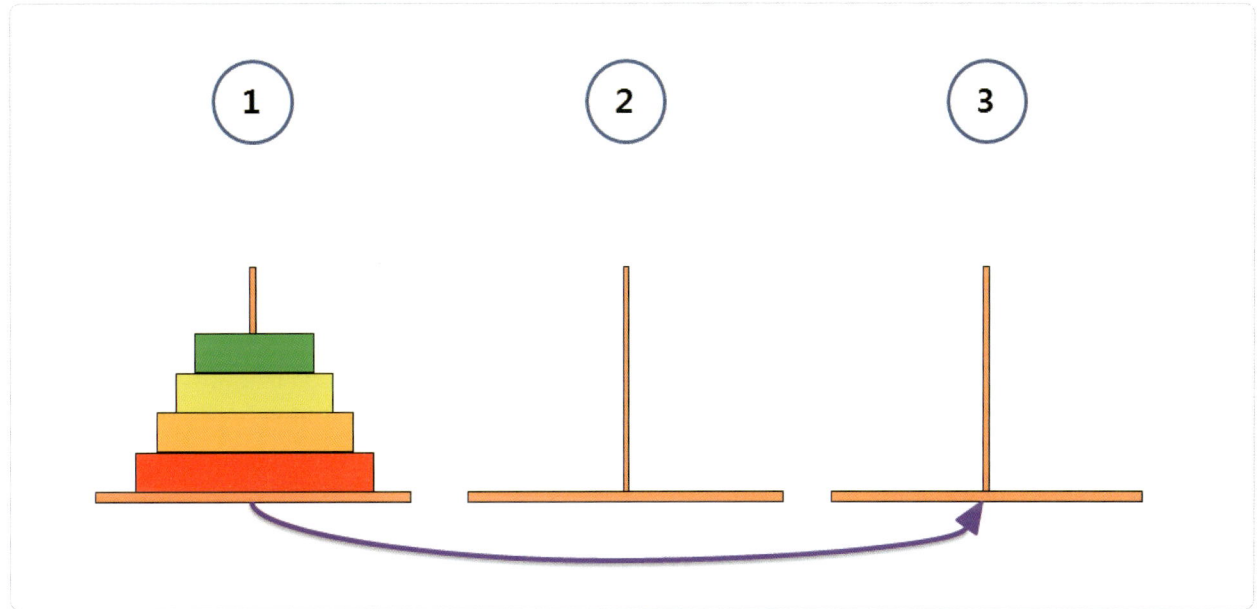

위의 그림에 나온 퍼즐의 이름은 '하노이의 탑'이라고 합니다. 규칙은 한 번에 하나만 옮길 수 있으며 크기가 큰 것은 작은 것 위에 올리지 못합니다. 한 개를 옮기는 것을 1회라고 했을 때 전부 ③번으로 옮기는데 몇 회가 걸릴까요?

보충설명

'하노이의 탑'의 전설

고대 인도의 한 사원에는 세상의 중심을 알리는 큰 돔이 있었습니다. 그 돔에는 신이 쌓아 놓은 탑이 있었는데 탑의 안에는 높이가 50cm인 다이아몬드 막대가 3개 있었습니다. 그 중 한 개의 막대에는 크기가 모두 다르고 구멍이 뚫린 황금 원반 64개를 크기가 큰 순서대로 아래쪽부터 쌓아 놓았습니다. 신은 사원의 승려들에게 말했습니다. "밤낮으로 쉬지 말고 원반을 옮기도록 하여라. 옮기는 도중 절대로 작은 원반 위에 큰 원반을 올려놓으면 안 된다."
64개의 원반이 모두 옮겨지면 탑은 무너지고 세상은 종말을 맞이한다는 것이 하노이의 탑에 얽힌 전설입니다.

QR코드(스마트폰)

URL주소(PC)

https://goo.gl/dworso

※ 추천 QR코드 앱 : 'DENSO WAVE'에서 개발한 [official QR Code® Reader "Q"] 앱을 사용하시면 관련 동영상을 바로 확인할 수 있습니다.

3 ▶ 문제를 해결해 봅시다.

- 오브젝트를 소개합니다.

  - 엔트리봇 오브젝트는 키보드로 움직이며 동전을 획득합니다.
  - 웅덩이 오브젝트는 배경으로 초시계를 보여줍니다.
  - 동전 오브젝트는 동전을 무작위 장소에 만들어주며 [엔트리봇] 오브젝트와 닿았을 때 '코인' 변수를 증가시켜 주어야 하는데 문제가 발생하였습니다. 문제가 발생한 부분을 같이 해결해 봅시다.

❶ [3차시]-[불러올 파일] 폴더에서 '동전획득.ent' 파일을 불러옵니다. 이어서, [오브젝트 목록]에서 동전 오브젝트를 선택한 후 시작 블록 꾸러미에서 시작하기 버튼을 클릭했을 때 를 드래그하여 [블록 조립소]로 가져다 놓습니다.

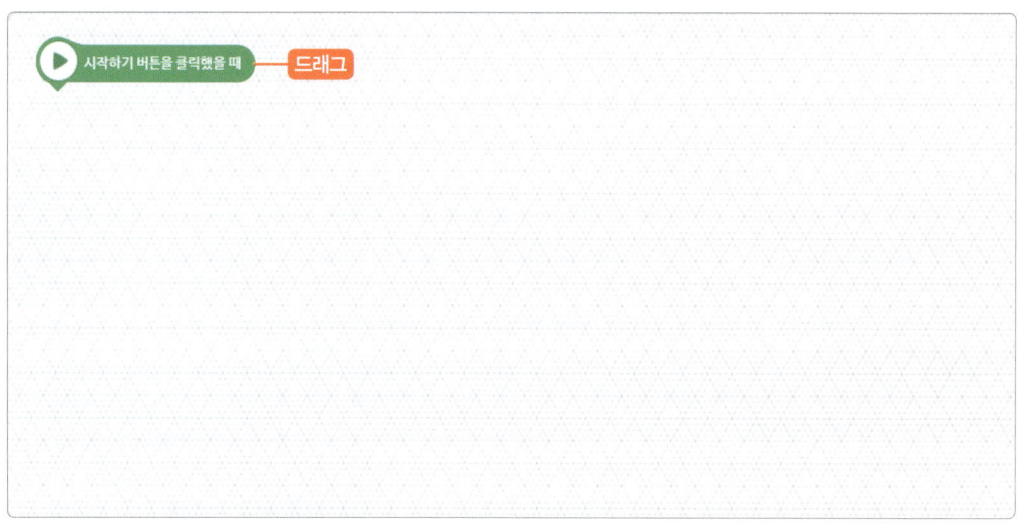

❷ 흐름 블록 꾸러미에서 계속 반복하기 와 만일 참 이라면 을 아래 그림처럼 연결합니다.

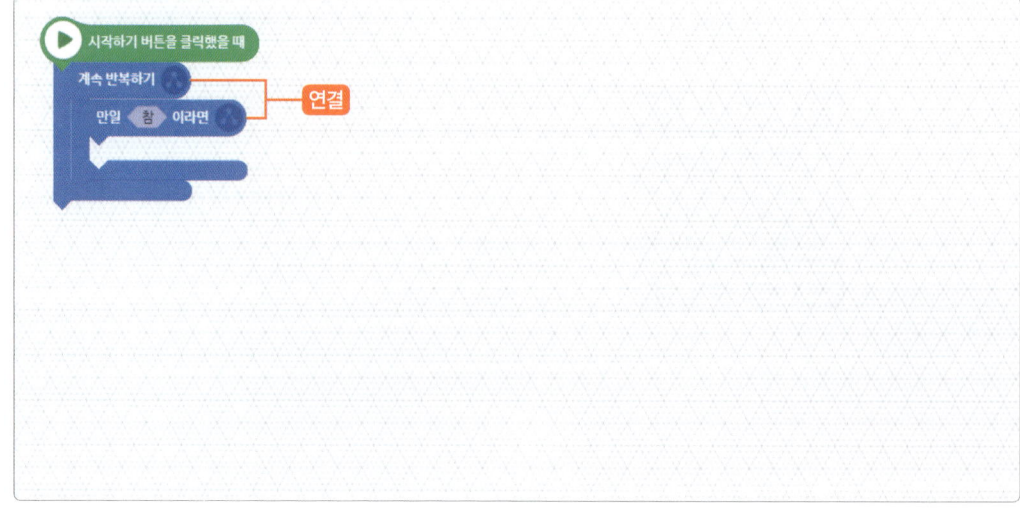

❸ [판단] 블록 꾸러미에서 ◁10 = 10▷을 '참'의 위치에 끼워 넣은 후 두 번째 '10'을 '2'로 변경합니다.

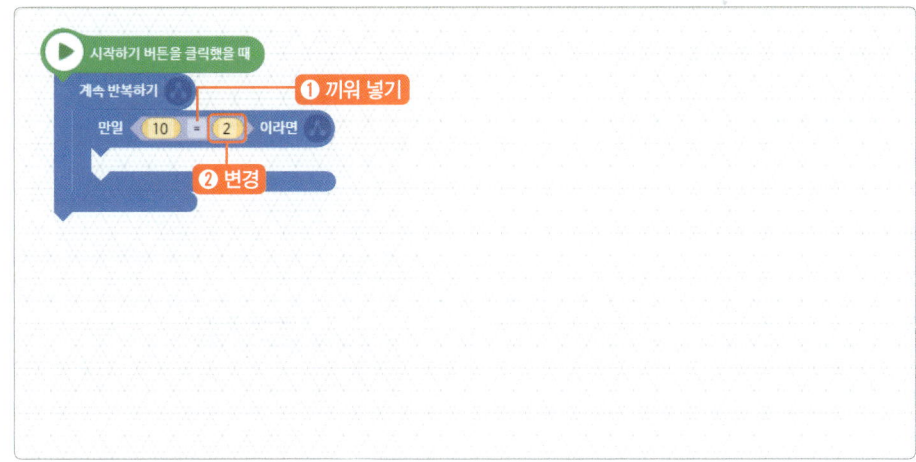

❹ [계산] 블록 꾸러미에서 ◁0 부터 10 사이의 무작위 수▷를 '10'의 위치에 끼워 넣은 후 '10'을 '200'으로 변경합니다. 그리고 [흐름] 블록 꾸러미에서 [자신▼의 복제본 만들기]를 아래 그림처럼 연결합니다.

> **코딩풀이**
> '0~200'까지의 무작위 수 중에서 '2'와 같으면 [동전] 오브젝트의 복제본을 생성합니다.

❺ [흐름] 블록 꾸러미에서 [복제본이 처음 생성되었을때]를 드래그하여 [블록 조립소]로 가져다 놓은 후 [움직임] 블록 꾸러미에서 [x: 0 y: 0 위치로 이동하기]를 아래 그림처럼 연결합니다.

❻ [계산] 블록 꾸러미에서 `(0) 부터 (10) 사이의 무작위 수`를 'x:' 옆의 '0'의 위치에 끼워 넣은 후 첫 번째 '0'을 '-230', '10'을 '230'으로 각각 변경합니다.

코딩풀이
x좌표 '-230'은 실행 화면의 왼쪽 끝 좌푯값 이며, '230'은 오른쪽 끝 좌푯값 입니다.

❼ [계산] 블록 꾸러미에서 `(0) 부터 (10) 사이의 무작위 수`를 'y:' 옆의 '0'의 위치에 끼워 넣은 후 '0'을 '-120', '10'을 '120'으로 각각 변경합니다.

코딩풀이
y좌표 '-120'은 실행 화면의 아래쪽 끝 좌표값 이며, '120'은 위쪽 끝 좌푯값 입니다.

❽ [생김새] 블록 꾸러미에서 `모양 보이기`와 [흐름] 블록 꾸러미에서 `2 초 기다리기`와 `이 복제본 삭제하기`를 아래 그림처럼 연결합니다.

코딩풀이
복제본이 처음 생성되면 x좌표 '-230~230', y좌표 '-120~120' 범위 안에서 무작위 장소로 이동하여 '2'초간 보여준 후 삭제합니다.

❾ 블록 꾸러미에서 복제본이 처음 생성되었을때 를 [블록 조립소]로 가져다 놓은 후 계속 반복하기 를 아래 그림처럼 연결합니다.

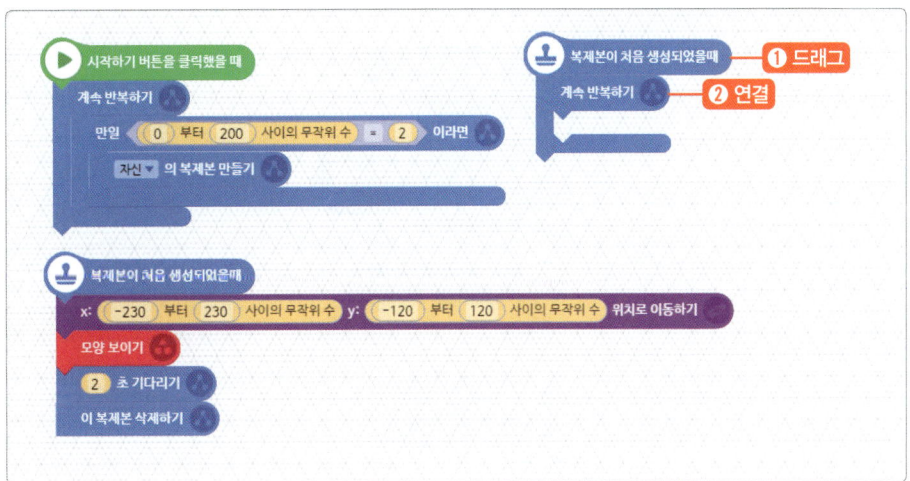

❿ 블록 꾸러미에서 만일 참 이라면 을 아래 그림처럼 연결합니다.

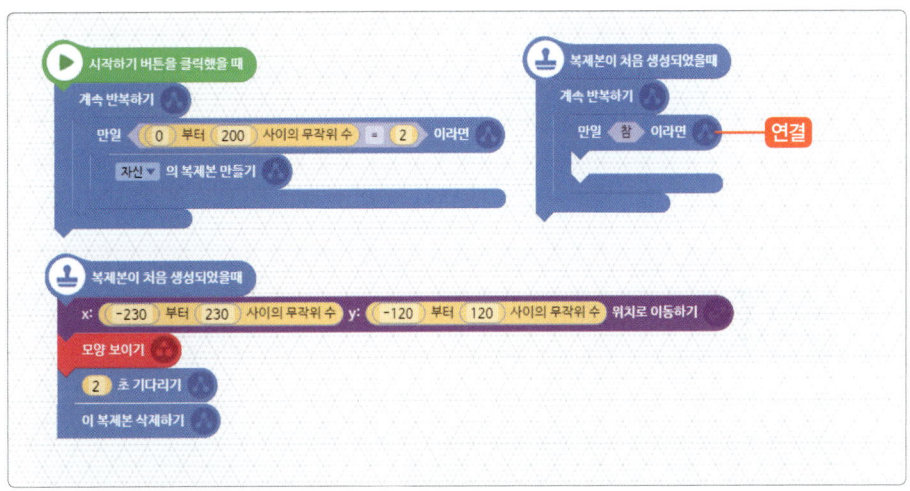

⓫ 블록 꾸러미에서 마우스포인터 에 닿았는가? 를 '참'의 위치에 끼워 넣은 후 마우스포인터 를 클릭하여 '엔트리봇'을 선택합니다.

⑫ [자료] 블록 꾸러미에서 [코인▼ 에 10 만큼 더하기] 를 연결한 후 '10'을 '1'로 변경합니다. 이어서, [흐름] 블록 꾸러미에서 [이 복제본 삭제하기] 를 아래 그림처럼 연결합니다.

코딩풀이

[동전]이 복제되어 생성되면 [엔트리봇]에 닿았는지 계속 확인합니다. 만약, 반복문이 실행되는 도중에 [동전]이 [엔트리봇]에 닿으면 '코인' 변수에 '1'을 증가시킨 후 화면에서 동전이 보이지 않도록 삭제합니다.

※ '코인' 변수는 기본 값이 '0'입니다. [엔트리봇]이 [동전]에 닿으면 값이 증가하고 화면 왼쪽 상단에 현재 '코인' 변수의 값을 표시합니다.

⑬ ▶ 버튼을 클릭하여 동전이 [엔트리봇]과 닿으면 없어지고 왼쪽 위에 '코인'의 값이 변하는지 확인해 봅시다.

4 ▶ 예제파일을 불러와 주어진 과제를 해결해 봅시다.

❶ 아래 코드는 동전이 나올 확률이 너무 적습니다. 　　　　 오브젝트에서 동전이 나올 확률이 증가하도록 코드를 수정해 봅시다.

▶ 예제파일 : 동전획득-1.ent

❷ 　　　　 오브젝트에 30초가 지나면 프로그램이 멈추도록 코드를 추가했지만 시작과 동시에 바로 멈춥니다. 원인을 분석하여 코드를 수정해 봅시다.

▶ 예제파일 : 동전획득-2.ent

Chapter 04 칠판에 그림 그리기

📁 불러올 파일 : 칠판에 그림그리기.ent   📁 완성된 파일 : 칠판에 그림그리기(완성).ent

| 학습목표 |

▶ 오브젝트를 클릭했을 때 마우스를 따라다니도록 할 수 있습니다.
▶ 붓의 색을 지정할 수 있습니다.
▶ 조건문을 사용하여 마우스를 클릭할 때만 그리도록 할 수 있습니다.

1 순서도를 배워봅시다.

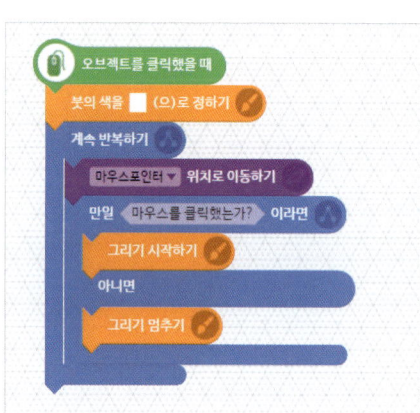
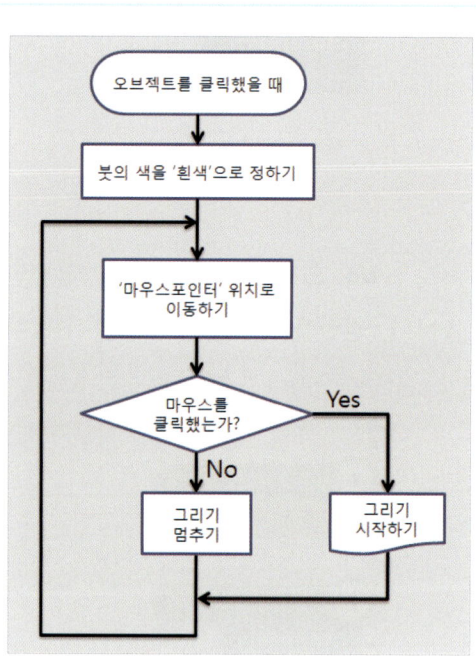

● 오늘 배울 순서도 기호

① ⬜ 기호(터미널)는 순서도의 시작과 끝을 알려줍니다.
② ⬜ 기호(처리)는 안의 내용(동작, 연산 등)을 처리합니다.
③ ◇ 기호(조건)는 안의 조건을 판단하여 흐름선을 선택합니다.
④ ▱ 기호(입출력)는 입력과 출력을 알려줍니다.
⑤ ⟶ 기호(흐름선)는 순서도의 흐름을 알려줍니다.
⑥  기호(출력)는 화면이나 프린터 등으로 출력을 알려줍니다.

2 알고리즘을 배워봅시다.

- 아래의 그림에서 화살표로 연결된 두 개의 숫자 중 큰 숫자에서 작은 숫자를 뺀 후 값을 ◯ 안에 적어 봅시다. 예를 들어 1과 12 중 큰 숫자는 12이므로 12에서 1을 뺀 11을 화살표로 연결된 동그라미에 적습니다.

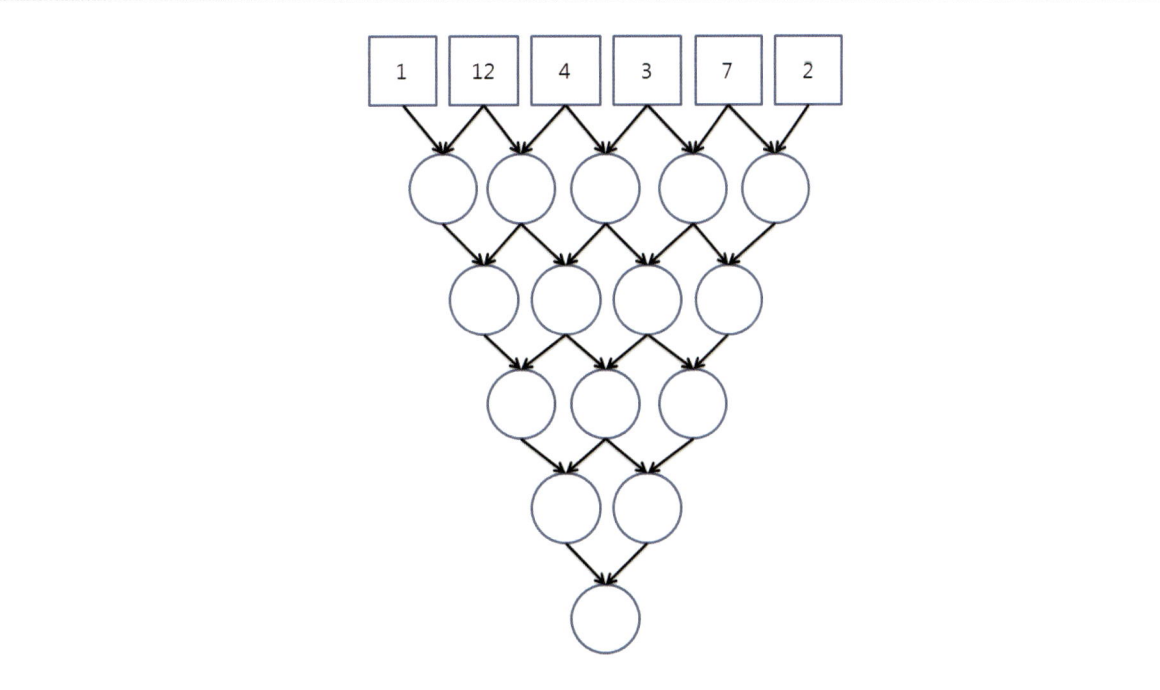

- 위의 그림에서 가장 처음의 숫자 1과 12를 이용해 순서도를 작성 할 경우 아래와 같이 그릴 수 있습니다.

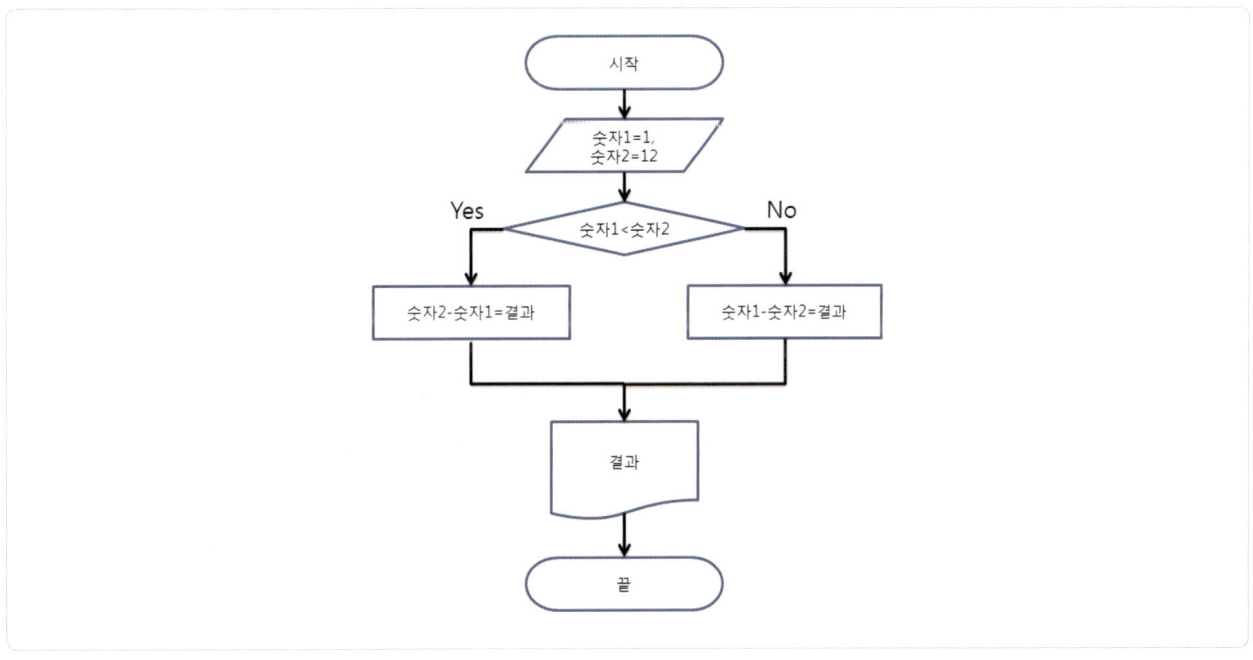

3 문제를 해결해 봅시다.

● 오브젝트를 소개합니다.

하얀색	오브젝트를 클릭하면 하얀색으로 그릴 수 있습니다.
검은색	오브젝트를 클릭하면 검은색으로 그릴 수 있습니다.
노란색	오브젝트를 클릭하면 노란색으로 그릴 수 있습니다.
빼기	오브젝트를 클릭하면 선의 굵기가 가늘어 집니다.
더하기	오브젝트를 클릭하면 선의 굵기가 굵어 집니다.
지우개	오브젝트를 클릭하면 지금까지 그렸던 것을 지울 수 있습니다.
칠판	오브젝트는 배경입니다.
분필	오브젝트를 클릭하면 마우스를 따라다니며 그림을 그려야 하는데 문제가 발생하였습니다.

문제가 발생한 부분을 같이 해결해 봅시다.

❶ [4차시]-[불러올 파일] 폴더에서 '칠판에 그림그리기.ent' 파일을 불러옵니다. [오브젝트 목록]에서 분필 오브젝트를 클릭한 후 시작 블록 꾸러미에서 오브젝트를 클릭했을 때 를 드래그하여 [블록 조립소]로 가져다 놓습니다.

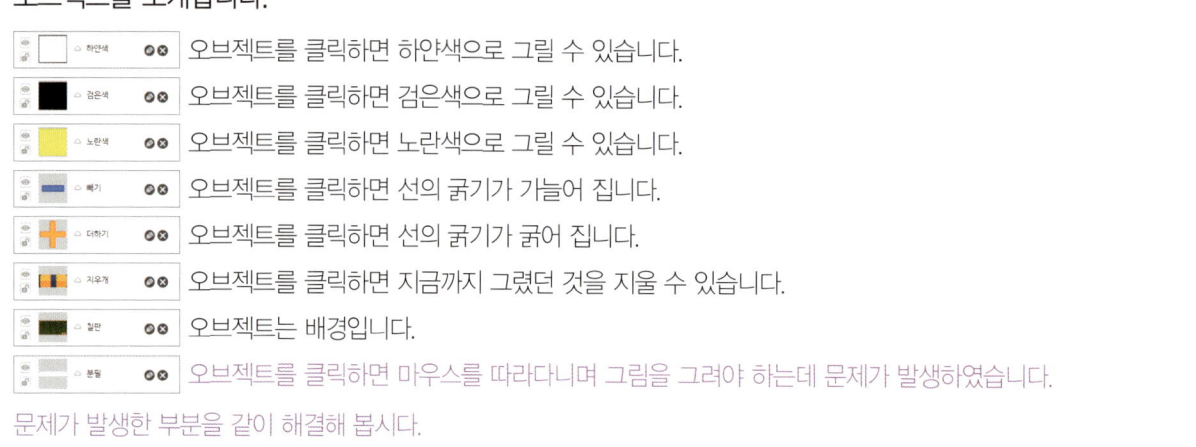

❷ 붓 블록 꾸러미에서 붓의 색을 (으)로 정하기 를 아래 그림처럼 연결한 다음 ■를 클릭하여 하얀색을 선택합니다.

❸ 흐름 블록 꾸러미에서 계속 반복하기 와 움직임 블록 꾸러미에서 하얀색 위치로 이동하기 를 아래 그림처럼 연결한 후 하얀색▼ 을 클릭하여 '마우스포인터'를 선택합니다.

코딩풀이
[분필] 오브젝트를 클릭하면 색을 하얀색으로 지정한 후 계속 마우스 포인터를 따라 다닙니다.

❹ 흐름 블록 꾸러미에서 만일~이라면~아니면 을 아래 그림처럼 연결합니다. 이어서, 판단 블록 꾸러미에서 마우스를 클릭했는가? 를 '참'의 위치에 끼워 넣습니다.

❺ 붓 블록 꾸러미에서 그리기 시작하기 를 아래 그림처럼 연결합니다.

Chapter 04 칠판에 그림 그리기 **029**

❻ 🖌 붓 블록 꾸러미에서 [그리기 멈추기]를 아래 그림처럼 연결합니다.

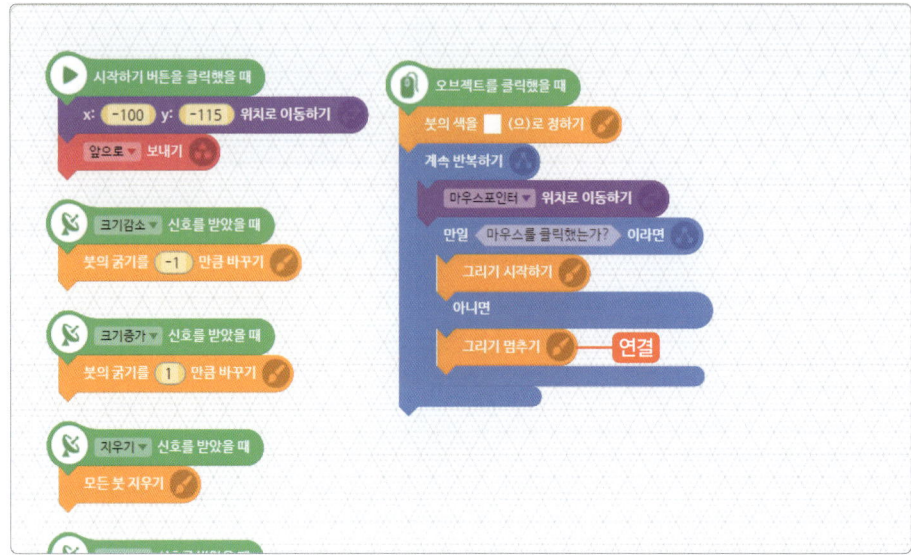

> **코딩풀이**
> 조건(참, 거짓)에 따라 그리기를 실행하기 때문에 마우스 왼쪽 버튼을 누르고 있는 상태에서는 그림이 그려지고, 왼쪽 버튼에서 손을 떼면 그리기가 멈춥니다.

❼ ▶ 버튼을 클릭한 후 [분필]을 선택합니다. 이어서, 마우스 왼쪽 버튼을 누른 채 원하는 글씨를 적어 봅시다.

4 예제파일을 불러와 주어진 과제를 해결해 봅시다.

❶  오브젝트에 파란색 신호를 받아서 붓의 색을 파란색으로 바뀌도록 코드를 추가했지만 작동하지 않습니다. 원인을 분석하여 코드를 수정해 봅시다.

▶ 예제파일 : 칠판에 그림그리기-1.ent

❷ 오브젝트를 클릭해도 화면이 지워지지 않습니다. 원인을 분석하여 코드를 수정해 봅시다.

▶ 예제파일 : 칠판에 그림그리기-2.ent

Chapter 05 주사위의 눈을 바꿔보자

📁 불러올 파일 : 주사위.ent   💾 완성된 파일 : 주사위(완성).ent

| 학습목표 |

▶ 특정 오브젝트에 신호를 보낼 수 있습니다.
▶ 주사위의 눈이 바뀌도록 코딩할 수 있습니다.
▶ 주사위 오브젝트의 개수가 증가하도록 코딩할 수 있습니다.

1 순서도를 배워봅시다.

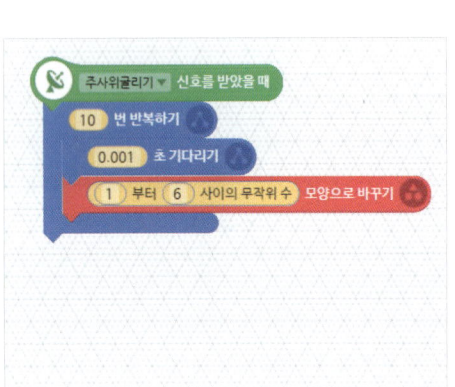

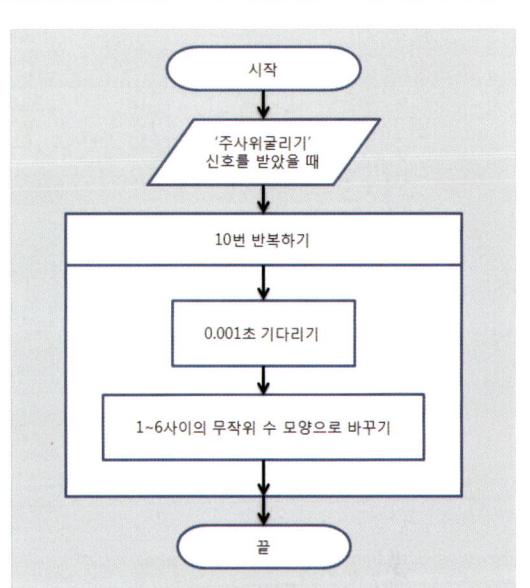

※ 순서도는 엔트리 프로그램 특성상 다른 방식으로 작성할 수도 있습니다.

● 오늘 배울 순서도 기호

① ⬭ 기호(터미널)는 순서도의 시작과 끝을 알려줍니다.

② ▱ 기호(입출력)는 입력과 출력을 알려줍니다.

③ ▢ 기호(반복)는 위쪽의 얇은 칸의 조건에 맞추어 안의 내용을 반복합니다.

④ ▢ 기호(처리)는 안의 내용(동작, 연산 등)을 처리합니다.

⑤ → 기호(흐름선)는 순서도의 흐름을 알려줍니다.

032 알고리즘으로 배우는 엔트리

알고리즘을 배워봅시다.

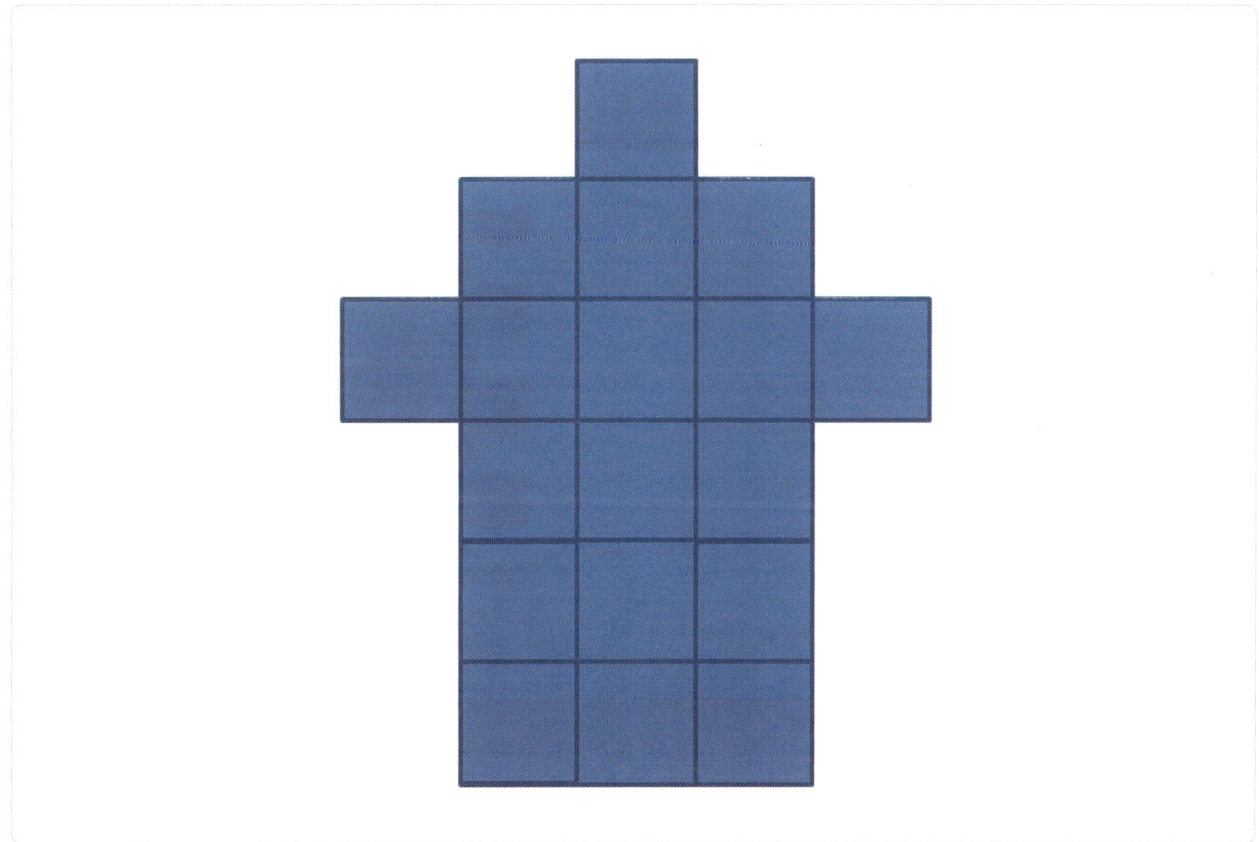

위 그림에서 겹치지 않는 정육면체의 전개도가 몇 개가 나오는지 선을 그려서 찾아봅시다.

※ 교재 맨 뒤에 있는 부록1을 가로로 오려서 정육면체를 만들어 봅시다.

TIP

정육면체란?

실생활에서 많이 보는 도형으로 입방체라고도 부르며 여섯 개의 정사각형 면으로 이루어진 다면체입니다.

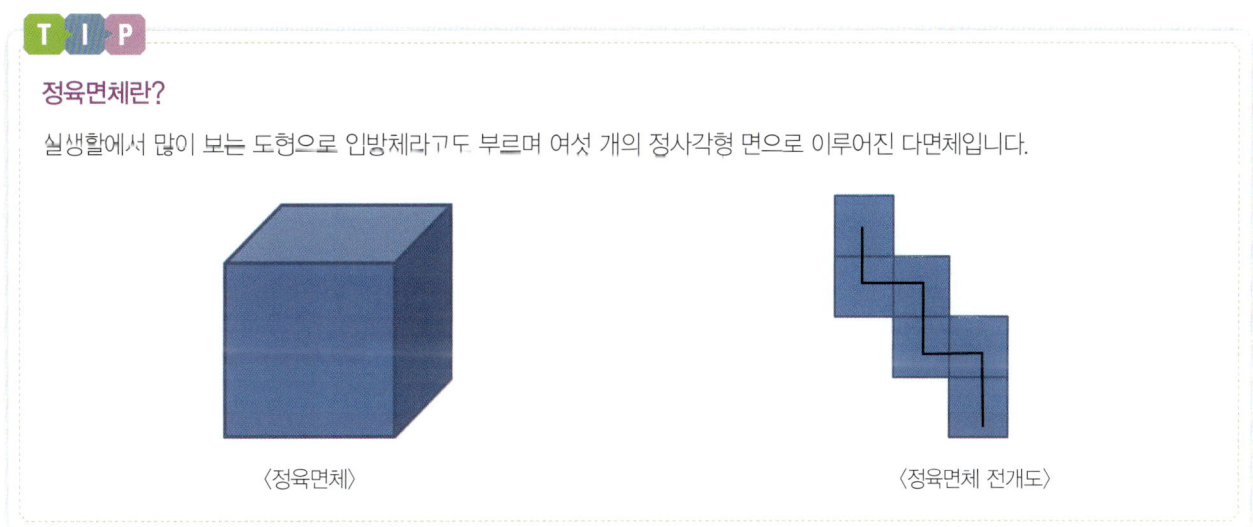

〈정육면체〉 〈정육면체 전개도〉

3 문제를 해결해 봅시다.

● 오브젝트를 소개합니다.

- [확인 버튼] 오브젝트를 클릭했을 때 주사위들을 굴리며 합계를 계산합니다.
- [빼기] 오브젝트는 주사위의 개수를 줄입니다.
- [주사위3] 오브젝트는 4번째 주사위로 특정 신호를 받아서 화면에 보이게 하거나 숨길 수 있습니다.
- [주사위2] 오브젝트는 3번째 주사위로 특정 신호를 받아서 화면에 보이게 하거나 숨길 수 있습니다.
- [주사위1] 오브젝트는 2번째 주사위로 특정 신호를 받아서 화면에 보이게 하거나 숨길 수 있습니다.
- [거실(2)] 오브젝트는 배경입니다.
- [주사위] 오브젝트는 1번째 주사위 입니다. [확인 버튼] 오브젝트를 클릭했을 때 주사위의 눈이 변경되어야 하는데 문제가 발생하였습니다.
- [더하기] 오브젝트는 주사위의 개수를 증가시킵니다. 하지만 해당 오브젝트를 클릭해도 개수의 변화가 없는 문제가 발생하였습니다.

문제가 발생한 부분을 같이 해결해 봅시다.

❶ [5차시]-[불러올 파일] 폴더에서 '주사위.ent' 파일을 불러옵니다. 이어서, [오브젝트 목록]에서 [주사위] 오브젝트를 클릭한 후 [시작] 블록 꾸러미에서 [주사위의수 줄이기 ▼ 신호를 받았을 때] 를 드래그하여 [블록 조립소]로 가져다 놓습니다.

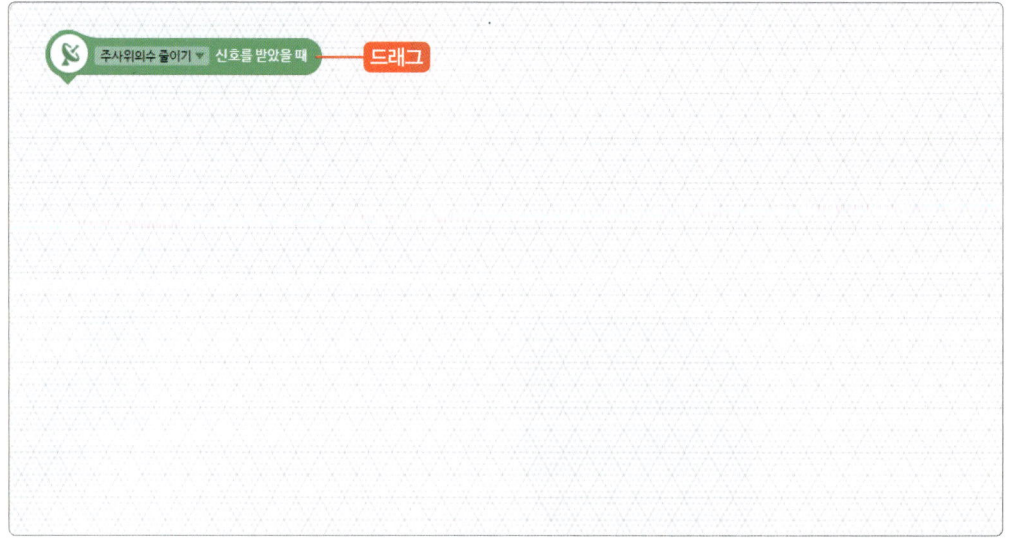

❷ `주사위의수 줄이기 ▼` 를 클릭하여 '주사위굴리기'를 선택합니다.

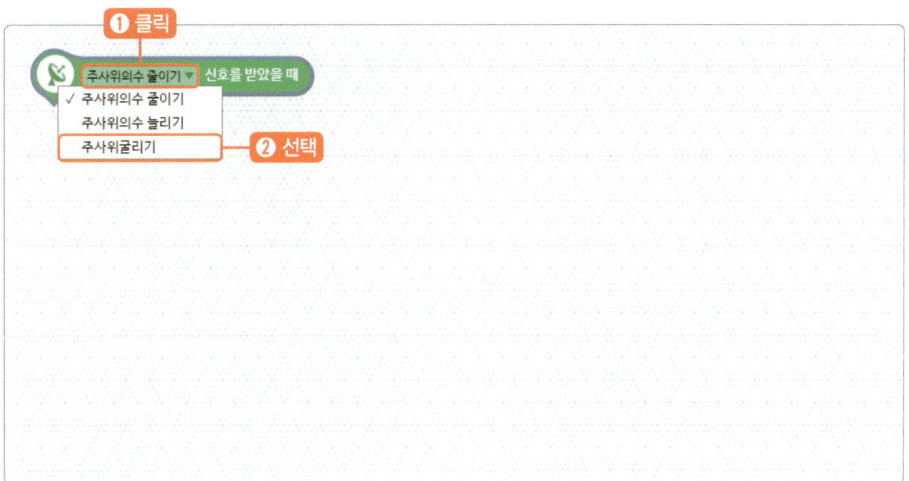

❸ `흐름` 블록 꾸러미에서 `10 번 반복하기` 와 `2 초 기다리기` 를 아래 그림처럼 연결합니다. 이어서, '2'를 '0.001'로 변경합니다.

코딩풀이
'주사위굴리기' 신호를 받으면 특정 작업을 '0.001'초 간격으로 '10'번 반복합니다.

❹ `생김새` 블록 꾸러미에서 `주사위_1 ▼ 모양으로 바꾸기` 를 아래 그림처럼 연결합니다. 이어서, `계산` 블록 꾸러미에서 `0 부터 10 사이의 무작위 수` 를 `주사위_1 ▼` 위치에 끼워 넣습니다.

※ `주사위_1 ▼` 이 떨어져 나오면 휴지통이나 [블록 꾸러미]로 드래그하여 삭제합니다.

Chapter 05 주사위의 눈을 바꿔보자 **035**

❺ ⬚ 0 부터 ⬚ 10 사이의 무작위 수 에서 '0'을 '1'로, '10'을 '6'으로 변경합니다.

※ [주사위] 오브젝트는 1~6까지 총 6개의 모양으로 구성되어 있습니다.

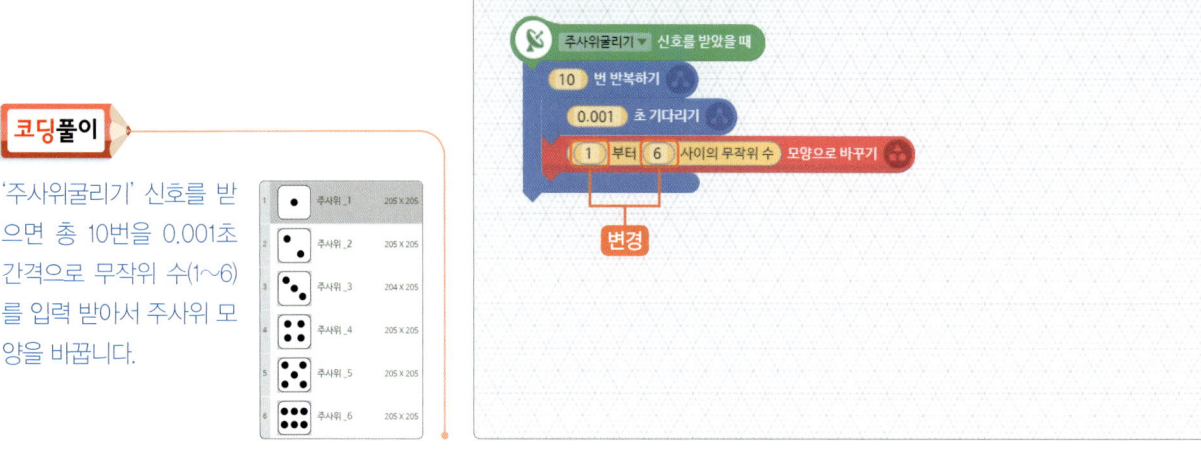

코딩풀이
'주사위굴리기' 신호를 받으면 총 10번을 0.001초 간격으로 무작위 수(1~6)를 입력 받아서 주사위 모양을 바꿉니다.

❻ [오브젝트 목록]에서 ➕ 더하기 오브젝트를 클릭합니다. 이어서, 🚩 시작 블록 꾸러미에서 오브젝트를 클릭했을 때 를 드래그하여 [블록 조립소]로 가져옵니다.

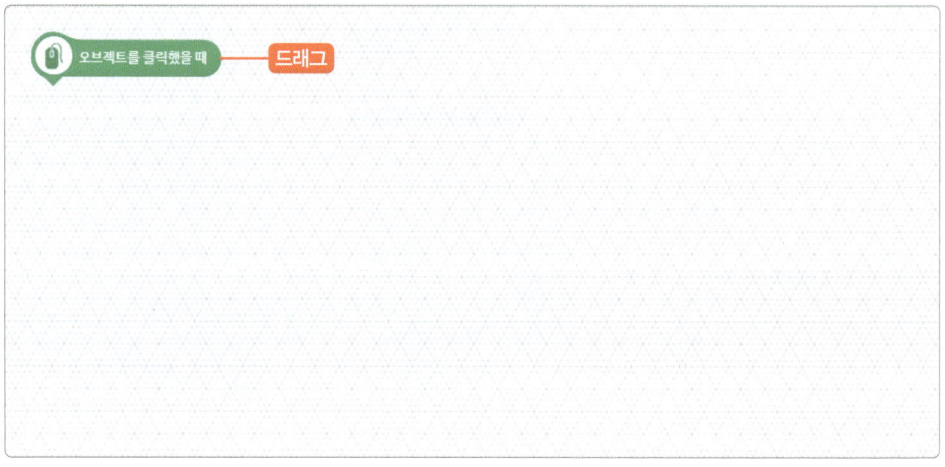

❼ 흐름 블록 꾸러미에서 만일 ⬚참⬚ 이라면 을 그림처럼 연결한 후 판단 블록 꾸러미에서 ⬚10⬚ < ⬚10⬚ 을 '참'의 위치에 끼워 넣습니다.

❽ ![자료] 블록 꾸러미에서 `합계▼ 값` 을 첫 번째 '10'의 위치에 끼워 넣습니다.

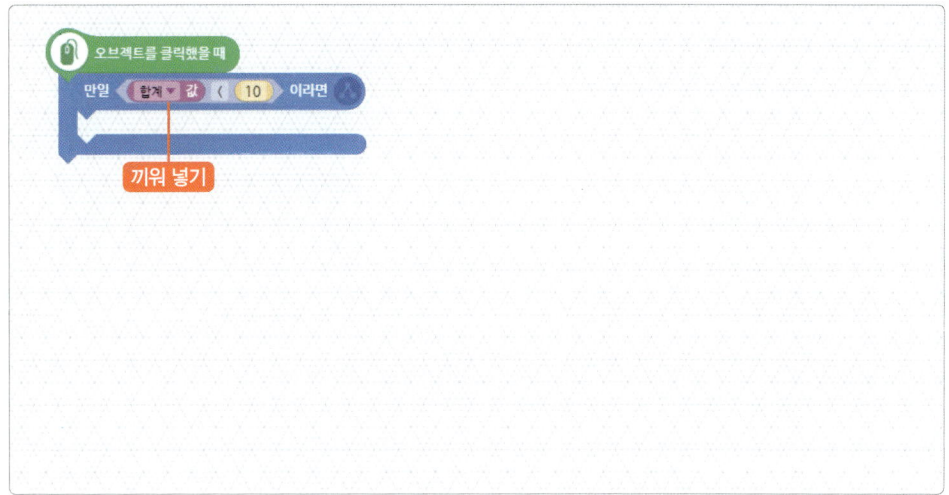

❾ `합계▼` 를 클릭하여 '주사위의 수'를 선택하고 '10'을 '4'로 변경합니다.

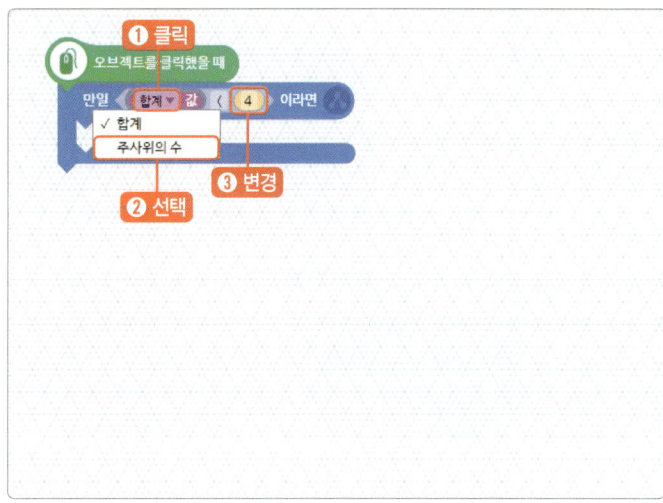

TIP

변수 확인

변수를 추가하거나 확인하려면 [속성] 탭에서 [변수]를 클릭하여 작업할 수 있습니다.

❿ ![자료] 블록 꾸러미에서 `합계▼ 에 10 만큼 더하기` 를 아래 그림처럼 연결합니다. 이어서, `합계▼` 를 클릭하여 '주사위의 수'를 선택하고 '10'을 '1'로 변경합니다.

코딩풀이

[더하기] 오브젝트를 클릭했을 때 '주사위의 수' 변수 값이 '4'보다 작은지 확인합니다. 만약 '주사위의 수' 변수 값이 '4'보다 작을 경우 '주사위의 수' 변수 값에 '1'을 더합니다.

Chapter 05 주사위의 눈을 바꿔보자 **037**

⑪ 🚩 블록 꾸러미에서 `주사위의수 줄이기 신호 보내기`를 아래 그림처럼 연결한 후 `주사위의수 줄이기`를 클릭하여 '주사위의수 늘리기'를 선택합니다.

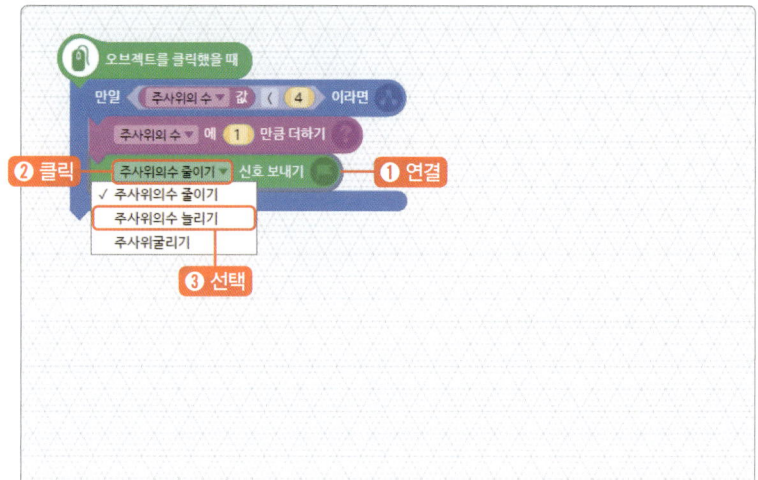

코딩풀이

'주사위의 수' 변수가 '4'보다 크면 이미 주사위 오브젝트들이 전부 보이는 상태입니다. 그래서 '4'보다 작을 때 '주사위의 수' 변수에 '1'을 더하고 '주사위의수 늘리기' 신호를 보내서 개수를 늘립니다.

TIP

[주사위1], [주사위2], [주사위3]까지의 오브젝트에는 미리 '주사위굴리기' 신호를 받으면 주사위가 움직이는 코드와 '주사위의수 늘리기' 신호를 받으면 모양을 보이고 '주사위의수 줄이기' 신호를 받으면 모양을 숨기는 코드가 추가되어 있습니다.

⑫ ▶ 버튼을 클릭한 후 `확인 확인버튼`, `빼기`, `더하기`를 눌러 각각의 기능들이 잘 실행되는지 확인해 봅시다.

4 예제파일을 불러와 주어진 과제를 해결해 봅시다.

❶ 주사위를 몇 번 굴렸는지 알고 싶어서  오브젝트에 코드를 추가했지만 작동하지 않습니다. 원인을 분석하여 코드를 수정해 봅시다.

▶ 예제파일 : 주사위-1.ent

❷  오브젝트가 를 눌렀을 때 모습을 보이지 않고 를 눌렀을 때 모습을 보입니다. 원인을 분석하여 코드를 수정해 봅시다.

▶ 예제파일 : 주사위-2.ent

Chapter 06 장애물 넘기

📂 불러올 파일 : 장애물 넘기.ent   💾 완성된 파일 : 장애물 넘기(완성).ent

| 학습목표 |

▶ 신호를 보내 그루터기가 나타나도록 할 수 있습니다.
▶ 그루터기의 출현 개수를 무작위(1~2개)로 정할 수 있습니다.

1 순서도를 배워봅시다.

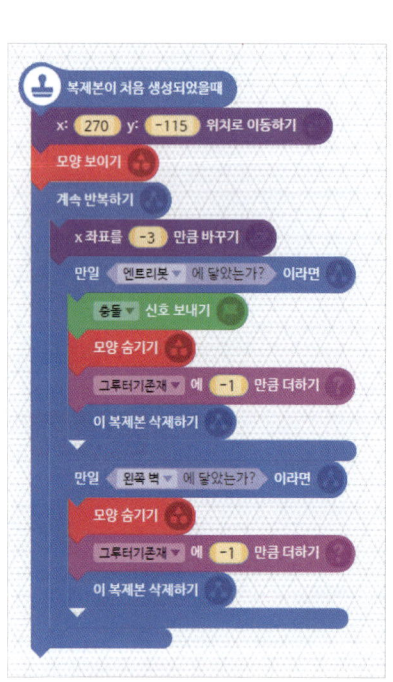

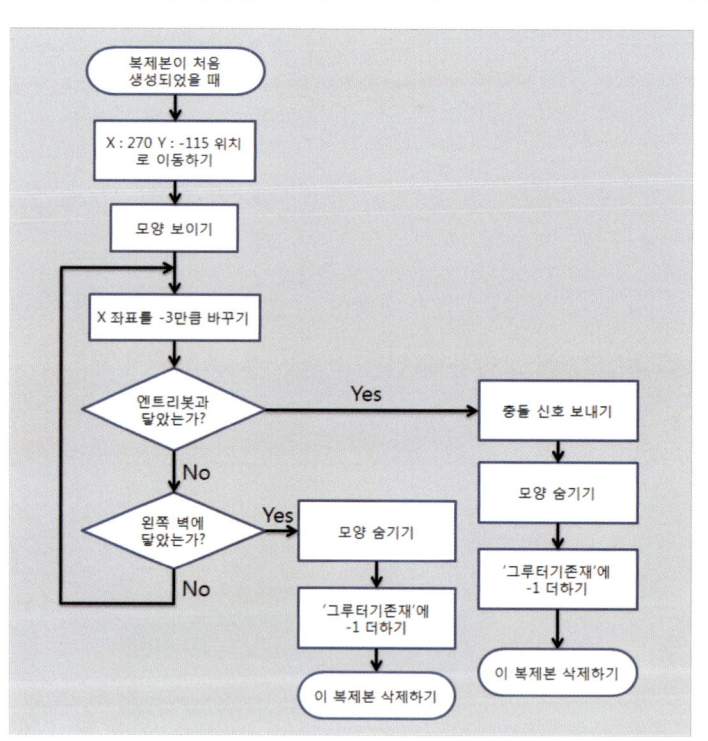

※ [그루터기] 오브젝트의 복제본이 1개가 생성되어 이동하는 순서도 입니다.

● 오늘 배울 순서도 기호

① ⬭ 기호(터미널)는 순서도의 시작과 끝을 알려줍니다.

② ▭ 기호(처리)는 안의 내용(동작, 연산 등)을 처리합니다.

③ ◇ 기호(조건)는 안의 조건을 판단하여 흐름선을 선택합니다.

④  기호(흐름선)는 순서도의 흐름을 알려줍니다.

2 알고리즘을 배워봅시다.

<암호판>

	1	2	3	4	5
1	알	알	프	테	샌
2	로	드	파	트	고
3	위	리	리	고	그
4	즘	램	다	스	치

위의 암호판에서 '(1,2), (2,5), (3,2), (4,1)'을 찾아봅시다. 위의 단어 찾기는 기초적인 암호 방식으로 비밀로 단어를 전달하고 싶은 사람에게 위의 암호판을 주고 숫자로 말하면 해당 단어를 조합할 수 있지만, 암호판이 없는 사람은 전혀 알 수가 없습니다.

> **보충설명**
>
> 위의 방식은 1차 대전 당시 독일군이 사용한 'ADFGVX cipher'라는 암호의 방식과 비슷합니다. 하지만 실제 'ADFGVX cipher' 방식은 좀 더 어렵고 복잡한데 1차 세계대전 당시 독일군이 사용한 암호는 프랑스 암호 해독가인 조르주 팽뱅이란 사람이 극적으로 해독에 성공하여 독일군은 파리를 점령하지 못했습니다.

문제를 해결해 봅시다.

- 오브젝트를 소개합니다.

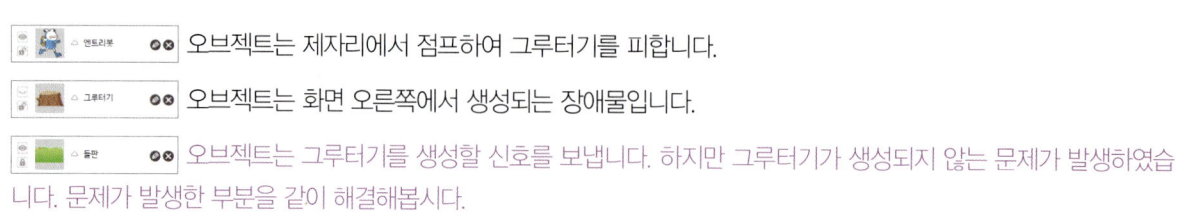

❶ [6차시]-[불러올 파일] 폴더에서 '장애물 넘기.ent' 파일을 불러옵니다. 이어서, [오브젝트 목록]에서 ![들판] 오브젝트를 클릭한 후 ![시작] 블록 꾸러미에서 ![시작하기 버튼을 클릭했을 때]를 드래그하여 [블록 조립소]로 가져온 다음 ![게임준비 신호 보내기]를 아래 그림처럼 연결합니다.

❷ ![흐름] 블록 꾸러미에서 ![계속 반복하기]와 ![만일 참 이라면]을 아래 그림처럼 연결합니다.

❸ 판단 블록 꾸러미에서 `10 = 10` 을 '참'의 위치에 끼워 넣습니다. 이어서, 자료 블록 꾸러미에서 `그루터기존재 값` 을 첫 번째 '10'의 위치에 끼워 넣은 후 두 번째 '10'을 '0'으로 변경합니다.

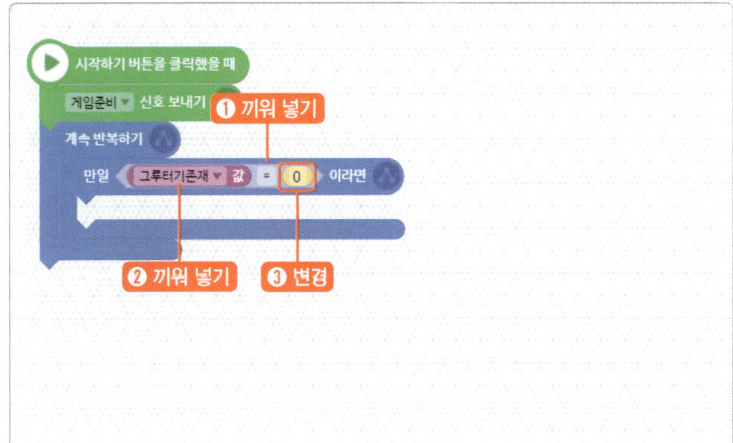

코딩풀이

시작 버튼을 클릭하면 '게임준비' 신호를 보낸 후 '그루터기존재' 변수 값이 '0'인지 확인합니다. '그루터기존재' 변수 값이 '0'이면 현재 화면에 [그루터기]가 없다는 것을 뜻합니다.

❹ 흐름 블록 꾸러미에서 `만일 참 이라면` 을 아래 그림처럼 연결합니다. 이어서, 판단 블록 꾸러미에서 `10 = 10` 을 '참'의 위치에 끼워 넣습니다.

❺ 계산 블록 꾸러미에서 `0 부터 10 사이의 무작위 수` 를 첫 번째 '10'의 위치에 끼워 넣습니다. 이어서, 두 번째 '10'을 '1'로 변경합니다.

Chapter 06 장애물 넘기 **043**

❻ [시작] 블록 꾸러미에서 [게임준비▼ 신호 보내고 기다리기]를 아래 그림처럼 연결한 후 [게임준비▼]를 클릭하여 '그루터기'를 선택합니다.

코딩풀이

'그루터기존재' 변수 값이 '0'이면 [그루터기]가 없는 것으로 판단하여 '0~10' 사이의 무작위 수가 '1'이 될 때 [그루터기]를 생성하라고 신호를 보낸 후 기다립니다. '0~10' 사이의 무작위 수를 지정한 이유는 [그루터기]가 생성되는 간격을 조정하기 위한 것입니다.

❼ [오브젝트 목록]에서 [그루터기]를 선택합니다. [시작] 블록 꾸러미에서 [게임준비▼ 신호를 받았을 때]를 드래그하여 [블록 조립소]로 가져다 놓은 후 [게임준비▼]를 클릭하여 '그루터기'를 선택합니다.

❽ [흐름] 블록 꾸러미에서 [만일 참 이라면 아니면]을 아래 그림처럼 연결한 후 [판단] 블록 꾸러미에서 [10 = 10]을 '참'의 위치에 끼워 넣습니다.

코딩풀이

[들판] 오브젝트에서 보낸 '그루터기' 신호를 받아서 처리하기 위한 준비 단계입니다.

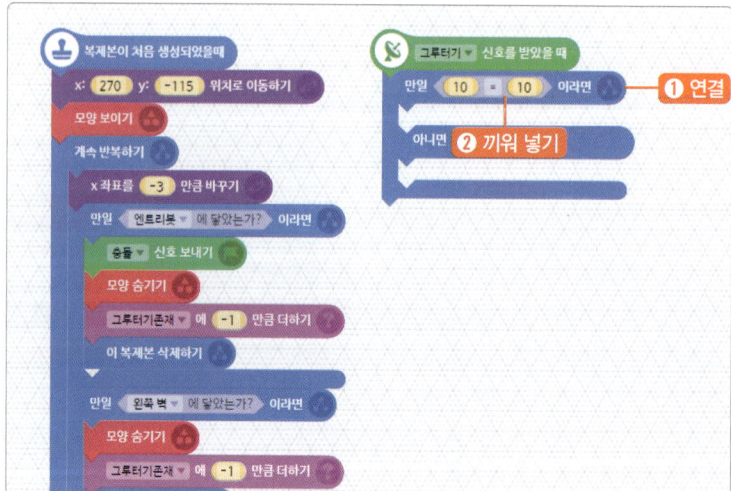

044 알고리즘으로 배우는 엔트리

❾ [계산] 블록 꾸러미에서 `0 부터 10 사이의 무작위 수`를 아래 그림처럼 끼워 넣습니다. 이어서, 첫 번째 '10'을 '1'로, 두 번째 '10'을 '0'으로 변경합니다.

❿ [자료] 블록 꾸러미에서 `그루터기존재를 10 로 정하기`를 연결한 후 '10'을 '1'로 변경합니다. 이어서, [흐름] 블록 꾸러미에서 `자신의 복제본 만들기`를 아래 그림처럼 연결합니다.

⓫ [자료] 블록 꾸러미에서 `그루터기존재를 10 로 정하기`를 연결한 후 '10'을 '2'로 변경합니다. 이어서, [흐름] 블록 꾸러미에서 `자신의 복제본 만들기`를 아래 그림처럼 연결합니다.

> **코딩풀이**
> '0~1' 사이의 무작위 수 중 '1'이 나오면 '그루터기존재' 변수를 '1'로 정하고 자신의 복제본을 만듭니다.

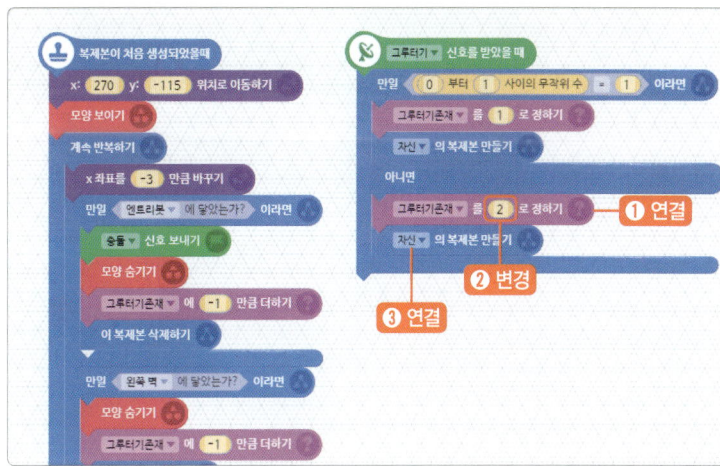

Chapter 06 장애물 넘기 **045**

⑫ [호름] 블록 꾸러미에서 [2 초 기다리기] 와 [자신의 복제본 만들기] 를 아래 그림처럼 연결한 후 '2'를 '0.3'으로 변경합니다.

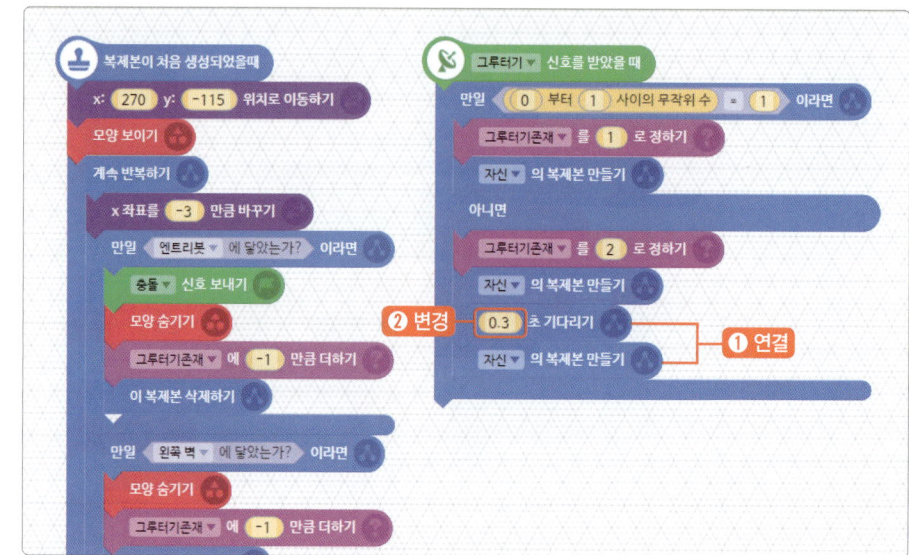

코딩풀이

[그루터기]가 '2'개일 경우 '0.3'초를 기다리는 이유는 '2'개의 [그루터기]가 겹쳐서 이동하지 않도록 하기 위해서 입니다.

⑬ ▶ 버튼을 클릭하여 [그루터기]가 나오면 Space Bar 키를 눌러 점프로 피해서 넘어가 봅시다.

046 알고리즘으로 배우는 엔트리

4 예제파일을 불러와 주어진 과제를 해결해 봅시다.

❶  오브젝트에서 점프를 높이 할 수 있도록 코드를 수정해 봅시다.

▶ 예제파일 : 장애물 넘기-1.ent

코딩풀이
그루터기의 개수가 많아졌기 때문에 점프를 높이 해야 합니다.

❷ 뛰어 넘은 그루터기의 개수를 알고 싶어서 그루터기 오브젝트에 코드를 추가했지만 충돌할 때도 '넘은 그루터기' 변수 값이 증가됩니다. 원인을 분석하여 코드를 수정해 봅시다.

▶ 예제파일 : 장애물 넘기-2.ent

Chapter 07 깜빡이 영어단어

📁 불러올 파일 : 깜빡이영어단어.ent   💾 완성된 파일 : 깜빡이영어단어(완성).ent

| 학습목표 |

▶ 리스트를 사용할 수 있습니다.
▶ 함수에 매개변수를 사용할 수 있습니다.

1 순서도를 배워봅시다.

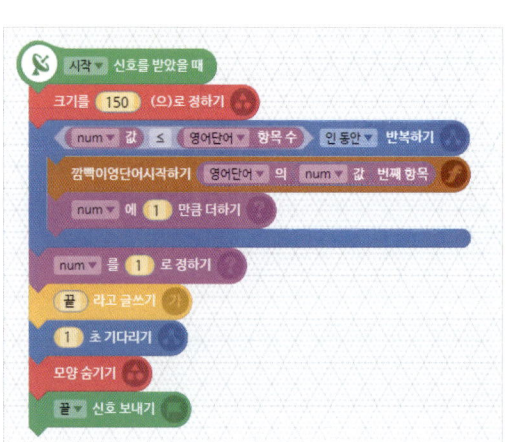
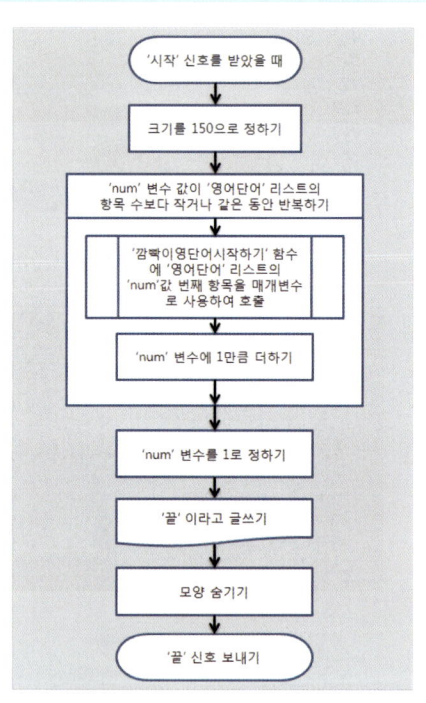

● 오늘 배울 순서도 기호

① ( ) 기호(터미널)는 순서도의 시작과 끝을 알려줍니다.
② [ ] 기호(처리)는 안의 내용을 처리합니다.
③ ──▶ 기호(흐름선)는 순서도의 흐름을 알려줍니다.
④ ▱ 기호(반복)는 위쪽의 얇은 칸의 조건에 맞추어 안의 내용을 반복합니다.
⑤ ▯ 기호(호출)는 함수의 호출을 알려줍니다.
  ※ 매개변수란 프로그램에서 함수를 사용할 때 함수에 전해주는 변수를 말합니다.
⑥ ▱ 기호(입출력)는 입력과 출력을 알려줍니다.
⑦ ▭ 기호(출력)는 화면이나 프린터 등으로 출력을 알려줍니다.

2 알고리즘을 배워봅시다.

위 그림은 '틱택토'란 게임의 게임판 입니다. '틱택토'란 게임은 오목과 비슷한 규칙을 가지고 있습니다.

2명이 함께 하는 게임으로 한명은 O을 선택하고 다른 한명은 X를 선택한 후 번갈아가며 위의 게임판에 O, X를 그려서 가로, 세로, 대각선으로 한 줄이 먼저 만들어지면 이기는 게임입니다. 친구와 함께 '틱택토' 게임을 해봅시다.

보충설명

재미있는 사실은 이 '틱택토'가 최초의 그래픽 컴퓨터 게임이란 사실입니다. 'OXO'란 이름으로 1952년 에드삭 컴퓨터를 위해 만들어진 게임이었습니다.

3 문제를 해결해 봅시다.

● 오브젝트를 소개합니다.

- 확인 버튼 오브젝트를 클릭하면 리스트 값을 확인하여 깜빡이 영어단어를 시작합니다.
- 선생님 오브젝트는 깜빡이 영어단어의 시작 방법을 설명해 줍니다.
- 칠판 오브젝트는 배경으로 외우고 싶은 영어단어를 묻고 기다립니다.
- Text 글상자 오브젝트는 입력한 영어단어를 보여줘야 하는데 문제가 발생하였습니다.

문제가 발생한 부분을 같이 해결해 봅시다.

❶ [7차시]-[불러올 파일] 폴더에서 '깜빡이영어단어.ent' 파일을 불러옵니다. [오브젝트 목록]에서 Text 글상자 를 선택한 후 시작 블록 꾸러미에서 끝 신호를 받았을 때 를 드래그하여 [블록 조립소]로 가져다 놓은 다음 생김새 블록 꾸러미에서 크기를 100 (으)로 정하기 를 아래 그림처럼 연결합니다. 이어서, 끝▼ 을 클릭하여 '시작'을 선택한 후 '100'을 '150'으로 변경합니다.

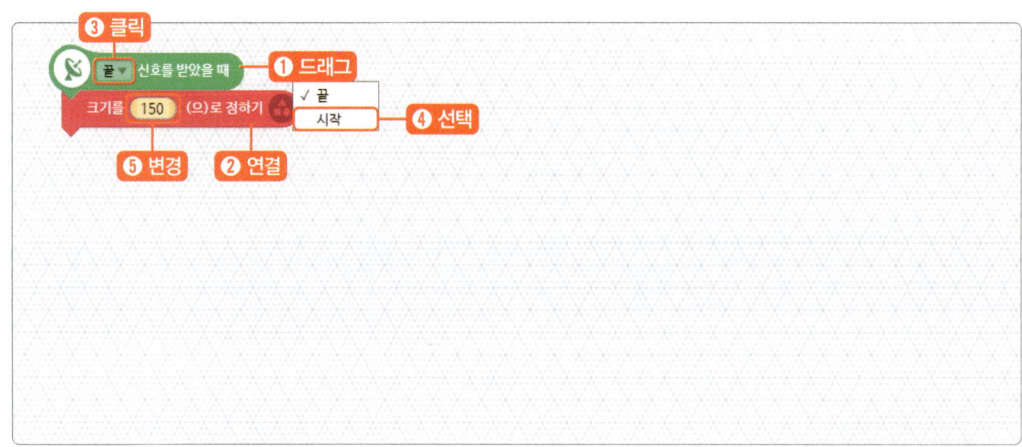

❷ 흐름 블록 꾸러미에서 참 이 될 때까지▼ 반복하기 를 아래 그림처럼 연결합니다. 이어서, 판단 블록 꾸러미에서 10 ≤ 10 을 '참'의 위치에 끼워 넣은 후 이 될 때까지▼ 를 클릭하여 '인 동안'을 선택합니다.

❸ [자료] 블록 꾸러미에서 (num▼ 값)을 첫 번째 '10'의 위치에 끼워 넣은 후 (영어단어▼ 항목 수)를 두 번째 '10'의 위치에 끼워 넣습니다.

코딩풀이
'시작' 신호를 받으면 [글상자] 크기를 바꾸고 'num' 변수 값(초기값 : 1)보다 리스트에 등록된 영어단어 수가 많을 경우 많은 개수만큼 반복하여 실행합니다.

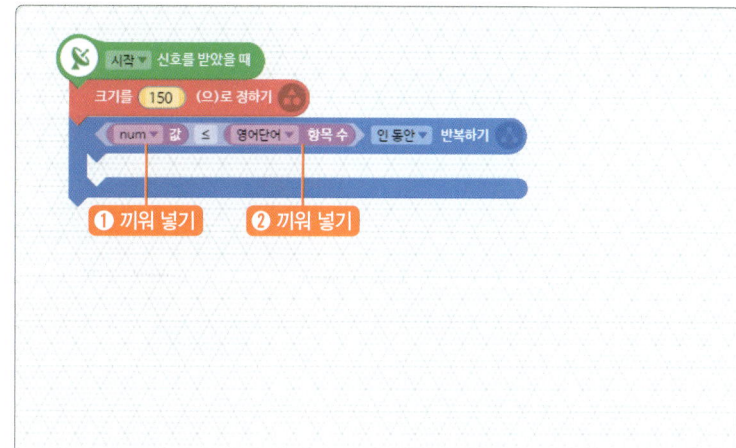

❹ [함수] 블록 꾸러미에서 (깜빡이영어단어시작하기 10)를 아래 그림처럼 연결합니다. 이어서, [자료] 블록 꾸러미에서 (영어단어▼ 의 1 번째 항목)을 '10'의 위치에 끼워 넣은 후 (num▼ 값)을 '1'의 위치에 끼워 넣습니다.

TIP
(깜빡이영어단어시작하기 10)에 '10'이라고 되어있는 위치는 함수 안에서 사용할 변수를 전달하기 위한 위치입니다. 이런 변수를 프로그래밍에서는 '매개변수'라고 부릅니다.

❺ [자료] 블록 꾸러미에서 (num▼ 에 10 만큼 더하기)와 (num▼ 를 10 로 정하기)를 아래 그림처럼 연결한 후 '10'을 '1'로 각각 변경합니다.

코딩풀이
영어단어 수만큼 반복을 하기 위하여 'num' 변수 값(초기값 : 1)에 '1'을 증가시켜 2번째 영어단어를 처리할 수 있도록 함수를 호출합니다.

❻ [가 글상자] 블록 꾸러미에서 [엔트리 라고 글쓰기] 와 [흐름] 블록 꾸러미에서 [2초 기다리기] 를 아래 그림처럼 연결한 후 '엔트리'를 '끝'으로 변경하고, '2'를 '1'로 변경합니다.

❼ [생김새] 블록 꾸러미에서 [모양 숨기기] 와 [시작] 블록 꾸러미에서 [끝 신호 보내기] 를 아래 그림처럼 연결합니다.

코딩풀이

리스트에 등록된 모든 영어단어들의 함수 처리가 끝나면 다음 작업을 위해 아래와 같이 처리합니다.
'num' 변수 값을 '1'로 초기화 → '끝'이라는 글자를 화면에 보여주고 '1'초 뒤에 [글상자]를 숨김 → [확인 버튼] 오브젝트로 '끝' 신호를 보내서 다시 시작할 수 있도록 화면에 보이게 함

❽ [▶] 버튼을 눌러 외우고 싶은 영어단어를 입력한 후 [✓] 또는 Enter 키를 누릅니다. 이어서, [확인] 오브젝트를 클릭하여 칠판에 영어단어가 깜빡거리는지 확인해 봅시다.

※ 엔트리(Entry)의 버전에 따라서 화면에 말풍선이 나올 수도 있습니다

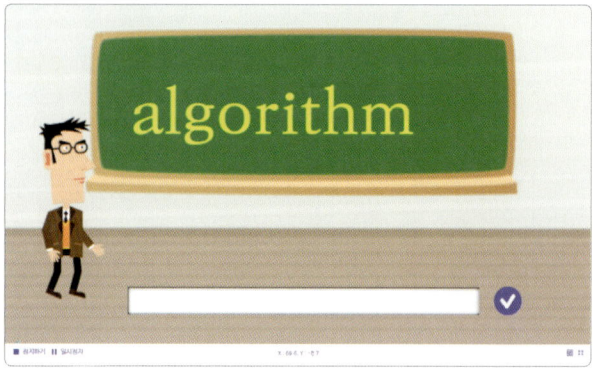

4 예제파일을 불러와 주어진 과제를 해결해 봅시다.

❶ `깜빡이영어단어시작하기 10` 함수를 수정하여 화면에 보이는 영어단어가 10번 깜빡이도록 수정해 봅시다.

※ 함수 수정 : `함수` 블록 꾸러미에서 `깜빡이영어단어시작하기 10` 명령블록을 더블 클릭하여 코드를 수정한 후 `확인`을 클릭합니다.

▶ 예제파일 : 깜빡이영어단어-1.ent

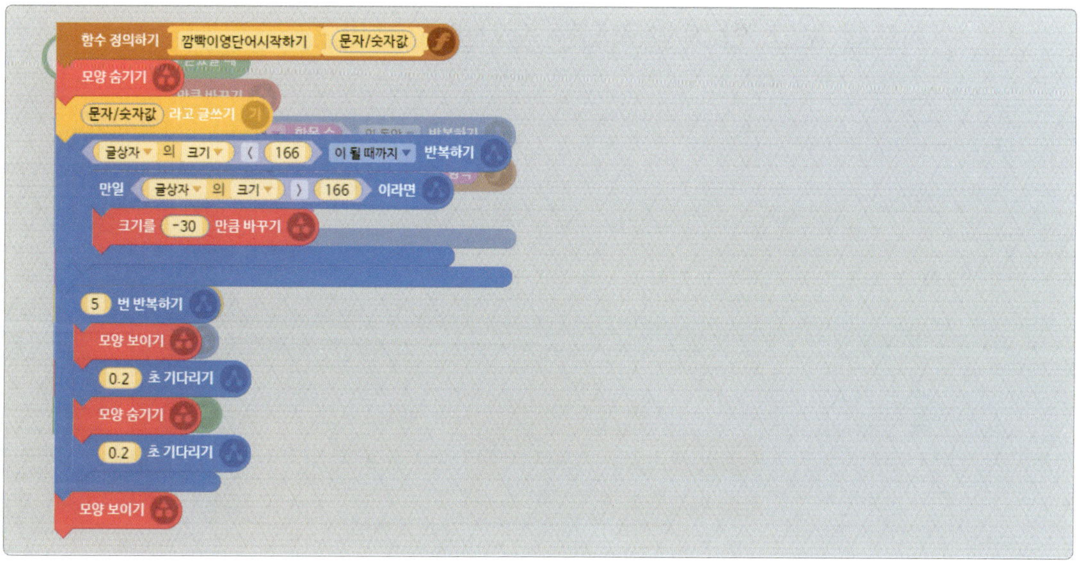

❷ 몇 개의 영어단어를 입력했는지 오브젝트에 코드를 추가했지만 '10'으로만 나옵니다. 원인을 분석하여 코드를 수정해 봅시다.

▶ 예제파일 : 깜빡이영어단어-2.ent

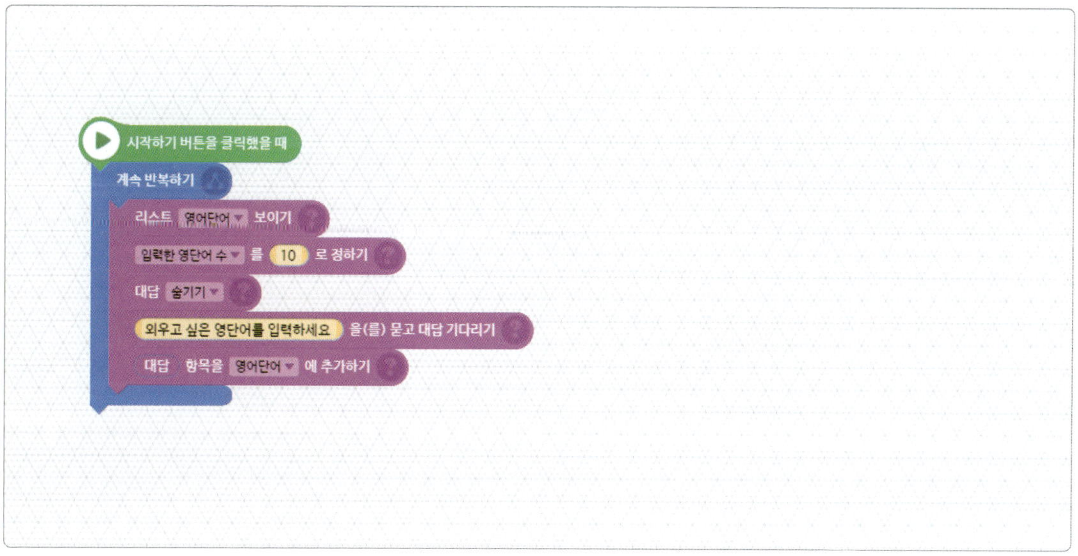

Chapter 08 단원종합 평가문제

1 순서도를 보고 '합'에 출력되는 숫자를 고르세요.

① 45

② 55

③ 65

④ 75

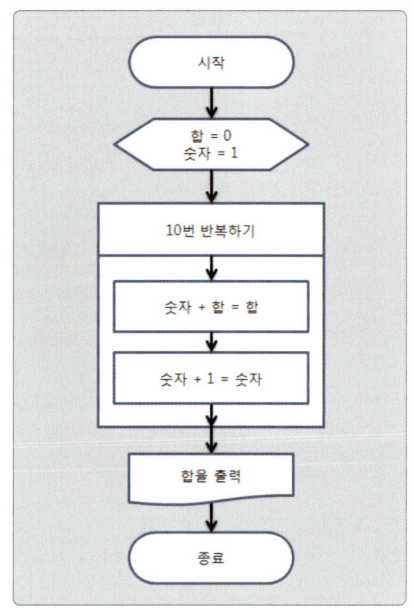

2 순서도를 보고 케이크를 3개 먹는 사람을 모두 고르세요. ※ 답은 2개 입니다.

① 주희

② 민지

③ 평석

④ 창욱

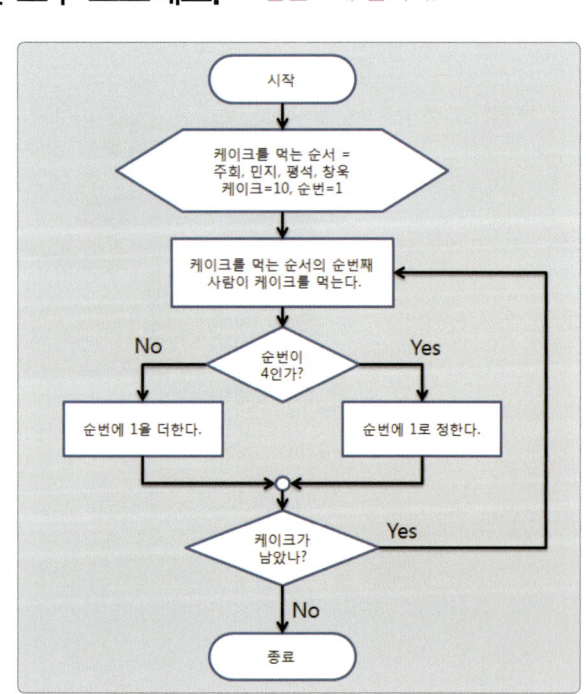

3 ▶을 눌렀을 때 엔트리봇이 네모모양(□)으로 계속 움직이게 하려면 (가)에는 어떤 블록이 들어가야 하나요?

4 아래 코드와 조건을 확인하여 (가)에 들어갈 블록을 고르세요.

조건

Space Bar 키를 눌렀을 때 '점프' 변수를 '5'로 정한다. '점프' 변수가 '-5'보다 작아질 때까지 반복한다. y 좌표를 '점프'값 만큼 바꾼다. '점프' 변수에 '-0.5'만큼 더한다.

① 점프▼ 값 < -5
② 점프▼ 값 > -5
③ 점프▼ 값 = -5
④ 점프▼ 값 = 0 (이)가 아니다

Chapter 09 스페이스바로 조종하는 드론

📁 불러올 파일 : 스페이스바로 조종하는 드론.ent   📁 완성된 파일 : 스페이스바로 조종하는 드론(완성).ent

| 학습목표 |

▶ 2개의 배경화면 오브젝트를 사용해 배경화면이 지나가는 느낌을 만들 수 있습니다.
▶  키를 사용하여 드론을 조종할 수 있습니다.

1 ▶ 순서도를 배워봅시다.

순차 구조 : 순차 구조란 다음 순서도와 같이 위에서부터 하나씩 명령을 실행하며 흐름선을 따라가는 구조입니다.

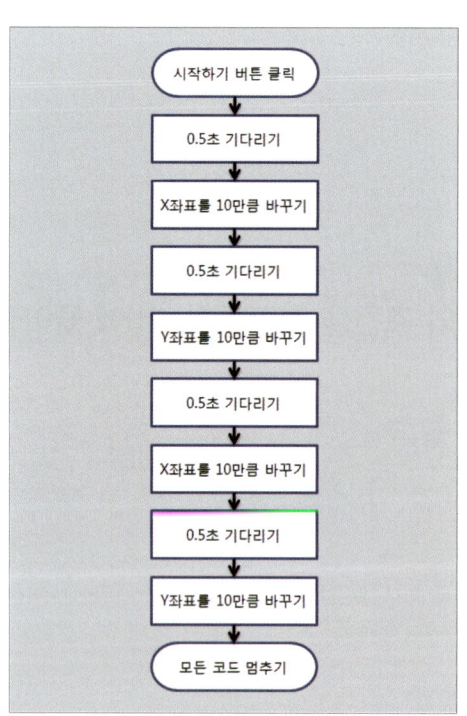

1. 다음 중 안의 내용(연산, 동작 등)을 처리하는 순서도 기호를 고르세요.

①    ②    ③    ④

2. 순서도 기호의 기능을 적으세요.

 :

2 알고리즘을 배워봅시다.

- 20M를 달릴 때 마다 맨 앞에 달리는 사람이 맨 뒤로 가는 달리기 방법입니다. 첫 번째 주자가 다시 선두가 되려면 몇 M를 달려야하는지 계산하여 적어봅시다.

위 문제에서 맨 앞에 사람이 맨 뒤로 가는 방식은 이번에 코딩할 배경화면이 지나가도록 보이게 하는 방법과 비슷합니다. [마을1] 오브젝트가 화면에 표시되고 [마을2] 오브젝트의 왼쪽 테두리가 [마을1] 오브젝트의 오른쪽 테두리에 닿아서 같이 움직이면 마치 하나의 화면처럼 보입니다. [마을2] 오브젝트가 이동하여 화면에 전부 보이게 되면 [마을1] 오브젝트는 왼쪽 테두리가 [마을2] 오브젝트의 오른쪽 테두리에 닿는 위치로 이동한 후 움직이는 과정을 반복하여 배경이 계속해서 지나가는 것처럼 보이게 만듭니다.

3 문제를 해결해 봅시다.

● 오브젝트를 소개합니다.

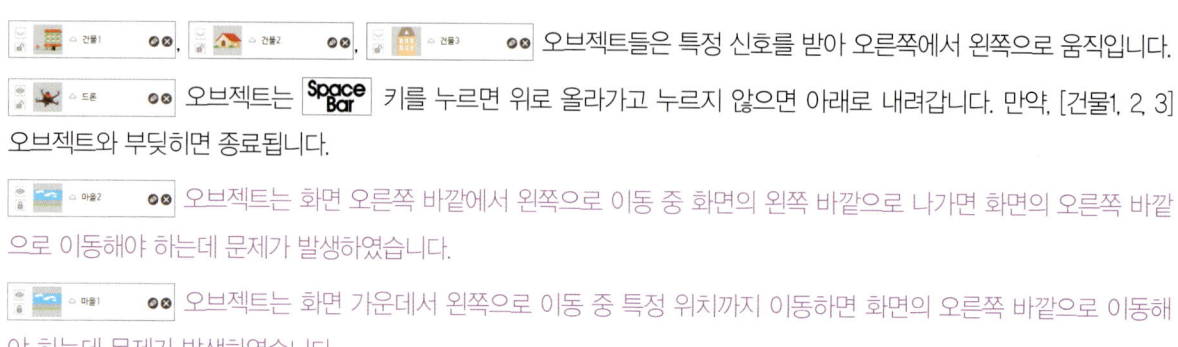

[건물1], [건물2], [건물3] 오브젝트들은 특정 신호를 받아 오른쪽에서 왼쪽으로 움직입니다.

[드론] 오브젝트는 Space Bar 키를 누르면 위로 올라가고 누르지 않으면 아래로 내려갑니다. 만약, [건물1, 2, 3] 오브젝트와 부딪히면 종료됩니다.

[마을2] 오브젝트는 화면 오른쪽 바깥에서 왼쪽으로 이동 중 화면의 왼쪽 바깥으로 나가면 화면의 오른쪽 바깥으로 이동해야 하는데 문제가 발생하였습니다.

[마을1] 오브젝트는 화면 가운데서 왼쪽으로 이동 중 특정 위치까지 이동하면 화면의 오른쪽 바깥으로 이동해야 하는데 문제가 발생하였습니다.

문제가 발생한 부분을 같이 해결해 봅시다.

❶ [9차시]-[불러올 파일] 폴더에서 '스페이스바로 조종하는 드론.ent' 파일을 불러옵니다. [오브젝트 목록]에서 [마을1] 오브젝트를 선택한 후 [시작] 블록 꾸러미에서 ▶시작하기 버튼을 클릭했을 때 를 [블록 조립소]로 가져다 놓습니다.

> **코딩풀이**
> [마을1] 오브젝트에 미리 만들어져 있는 코드는 [건물1], [건물2], [건물3] 등의 오브젝트가 화면에 나올 수 있도록 특정 신호를 보내고 기다리도록 작성되어 있습니다.

❷ [생김새] 블록 꾸러미에서 [크기를 100 (으)로 정하기] 와 [흐름] 블록 꾸러미에서 [계속 반복하기]를 아래 그림처럼 연결한 후 '100'을 '375'로 변경합니다.

> **코딩풀이**
> 크기를 '375'로 정한 이유는 화면에 꽉 차게 보이기 위해서 입니다.

③ 움직임 블록 꾸러미에서 `x 좌표를 10 만큼 바꾸기` 와 호름 블록 꾸러미에서 `만일 참 이라면` 을 아래 그림처럼 연결한 후 '10'을 '-1'로 변경합니다.

코딩풀이
배경이 왼쪽(x좌표)으로 '-1'만큼 계속 이동합니다. 배경이 왼쪽으로 이동하면 위아래로만 움직이는 드론이 상대적으로 앞으로 이동하는 것처럼 보입니다.

④ 판단 블록 꾸러미에서 `10 ≤ 10` 을 '참'의 위치에 끼워 넣은 후 계산 블록 꾸러미에서 `건물3의 x좌푯값` 을 첫 번째 '10'의 위치에 끼워 넣습니다. 이어서, `건물3` 을 클릭하여 '마을1'을 선택한 후 두 번째 '10'을 '-480'으로 변경합니다.

⑤ 움직임 블록 꾸러미에서 `x: 10 위치로 이동하기` 를 아래 그림처럼 연결한 후 '10'을 '480'으로 변경합니다. 이어서, `시작하기 버튼을 클릭했을 때` 위에서 마우스 오른쪽 버튼을 눌러 [코드 복사]를 선택합니다.

코딩풀이
[마을1] 오브젝트의 x좌푯값(-480)이 화면에 보이지 않는 영역으로 벗어나면 [마을2] 오브젝트의 오른쪽에서부터 다시 이동할 수 있도록 x좌푯값을 '480'으로 변경합니다.

Chapter 09 스페이스바로 조종하는 드론 **059**

❻ 오브젝트를 선택하여 [블록 조립소]에서 마우스 오른쪽 버튼을 눌러 [붙여넣기]를 클릭한 후 마을1▼을 클릭하여 '마을2'를 선택합니다. 이어서, 움직임 블록 꾸러미에서 x: 10 위치로 이동하기 를 아래 그림처럼 연결한 후 '10'을 '480'으로 변경합니다.

❼ ▶ 버튼을 클릭하여 배경에 따라 지나가는 건물들을 피해 [드론]을 조종해 봅시다.

4 예제파일을 불러와 주어진 과제를 해결해 봅시다.

❶  오브젝트에 이동을 하면서 크기가 커지도록 코드를 추가했지만 블록을 조립하지 않아 작동하지 않습니다. 아래 조건을 참고하여 블록을 조립해 봅시다.

▶ 예제파일 : 스페이스바로 조종하는 드론-1.ent

조건

이동하면서 크기를 '1' 만큼 더한다.
자신의 x 좌푯값이 '-300'보다 작으면 크기를 '-170'으로 정한다.

❷ 오브젝트에 ←, → 키를 이용하여 움직일 수 있도록 코드를 추가했지만 블록을 조립하지 않아 작동하지 않습니다. 아래 조건을 참고하여 블록을 조립해 봅시다.

▶ 예제파일 : 스페이스바로 조종하는 드론-2.ent

조건

만일 Space Bar 키가 눌러져 있을 때
→ 키가 눌러져 있으면 x 좌표를 '2' 만큼 바꾼다.
← 키가 눌러져 있으면 x 좌표를 '-2' 만큼 바꾼다.

Chapter 10 굴러오는 바위 피하기

📁 **불러올 파일** : 3가지 방향으로 오는 바위 피하기.ent   📁 **완성된 파일** : 3가지 방향으로 오는 바위 피하기(완성).ent

| 학습목표 |

▶ 엔트리봇이 돌을 피해 움직일 수 있습니다.
▶ 변수를 활용하여 위치를 확인할 수 있습니다.
▶ 블록의 조건을 2개로 설정할 수 있습니다.

1 순서도를 배워봅시다.

건너뜀 선택구조 : 건너뜀 선택구조는 특정 조건을 만족할 때만 실행하고 만족하지 않을 때는 다음 코드를 실행하는 구조입니다. 다음 순서도를 보면  키를 누르기 전까지는 좌표를 계속 바꾸다가  키를 누르면 모든 코드가 멈추도록 되어 있는 선택구조입니다.

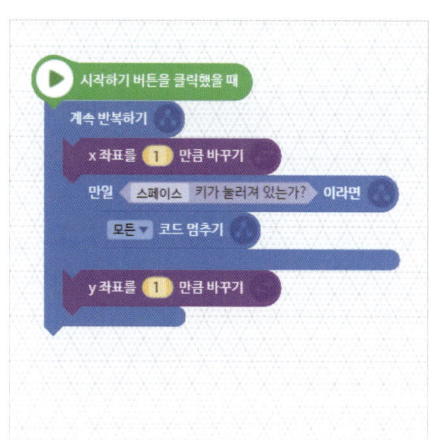

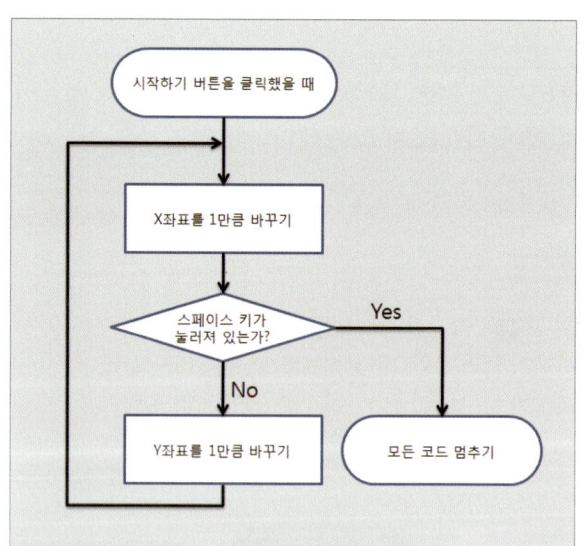

1. 다음 중 시작과 끝을 알려주는 순서도 기호를 고르세요.

    ①    ②    ③    ④

2. 순서도 기호의 기능을 적으세요.

     :

2. 알고리즘을 배워봅시다.

양치기 소년이 '양', '늑대', '양배추'와 함께 강을 건너야 합니다. '양'과 '늑대'를 남겨두면 '늑대'가 '양'을 잡아먹고, '양'과 '양배추'를 남겨두면 '양'이 '양배추'를 먹습니다. 전부 다 무사히 강을 건너려면 어떻게 해야 할까요?

※ 한 번에 하나의 물건만 가지고 강을 건널 수 있고 배를 타고 내릴 때는 잡아먹지 않습니다.

> **보충설명**
>
> 강의 반대편으로 이동시키는 것을 목적으로 하는 위의 퍼즐은 강 건너기 퍼즐이라고 하며 전송 퍼즐의 일종입니다. 현재 가장 오래된 강 건너기 퍼즐은 중세의 학자 알퀸의 저서 Propositiones ad Acuendos Juvenes(영재를 위한 문제)에 남아있습니다.

3 문제를 해결해 봅시다.

● 오브젝트를 소개합니다.

　바위 오브젝트는 화면의 가운데에서 아래쪽 3개의 방향(왼쪽, 가운데, 오른쪽) 중 무작위 방향으로 굴러옵니다.

　설원 오브젝트는 배경입니다.

　엔트리봇 오브젝트는 방향키(←, →)를 눌러 굴러오는 바위를 피해야 하는데 문제가 발생하였습니다. 문제가 발생한 부분을 같이 해결해 봅시다.

❶ [10차시]-[불러올 파일] 폴더에서 '3가지 방향으로 오는 바위 피하기.ent' 파일을 불러옵니다. 이어서, [오브젝트 목록]에서 　엔트리봇　 오브젝트를 선택한 후 　흐름　 블록 꾸러미에서 　만일 참 이라면　 을 아래 그림처럼 연결합니다.

❷ 　판단　 블록 꾸러미에서 　참 그리고 참　 을 '참'의 위치에 끼워 넣습니다.

코딩풀이

[엔트리봇] 오브젝트에 이미 만들어져 있는 코드는 지금부터 만들 코드와 비슷하기 때문에 코딩 작업 시 참고합니다.

❸ 〔판단〕 블록 꾸러미에서 〈q 키가 눌러져 있는가?〉를 두 번째 '참'의 위치에 끼워 넣습니다. 이어서, q 를 클릭한 후 키보드 모양의 이미지가 나오면 → 방향키를 누릅니다.

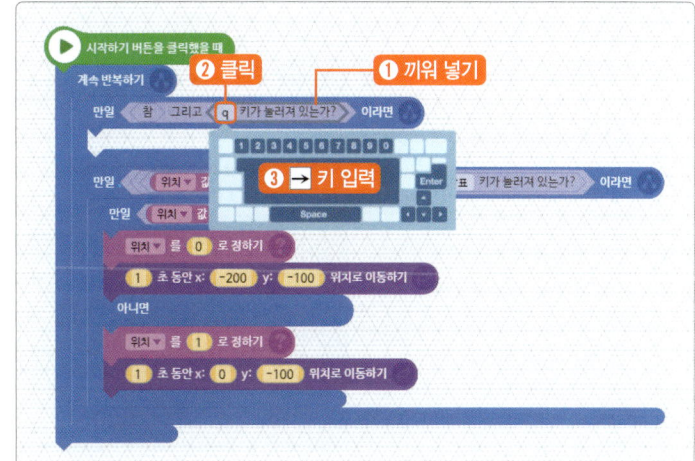

코딩풀이
'위치' 변수는 [엔트리봇]의 위치가 가운데일 때는 '1', 왼쪽일 때는 '0', 오른쪽일 때는 '2'로 정해서 [엔트리봇]의 현재 위치를 판단합니다.

❹ 〔판단〕 블록 꾸러미에서 〈참 (이)가 아니다〉를 '참'의 위치에 끼워 넣은 후 〈10 = 10〉을 〈참 (이)가 아니다〉의 '참'의 위치에 끼워 넣습니다.

코딩풀이
〈참 (이)가 아니다〉 블록은 '참'의 위치에 들어 온 조건문의 조건을 만족하지 않을 때 참이 되는 명령 블록입니다.

❺ 〔자료〕 블록 꾸러미에서 〈위치▼ 값〉을 첫 번째 '10'의 위치에 끼워 넣습니다. 이어서, 두 번째 '10'은 '2'로 변경합니다.

코딩풀이
〈위치▼ 값 = 2 (이)가 아니다〉는 '위치' 변수가 '2'가 아닐 경우 참이 되는 조건으로 위치가 오른쪽이 아니면서, 오른쪽 방향키가 눌러져 있는지 확인합니다.

❻ [호름] 블록 꾸러미에서 [만일 참 이라면 / 아니면] 을 아래 그림처럼 연결합니다.

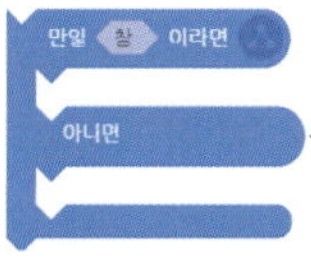

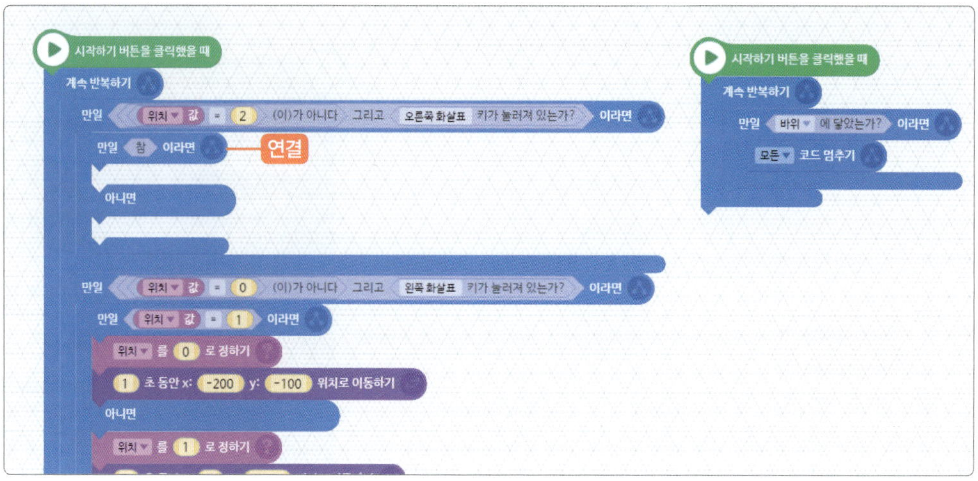

연결

❼ [판단] 블록 꾸러미에서 `<10 = 10>` 을 '참'의 위치에 끼워 넣습니다.

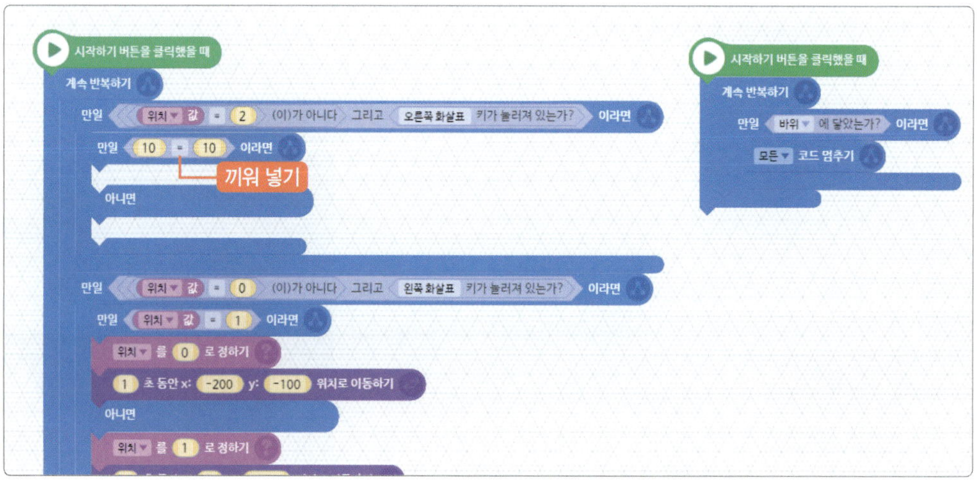

끼워 넣기

❽ [자료] 블록 꾸러미에서 `위치 값` 을 첫 번째 '10'의 위치에 끼워 넣은 후 두 번째 '10'을 '1'로 변경합니다.

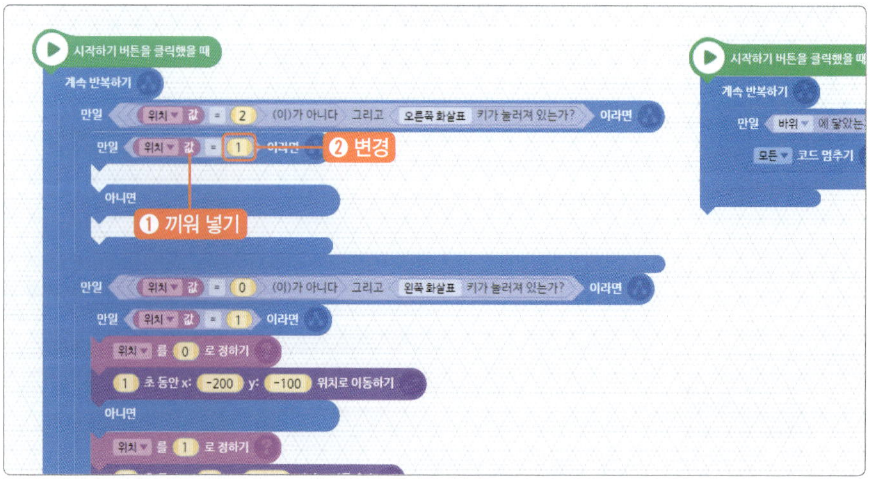

❶ 끼워 넣기
❷ 변경

코딩풀이
'위치' 변수가 '1'이면 [엔트리봇]의 위치는 가운데입니다.

066 알고리즘으로 배우는 엔트리

❾ [자료] 블록 꾸러미에서 [위치▼ 를 10 로 정하기] 를 아래 그림처럼 연결한 후 '10'을 '2'로 변경합니다.

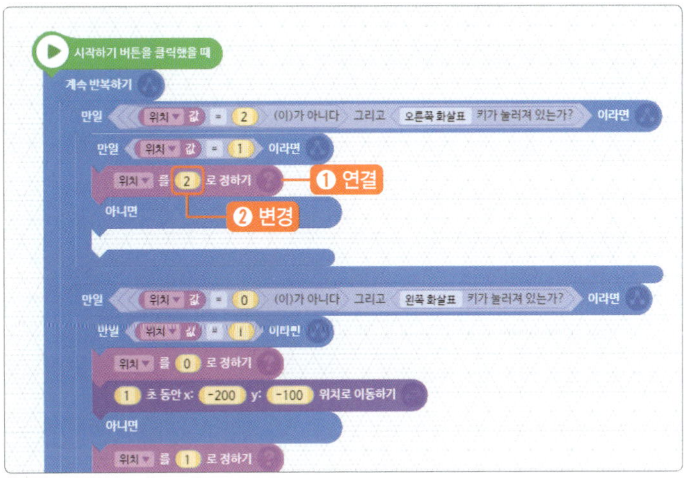

코딩풀이

기본 조건 : '위치' 변수의 값이 '2(오른쪽)'가 아니면서 오른쪽 방향키가 눌러져 있을 때

기본 조건이 지정된 상태에서 위치 변수 값이 '1(엔트리봇의 위치가 가운데)'이면 오른쪽 방향키를 눌렀을 때 '위치' 변수를 '2'로 지정합니다.

❿ [움직임] 블록 꾸러미에서 [2 초 동안 x: 10 y: 10 위치로 이동하기] 를 아래 그림처럼 연결한 후 '2'를 '1'로, 첫 번째 '10'을 '200', 두 번째 '10'을 '-100'으로 변경합니다.

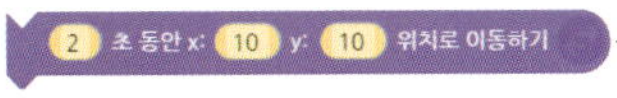

보충설명

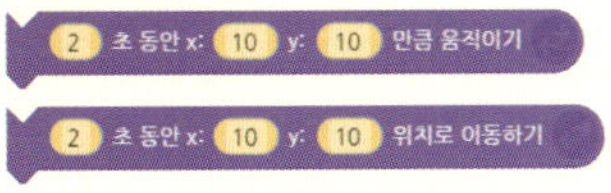

[2 초 동안 x: 10 y: 10 만큼 움직이기]
[2 초 동안 x: 10 y: 10 위치로 이동하기]

2개의 블록은 비슷하게 보이지만 기능이 다른 블록이니 주의합니다.

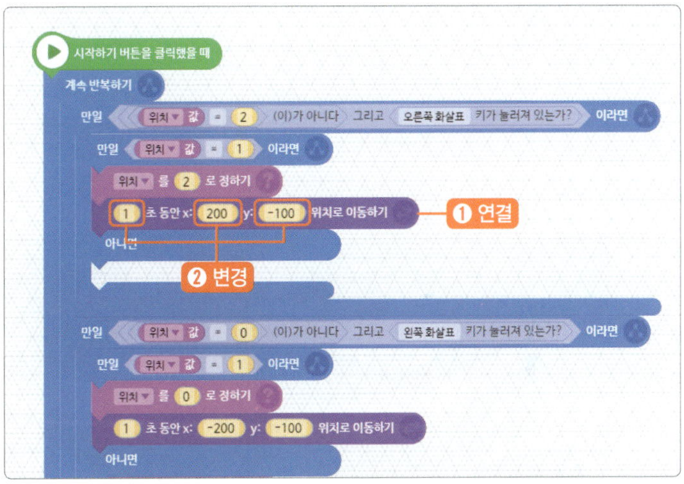

코딩풀이

엔트리봇이 오른쪽 방향으로 이동하기 때문에 '1'초 동안 이동할 방향(x : 200, y : -100)을 지정합니다.

⓫ [위치▼ 를 2 로 정하기] 위에서 마우스 오른쪽 버튼을 눌러 [코드 복사 & 붙여넣기]를 선택합니다.

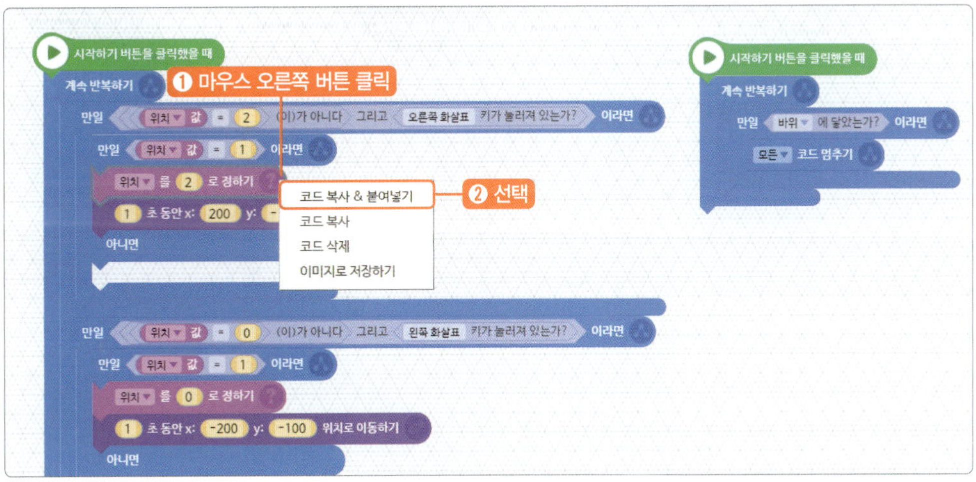

Chapter 10 굴러오는 바위 피하기 **067**

⓬ 복사된 블록을 아래 그림처럼 연결하고 '2'를 '1'로 '200'을 '0'으로 변경합니다.

코딩풀이

기본 조건이 지정된 상태에서 위치 변수 값이 '1(엔트리봇의 위치가 가운데)'이 아니면 오른쪽 방향키를 눌렀을 때 [엔트리봇]이 가운데 방향으로 이동해야 하기 때문에 위치 변수(1)와 '1'초 동안 이동할 방향(x:0, y:-100)을 지정합니다.

보충설명

'위치' 변수가 '2(오른쪽)'가 아니면 '1'인 가운데의 위치이거나, '0'인 왼쪽 위치에 있는 상황입니다. ➡ 키를 눌렀을 때 '위치' 변수가 '1(가운데)'일 때 오른쪽으로 이동하고, '위치' 변수를 '2(오른쪽)'로 정해주며 '위치' 변수가 '0(왼쪽)'일 때는 가운데로 이동하고 '위치' 변수를 '1(가운데)'로 정해줍니다. 조건에서 '위치' 변수가 '2'일 경우는 이미 오른쪽에 있기 때문에 더 가지 못하도록 '위치' 변수가 '2'가 아닐 때만 실행할 수 있도록 했습니다.

⓭ ▶ 버튼을 클릭하여 굴러오는 [바위]를 피해 [엔트리봇]을 조종해 봅시다.

4 ▶ 예제파일을 불러와 주어진 과제를 해결해 봅시다.

❶ 피한 바위의 개수를 알고 싶어서  오브젝트에 코드를 추가했지만 블록을 조립하지 않아 작동하지 않습니다. 아래 조건을 참고하여 블록을 조립해 봅시다.

▶ 예제파일 : 3가지 방향으로 오는 바위 피하기-1.ent

조건

시작하기 버튼을 클릭했을 때 '피한 바위의 수 :' 글과 '피한 바위수' 변수를 합쳐 계속 화면에 글을 보여준다.

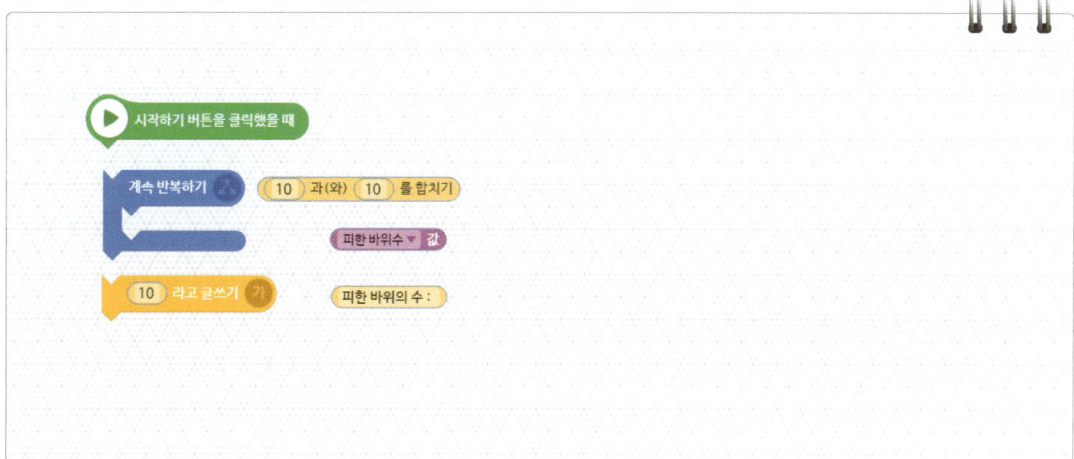

❷  오브젝트에 소리가 나고 색깔이 바뀌도록 코드를 추가했지만 블록을 조립하지 않아 작동하지 않습니다. 아래 조건을 참고하여 블록을 조립해 봅시다.

▶ 예제파일 : 3가지 방향으로 오는 바위 피하기-2.ent

조건

복제본이 처음 생성되었을 때 '천둥' 소리를 '2'초 재생한다.
계속 반복하며 '색깔' 효과를 '10'만큼 준다.

Chapter 11 마우스로 조종하는 자동차

📂 불러올 파일 : 마우스로 조종하는 자동차.ent   📄 완성된 파일 : 마우스로 조종하는 자동차(완성).ent

| 학습목표 |

▶ 자동차 오브젝트가 마우스를 향해 움직이도록 할 수 있습니다.
▶ 부정형 조건을 사용할 수 있습니다.

1 순서도를 배워봅시다.

분기 선택 구조 : 분기 선택 구조는 특정 조건을 만족할 때와 만족하지 않을 때 각각의 코드를 실행하는 구조입니다. 다음 순서도를 보면 '숫자' 변수에 무작위 수를 판단하여 '방향' 변수가 '0'일 경우 '90'으로 정하고, '1'일 경우 '-90'으로 정합니다. 이어서, 이동 방향을 '방향'으로 정하고 이동 방향으로 '5'만큼 움직입니다.

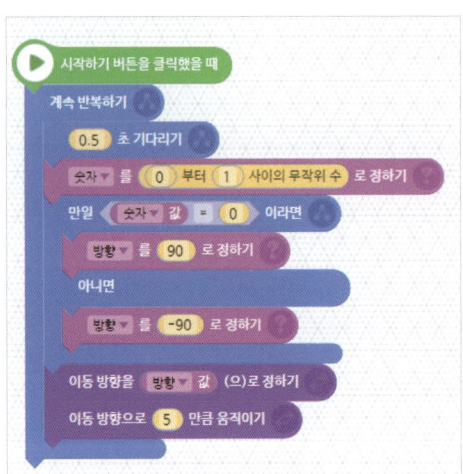
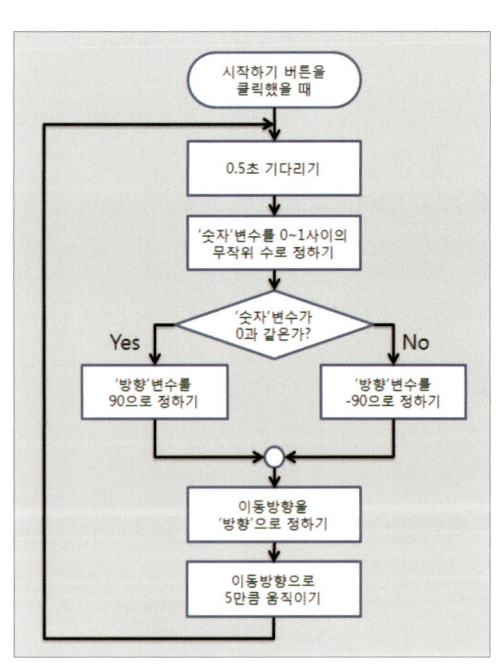

1. 다음 중 흐름을 알려주는 순서도 기호를 고르세요.

   ①    ② ⬯   ③ ▭   ④ →

2. 순서도 기호의 기능을 적으세요.

    :

2 알고리즘을 배워봅시다.

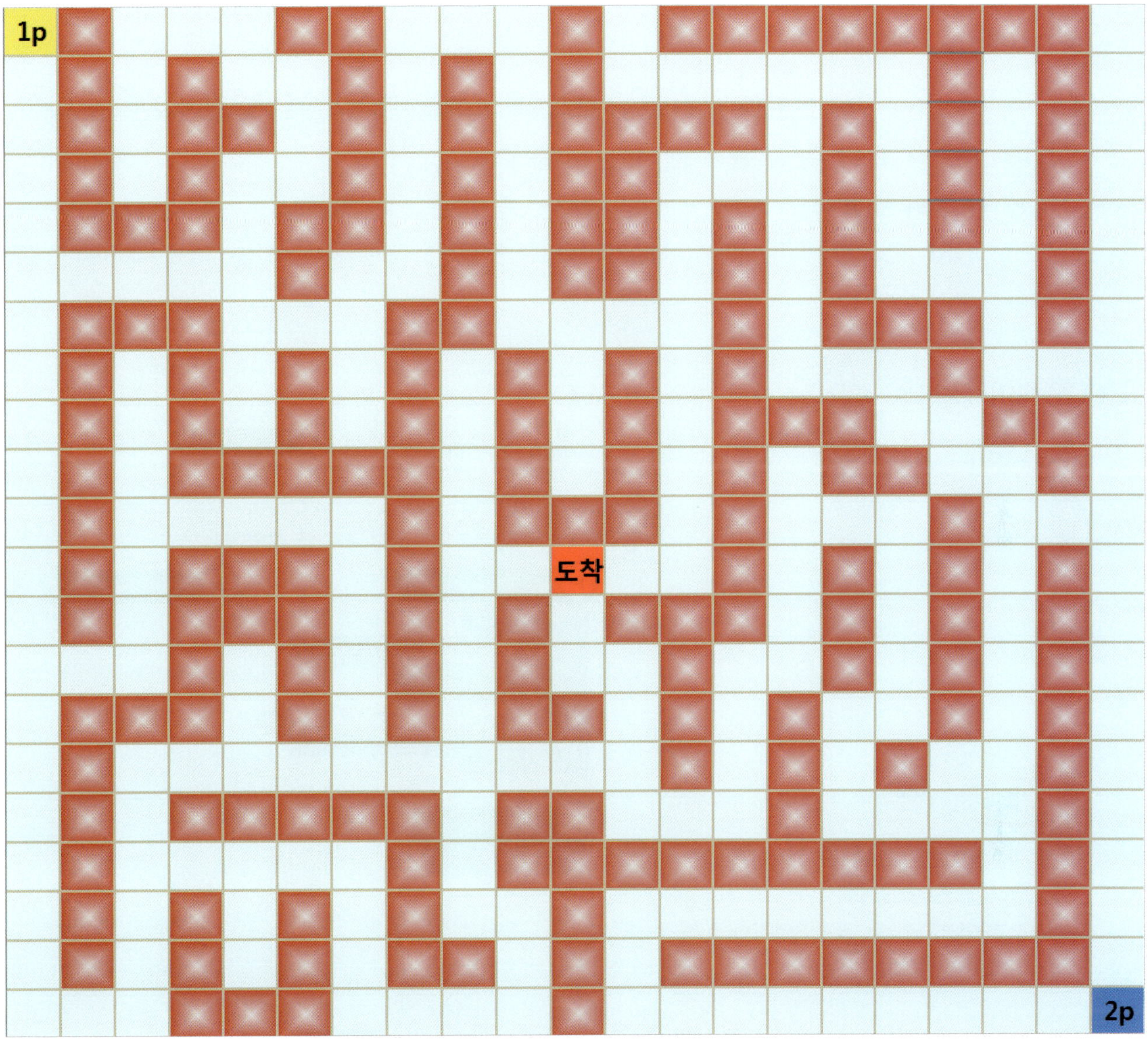

2명이 같이 하는 미로 게임 입니다. 1p와 2p를 정해서 1p가 먼저 5칸을 정해서 이동합니다. 그리고 2p가 5칸을 이동하는 방법으로 번갈아 가며 도착지점을 향해 누가 먼저 도착하는지 경쟁하는 게임입니다.

보충설명

미로 찾기는 대학생 로봇&프로그래밍 경진대회에 많이 주어지는 과제이기도 합니다. 차를 타고 여행을 갈 때 목적지까지 가기 위해 사용하는 네비게이션도 미로 찾기 알고리즘을 사용합니다. 기초적인 미로 찾기 알고리즘은 '우선법, 좌선법'이 있는데 이 방법은 미로의 오른쪽 벽, 왼쪽 벽 등을 따라 움직이는 방법입니다.

3 문제를 해결해 봅시다.

● 오브젝트를 소개합니다.

△ 도착지점 오브젝트는 화면에 보이지는 않지만 [자동차] 오브젝트가 도착지점에 도달했는지 확인해 줍니다.

△ 카레이스 배경 오브젝트는 도로를 제외한 배경을 보여줍니다.

△ 자동차 오브젝트는 마우스를 따라 이동하며 배경에 닿으면 손상도가 올라가고 일정 수치 이상이 되면 처음 위치로 돌아갑니다. 하지만 마우스를 따라 이동해야 하는 [자동차] 오브젝트에 문제가 발생 하였습니다. 문제가 발생한 부분을 같이 해결해 봅시다.

❶ [11차시]-[불러올 파일] 폴더에서 '마우스로 조종하는 자동차.ent' 파일을 불러옵니다. [오브젝트 목록]에서 △ 자동차 오브젝트를 선택한 후 시작 블록 꾸러미에서 ▶ 시작하기 버튼을 클릭했을 때 를 [블록 조립소]로 가져다 놓습니다.

코딩풀이

미리 만들어져 있는 코드는 [자동차] 오브젝트가 [도착지점] 오브젝트에 닿으면 '도착' 신호를 보내고 '도착했다'를 '1'초 동안 말합니다. 이어서, 모든 코드를 멈춥니다.

❷ 함수 블록 꾸러미에서 자동차 위치초기화 와 흐름 블록 꾸러미에서 계속 반복하기 를 아래 그림처럼 연결합니다.

코딩풀이

'자동차 위치 초기화(자동차 위치초기화)' 함수는 [자동차] 오브젝트를 처음 시작하는 위치(x:-181, y:-96)로 이동시킨 후 이동방향을 '0°', 방향을 '90°'로 정해줍니다.

❸ [호름] 블록 꾸러미에서 [만일 참 이라면] 을 아래 그림처럼 연결합니다. 이어서, [판단] 블록 꾸러미에서 [참 (이)가 아니다] 를 '참'의 위치에 끼워 넣습니다.

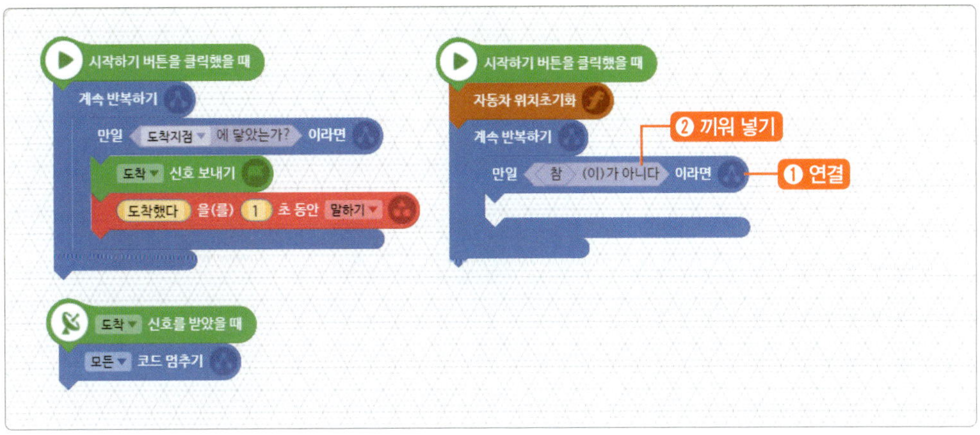

❹ [판단] 블록 꾸러미에서 [마우스포인터 에 닿았는가?] 를 '참'의 위치에 끼워 넣습니다.

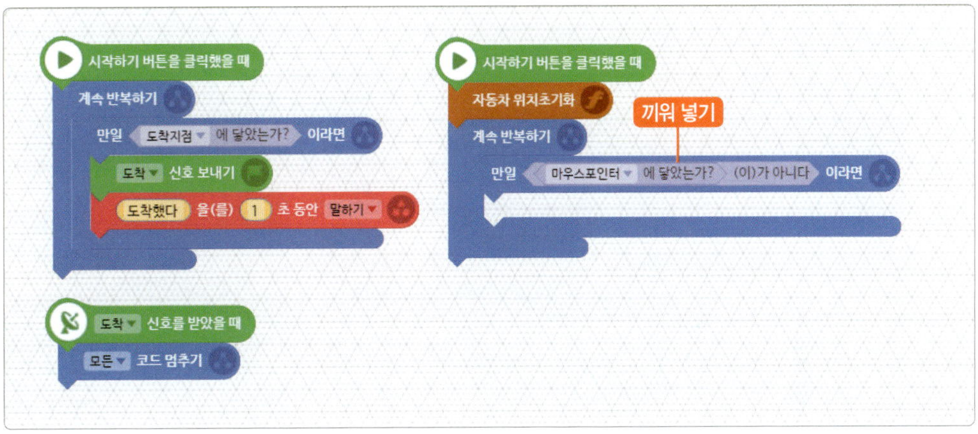

코딩풀이

'마우스포인터'에 [자동차] 오브젝트가 닿지 않았을 때를 설정합니다.

❺ [움직임] 블록 꾸러미에서 [도착지점 쪽 바라보기] 를 아래 그림처럼 연결한 후 [도착지점▼]을 클릭하여 '마우스포인터'를 선택합니다.

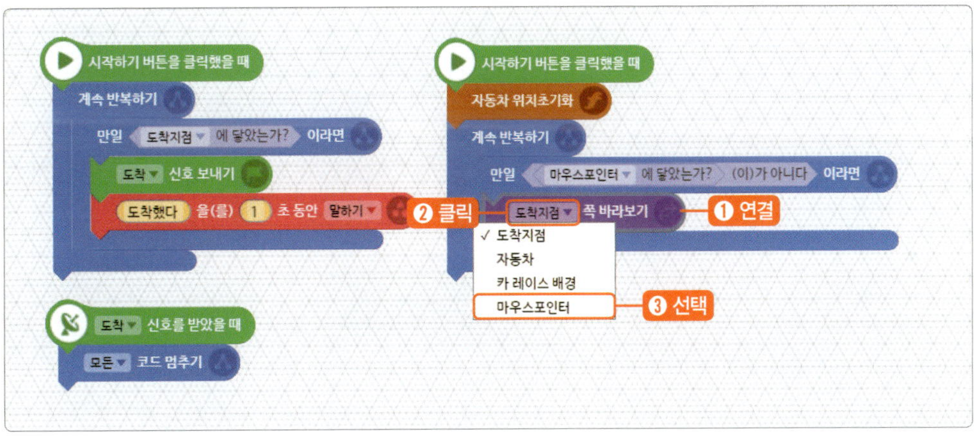

Chapter 11 마우스로 조종하는 자동차 **073**

❻ [움직임] 블록 꾸러미에서 `이동 방향으로 10 만큼 움직이기` 를 아래 그림처럼 연결한 후 '10'을 '2'로 변경합니다.

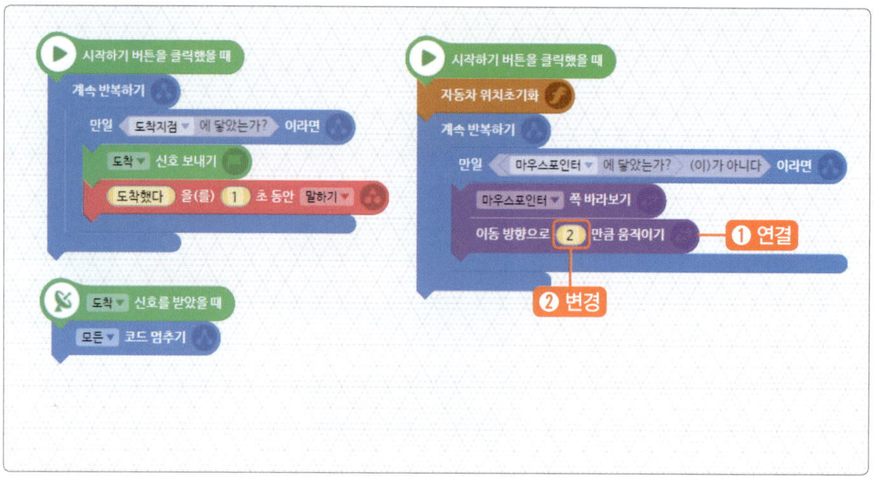

코딩풀이

[자동차] 오브젝트가 '마우스포인터'에 닿지 않으면 '마우스포인터' 쪽을 바라보고 해당 방향으로 '2'만큼 이동합니다. 만약 [자동차] 오브젝트가 '마우스포인터'에 닿으면 '만일~이라면' 블록 안의 내용을 실행하지 않기 때문에 움직이지 않고 멈춥니다.

❼ [흐름] 블록 꾸러미에서 `만일 참 이라면` 을 아래 그림처럼 연결합니다. 이어서, [판단] 블록 꾸러미에서 `마우스포인터 에 닿았는가?` 를 '참'의 위치에 끼워 넣은 후 `마우스포인터` 를 클릭한 다음 '카 레이스 배경'을 선택합니다.

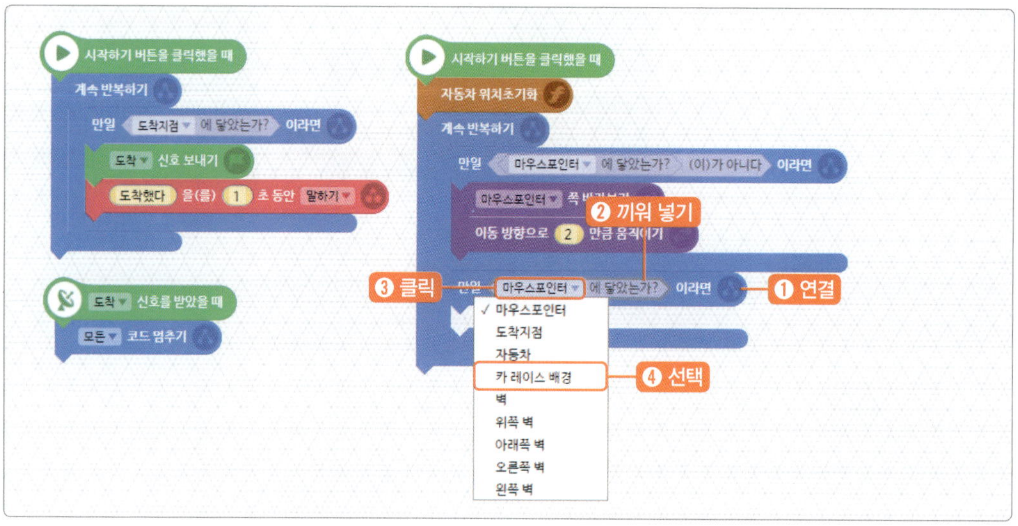

❽ [자료] 블록 꾸러미에서 `자동차 손상도 에 10 만큼 더하기` 를 아래 그림처럼 연결한 후 '10'을 '2'로 변경합니다.

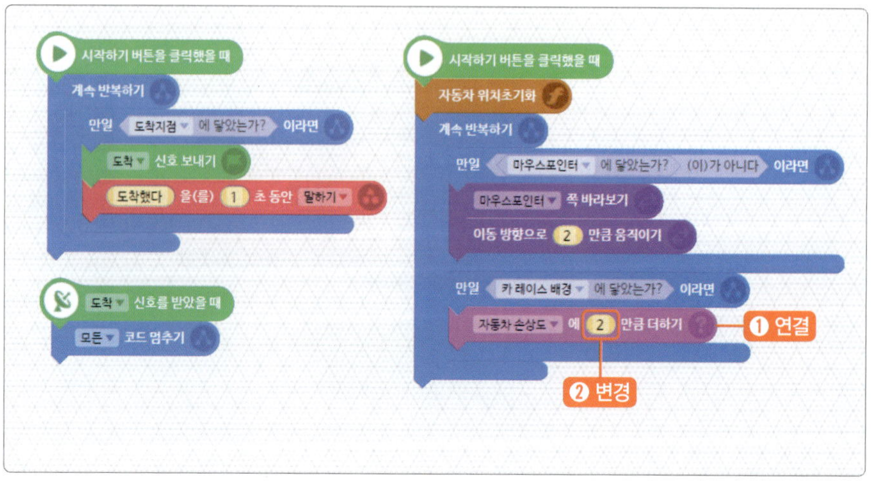

코딩풀이

[자동차] 오브젝트가 [카 레이스 배경]에 닿을 때 마다 '자동차 손상도' 변수에 값을 '2'씩 증가시킵니다.

074 알고리즘으로 배우는 엔트리

⑨ [흐름] 블록 꾸러미에서 [만일 참 이라면] 을 아래 그림처럼 연결합니다.

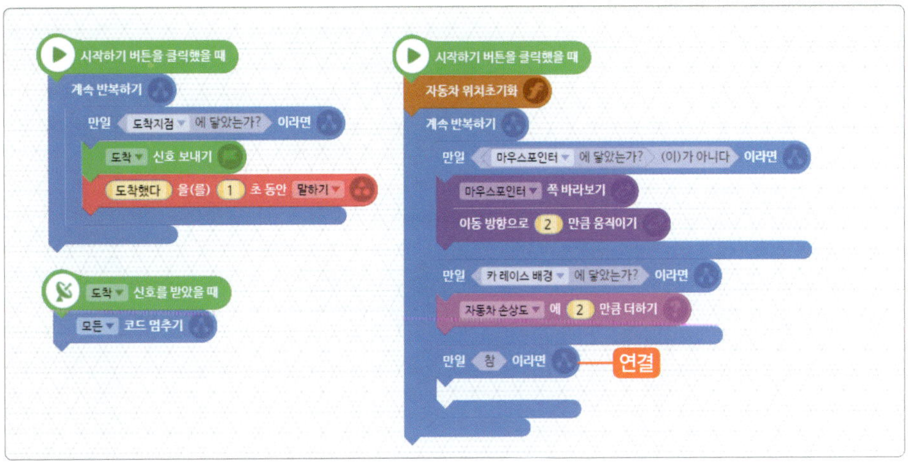

⑩ [판단] 블록 꾸러미에서 ⟨10 > 10⟩ 을 '참'의 위치에 끼워 넣습니다. 이어서, [자료] 블록 꾸러미에서 [자동차 손상도 값] 을 첫 번째 '10'의 위치에 끼워 넣은 후 두 번째 '10'을 '100'으로 변경합니다.

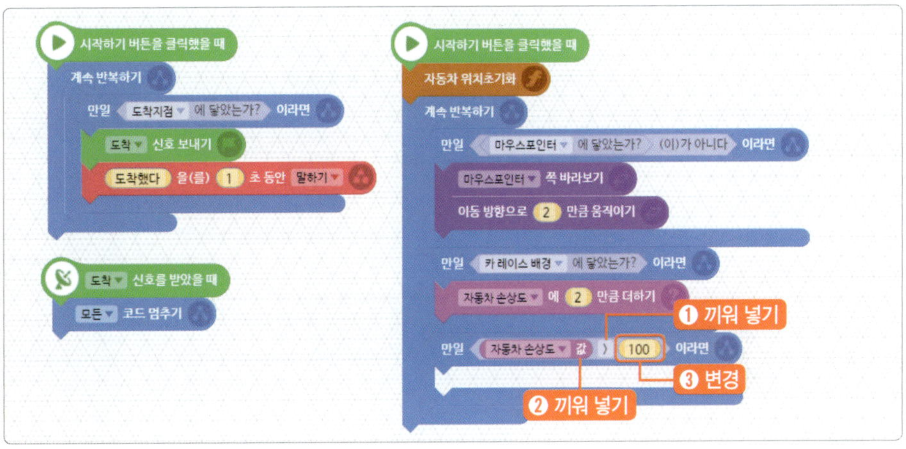

⑪ [함수] 블록 꾸러미에서 [자동차 위치초기화] 를 아래 그림처럼 연결합니다.

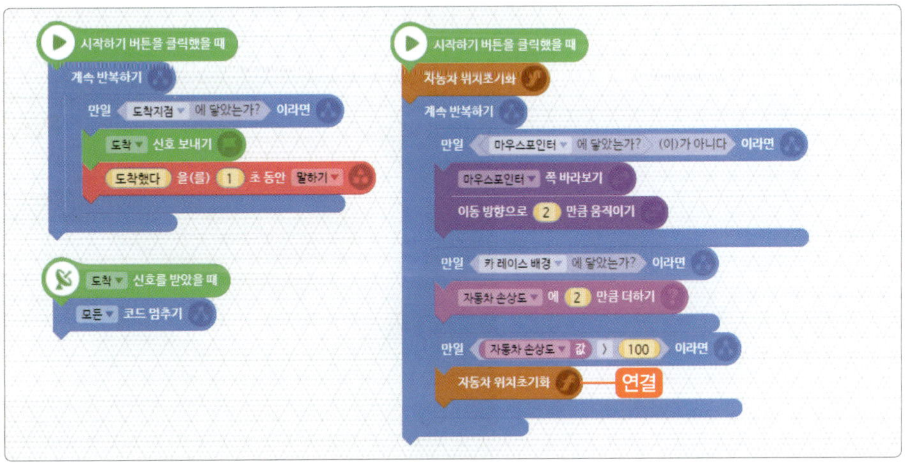

코딩풀이

[자동차] 오브젝트가 [카 레이스 배경]에 닿아서 '자동차 손상도' 변수 값이 '100'보다 커지면 [자동차] 오브젝트를 출발했던 처음 위치로 돌아가게 합니다.

Chapter 11 마우스로 조종하는 자동차 **075**

⑫ 블록 꾸러미에서 `자동차 손상도를 10 로 정하기`를 아래 그림처럼 연결한 후 '10'을 '0'으로 변경합니다.

코딩풀이
[자동차] 오브젝트의 위치가 초기화되면 '자동차 손상도'를 '0'으로 바꿔 처음부터 다시 시작하도록 만듭니다.

❶ 연결
❷ 변경

⑬ 블록 꾸러미에서 `안녕! 을(를) 4 초 동안 말하기`를 아래 그림처럼 연결한 후 '안녕!'을 '다시'로 '4'를 '1'로 변경합니다.

❶ 연결
❷ 변경

⑭ ▶ 버튼을 클릭하여 [자동차] 오브젝트가 마우스포인터를 따라 잘 이동하는지 확인해 봅시다.

076 알고리즘으로 배우는 엔트리

4 예제파일을 불러와 주어진 과제를 해결해 봅시다.

❶  오브젝트에 [자동차] 오브젝트가 도착하는데 걸리는 시간을 알기 위해 코드를 추가했지만 블록을 조립하지 않아 작동하지 않습니다. 아래 조건을 참고하여 블록을 조립해 봅시다.

▶ 예제파일 : 마우스로 조종하는 자동차-1.ent

조건

시작하기 버튼을 클릭했을 때 초시계를 시작한다.
[자동차]에 닿으면 초시계를 정지한다.

❷ 도착한 시간을 화면에 나오도록 하기 위하여  오브젝트를 추가하고 코드를 추가했지만 블록을 조립하지 않아 작동하지 않습니다. 아래 조건을 참고하여 블록을 조립해 봅시다.

▶ 예제파일 : 마우스로 조종하는 자동차-2.ent

조건

'도착' 신호를 받았을 때 '도착시간:'과 '초시계 값'을 합치고 글쓰기를 한다.

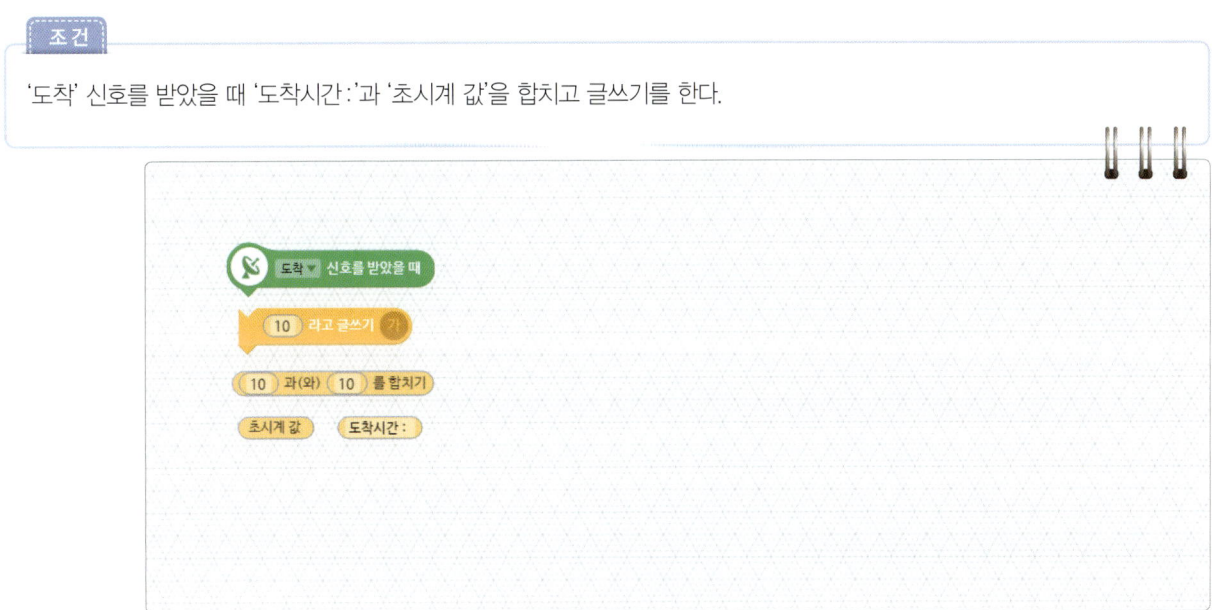

Chapter 12
미로에서 치킨을 찾아보자

 불러올 파일 : 치킨을 찾아서.ent    완성된 파일 : 치킨을 찾아서(완성).ent

| 학습목표 |

▶ 엔트리봇을 키보드로 조종하여 미로에서 치킨을 찾을 수 있습니다.
▶ 엔트리봇의 모양을 바꿔 움직이는 모습을 만들 수 있습니다.

1 순서도를 배워봅시다.

입력과 출력 : 순서도에서 평행사변형의 입력, 출력 기호는 기본적인 입력, 출력을 나타내는 기호입니다. 다음 순서도를 보면 음식 이름을 입력 받아 '대답'이라는 임시 변수에 저장하고 '음식이름' 리스트에 저장합니다. 그다음 '음식이름' 리스트의 첫 번째 항목부터 말하기를 하고 'num' 변수를 1만큼 증가시켜 리스트의 다음 항목을 순서대로 말하도록 합니다.

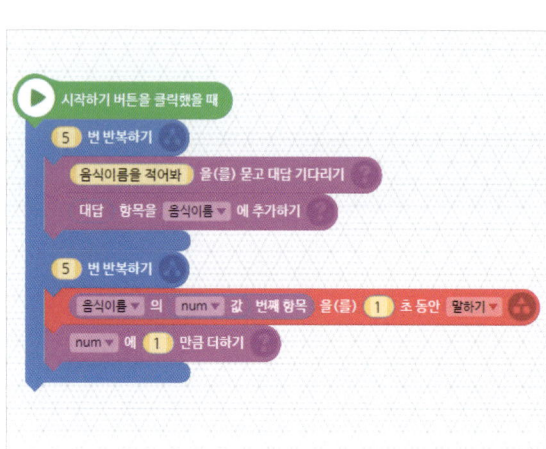
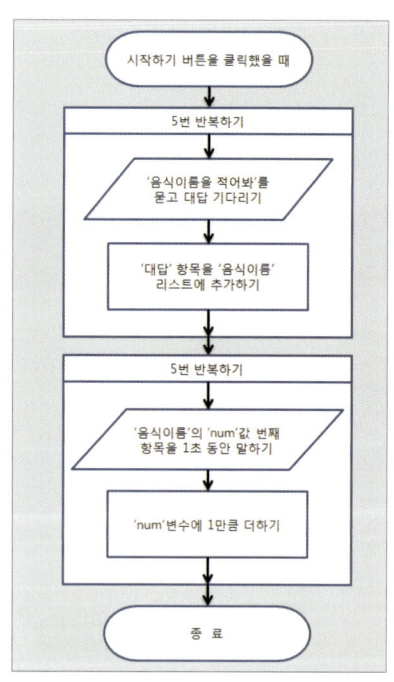

1. 다음 중 시작하기 전 준비과정(변수설정, 변수초기화, 변수생성 등)을 알려주는 순서도 기호를 고르세요.

①    ②    ③    ④

2. 순서도 기호의 기능을 적으세요.

 :

2 알고리즘을 배워봅시다.

위 그림은 '칠교'라는 퍼즐의 조각들 입니다. 퍼즐 조각을 이용하여 오리를 만들어 봅시다. (단, 도형은 남김없이 사용해야 합니다.)

※ 교재 맨 뒤에 있는 부록2를 가위로 오려서 오리를 만듭니다.

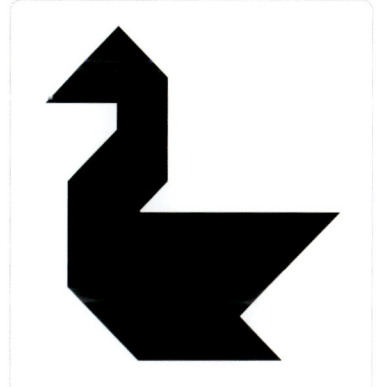

보충설명

칠교란 중국에서 유래되었으며 서양에서는 중국의 퍼즐이란 의미로 탱그람(Tangram)이라고 불립니다.

Chapter 12 미로에서 치킨을 찾아보자 **079**

3 문제를 해결해 봅시다.

● 오브젝트를 소개합니다.

- 꿀벌 오브젝트는 미로의 특정 장소에 숨어 있다가 나타나 좌우로 이동합니다.
- 치킨 오브젝트는 미로에서 찾아야 할 목표입니다.
- 미로 오브젝트는 미로의 벽입니다.
- 엔트리봇 오브젝트는 키보드로 움직이며 미로에 닿으면 처음의 위치로 이동하고 계속 모양을 바꿔 걷는 모습을 보여줘야 하는데 문제가 발생하였습니다. 문제가 발생한 부분을 같이 해결해 봅시다.

❶ [12차시]-[불러올 파일] 폴더에서 '치킨을 찾아서.ent' 파일을 불러옵니다. [오브젝트 목록]에서 엔트리봇 오브젝트를 선택한 후 ▶시작 블록 꾸러미에서 '시작하기 버튼을 클릭했을 때'를 [블록 조립소]에 가져다 놓습니다. 이어서, 움직임 블록 꾸러미에서 'x: 0 y: 0 위치로 이동하기'를 아래 그림처럼 연결한 후 첫 번째 '0'을 '-207'로, 두 번째 '0'을 '95'로 변경합니다.

❷ 흐름 블록 꾸러미에서 '계속 반복하기'와 함수 블록 꾸러미에서 '키보드로 이동'을 아래 그림처럼 연결합니다.

코딩풀이

'키보드로 이동()' 함수는 우리가 이미 앞에서 학습했던 키보드로 이동하는 방법(코드)을 함수로 만들었습니다. 함수를 사용하는 이유 중 하나는 코드의 길이를 줄일 수 있기 때문입니다.

❸ 　흐름　 블록 꾸러미에서 `만일 참 이라면` 을 아래 그림처럼 연결합니다. 이어서, 　판단　 블록 꾸러미에서 `마우스포인터 에 닿았는가?` 를 '참'의 위치에 끼워 넣은 후 `마우스포인터` 를 클릭하여 '미로'를 선택합니다.

❹ 　움직임　 블록 꾸러미에서 `x: 0 y: 0 위치로 이동하기` 를 아래 그림처럼 연결한 후 첫 번째 '0'을 '-207'로, 두 번째 '0'을 '95'로 각각 변경합니다.

코딩풀이

[엔트리봇]을 키보드로 조종하다가 미로에 닿으면 처음 위치로 되돌아갑니다.

❺ 　흐름　 블록 꾸러미에서 `만일 참 이라면` 을 아래 그림처럼 연결합니다.

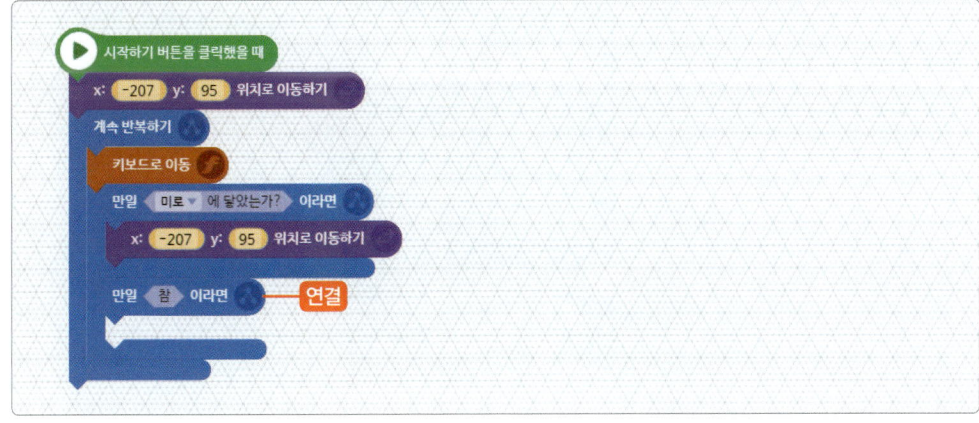

Chapter 12 미로에서 치킨을 찾아보자 **081**

❻ 　판단　 블록 꾸러미에서 　마우스포인터▼ 에 닿았는가?　를 '참'의 위치에 끼워 넣은 후 　마우스포인터▼　를 클릭하여 '꿀벌'을 선택합니다.

❼ 　호름　 블록 꾸러미에서 　모든▼ 코드 멈추기　를 아래 그림처럼 연결합니다.

코딩풀이
[엔트리봇]을 키보드로 조종하다가 [꿀벌]에 닿으면 모든 코드를 멈춥니다.

❽ 　호름　 블록 꾸러미에서 　만일 　참　 이라면　을 아래 그림처럼 연결합니다. 이어서, 　판단　 블록 꾸러미에서 　마우스포인터▼ 에 닿았는가?　를 '참'의 위치에 끼워 넣은 후 　마우스포인터▼　를 클릭하여 '치킨'을 선택합니다.

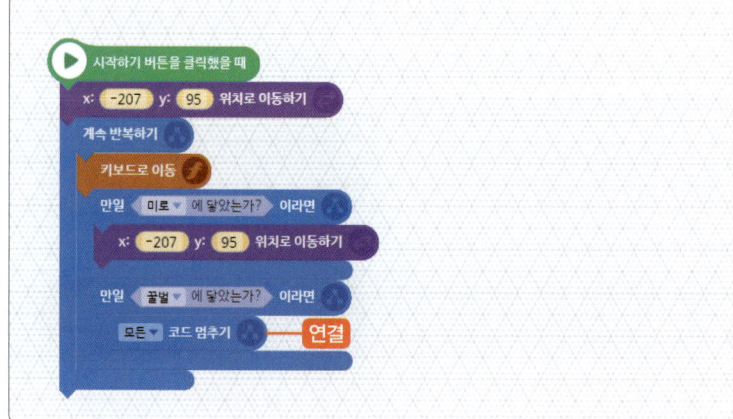

082 알고리즘으로 배우는 엔트리

⑨ [생김새] 블록 꾸러미에서 [안녕! 을(를) 4 초 동안 말하기] 와 [흐름] 블록 꾸러미에서 [모든▼ 코드 멈추기] 를 아래 그림처럼 연결합니다. 이어서, '안녕!'을 '맛있는 치킨이다'로, '4'를 '2'로 각각 변경합니다.

> **코딩풀이**
>
> [엔트리봇] 오브젝트가 [치킨] 오브젝트에 닿으면 '맛있는 치킨이다'를 '2'초 동안 말하고 모든 코드를 종료합니다.

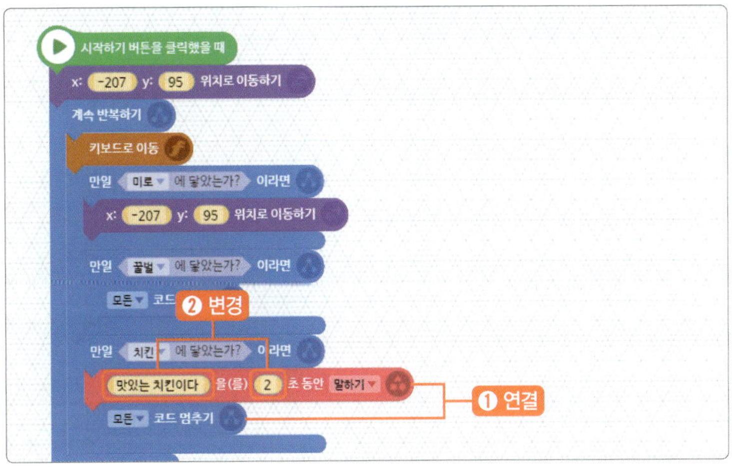

⑩ [시작] 블록 꾸러미에서 [시작하기 버튼을 클릭했을 때] 를 [블록 조립소]에 가져다 놓습니다. 이어서, [생김새] 블록 꾸러미에서 [안녕! 을(를) 4 초 동안 말하기] 를 아래 그림처럼 연결한 후 '안녕!'을 '치킨을 찾으러 가자'로 '4'를 '1'로 각각 변경합니다.

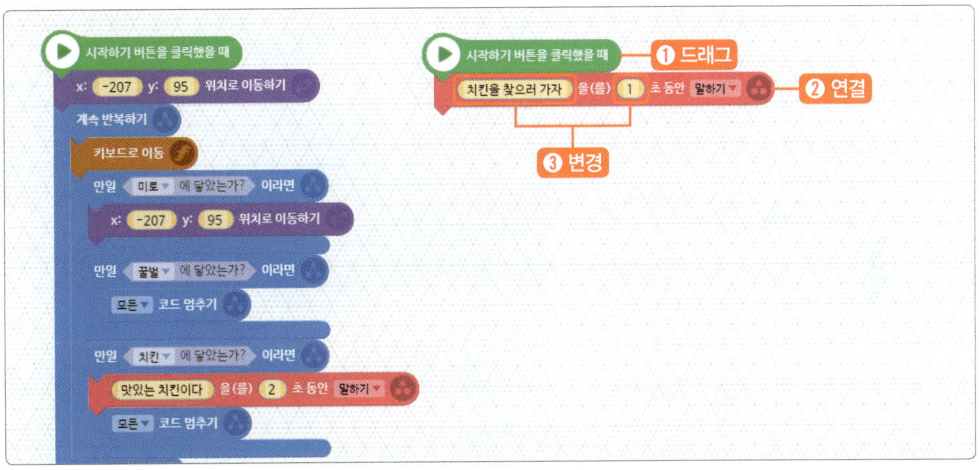

⑪ [흐름] 블록 꾸러미에서 [계속 반복하기] 를 아래 그림처럼 연결합니다.

Chapter 12 미로에서 치킨을 찾아보자 **083**

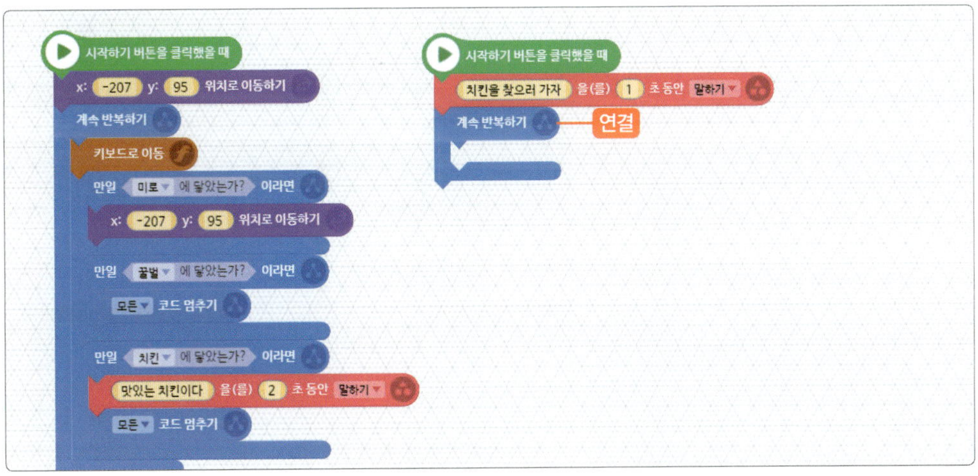

⑫ [흐름] 블록 꾸러미에서 [2 초 기다리기]와 [생김새] 블록 꾸러미에서 [(2)엔트리봇_앞1 모양으로 바꾸기]를 아래 그림처럼 연결한 후 '2'를 '0.2'로 변경합니다.

⑬ [흐름] 블록 꾸러미에서 [2 초 기다리기]와 [생김새] 블록 꾸러미에서 [(2)엔트리봇_앞1 모양으로 바꾸기]를 아래 그림처럼 연결합니다. 이어서, '2'를 '0.2'로 변경하고 [(2)엔트리봇_앞1]을 클릭하여 '(2)엔트리봇_앞2'를 선택합니다.

코딩풀이

'0.2'초 간격으로 [엔트리봇]의 모양을 '앞1'과 '앞2'로 계속 바꾸기 때문에 [엔트리봇]이 걸어가는 모습으로 보입니다.

⑭ [▶] 버튼을 클릭한 후 키보드의 W, S, A, D 키로 [엔트리봇]을 조종하여 [꿀벌]을 피해 치킨을 찾아 봅시다.

4 예제파일을 불러와 주어진 과제를 해결해 봅시다.

❶  오브젝트에 제한시간을 추가하기 위해 코드를 추가했지만 블록을 조립하지 않아서 작동하지 않습니다. 아래 조건을 참고하여 블록을 조립해 봅시다.

▶ 예제파일 : 치킨을 찾아서-1.ent

조건

제한시간을 '30'으로 정한다.
'1'초가 지날 때마다 제한시간에 '-1'을 더하며 제한시간이 '0'이 될 때까지 반복한다.
제한시간이 다 되면 모든 코드를 멈춘다.

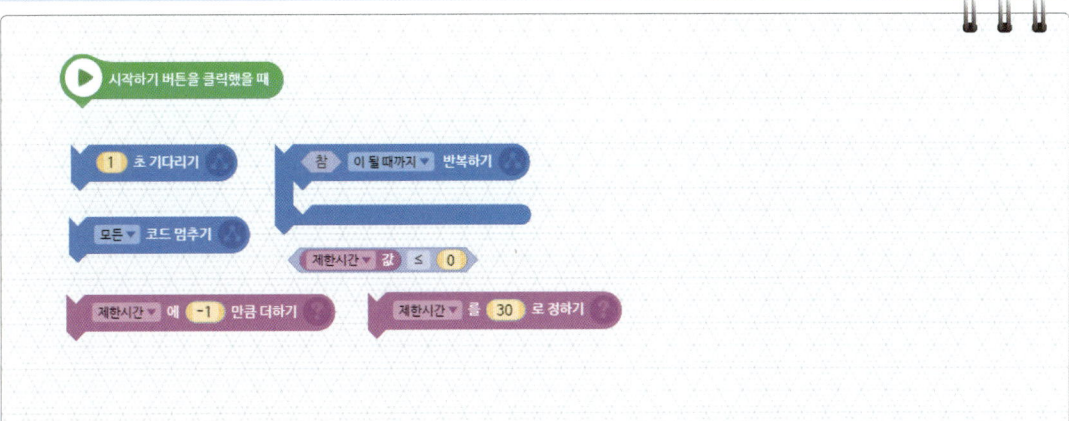

❷ 오브젝트에 2초에 한 번씩 장소를 변경하도록 코드를 추가했지만 블록을 조립하지 않아 작동하지 않습니다. 아래 조건을 참고하여 블록을 조립해 봅시다.

▶ 예제파일 : 치킨을 찾아서-2.ent

조건

시작하기 버튼을 클릭했을 때 계속 반복한다.
만일 '0~1' 사이의 무작위 수가 '0'이면 'X:200, Y:-93' 위치로 이동하고 '2'초를 기다리다
아니면 'X:-140, Y:105' 위치로 이동하고 '2'초를 기다린다.

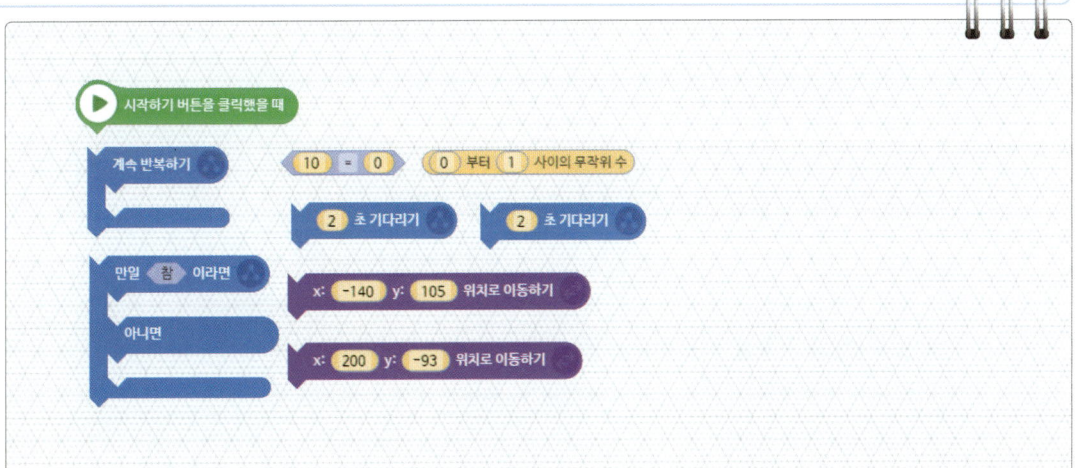

Chapter 13 야구 게임

 불러올 파일 : 야구게임.ent    완성된 파일 : 야구게임(완성).ent

| 학습목표 |

▶ 조건을 오브젝트의 모양 번호와 좌표로 설정할 수 있습니다.
▶ 이동 방향을 무작위 수로 정할 수 있습니다.

1 순서도를 배워봅시다.

반복 구조 : 반복 구조란 일정 구간을 정해진 횟수만큼 다시 실행하는 것을 말합니다. 다음 순서도를 보면 이동 방향으로 움직이고 '0.5'초 기다리는 것을 '10'번 반복합니다.

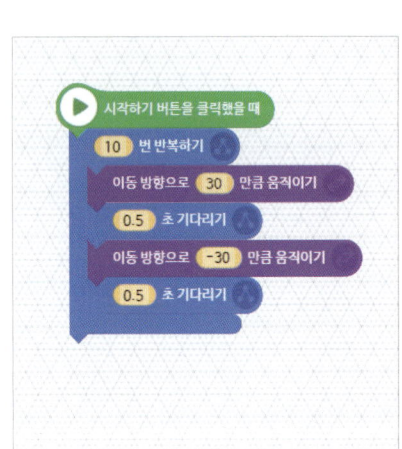

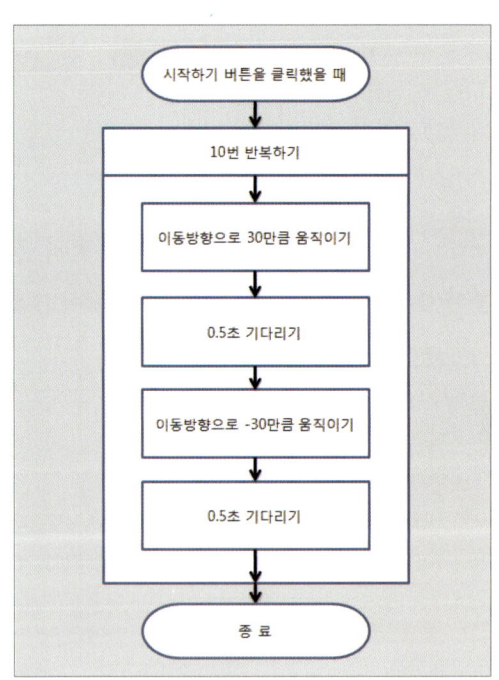

1. 다음 중 함수의 호출을 알려주는 순서도 기호를 고르세요.

2. 순서도 기호의 기능을 적으세요.

    :

2 알고리즘을 배워봅시다.

수비자의 숫자 : 2 5 9

공격자가 말하는 숫자

1 Ball   1 2 3

1 Strike 1 Ball   2 3 5

2 Strike   2 5 8

3 Strike   2 5 9

게임 끝

위의 게임은 야구게임이라고 합니다. 2명이서 순서를 정해 공격과 수비를 정합니다. 수비자는 공격자가 보이지 않게 0~9까지의 무작위 숫자 3개를 선택해 종이에 적습니다. 공격자는 0부터 9 사이의 숫자 중 3개의 숫자를 물어보면 수비자는 공격자가 말한 숫자 중에서 종이에 적은 숫자와 일치하는 것이 있다면 다음과 같이 알려줍니다.

자릿수 일치	1개 일치 → 1Strike, 2개 일치 → 2Strike, 3개 일치 → 3Strike(게임종료)
자릿수 불일치	1개 일치 → 1Ball, 2개 일치 → 2Ball, 3개 일치 → 3Ball

수비자는 Ball과 Strike를 종합해서 공격자에게 말해 줍니다. 공격자는 5번의 질문으로 수비자가 말해주는 Ball과 Strike를 생각해서 수비자가 적은 숫자를 맞추는 게임입니다.

> **보충설명**
>
> 이 게임은 1970년 MIT에서 컴퓨터 프로그램으로 처음 만들어진 'bulls and cows'라는 게임입니다. 그 이후로 많은 사람들이 프로그래밍 알고리즘 연습을 위해 많은 방식으로 만들어 현재 다양한 형식의 게임으로 만들어져 있습니다.

3 문제를 해결해 봅시다.

- 오브젝트를 소개합니다.

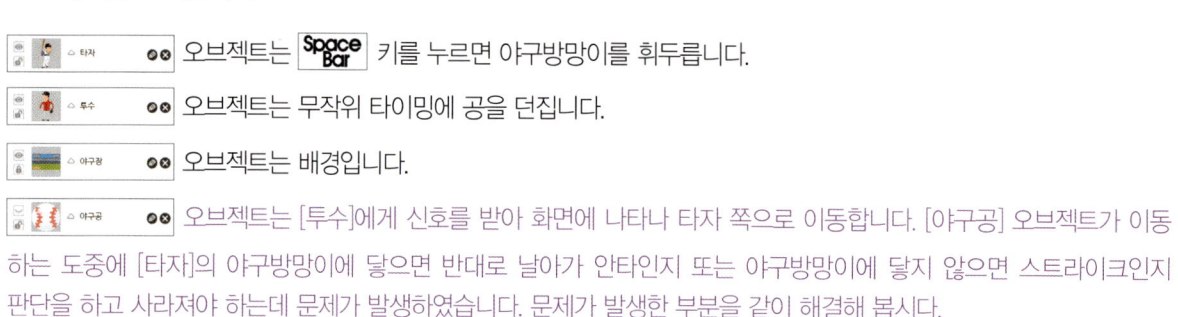

❶ [13차시]-[불러올 파일] 폴더에서 '야구게임.ent' 파일을 불러옵니다. 이어서, [오브젝트 목록]에서 야구공 오브젝트를 선택한 후 흐름 블록 꾸러미에서 복제본이 처음 생성되었을때 를 [블록 조립소]로 가져다 놓습니다.

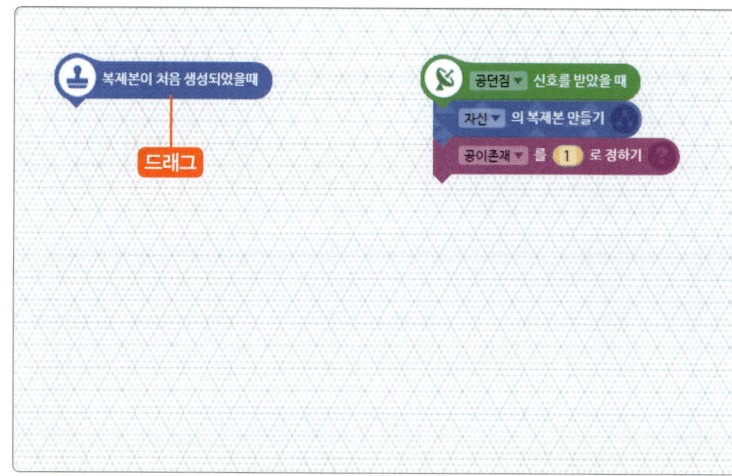

코딩풀이
'공던짐' 신호는 [투수] 오브젝트에서 모양 번호가 '3'일때 보냅니다.

❷ 생김새 블록 꾸러미에서 모양 보이기 와 흐름 블록 꾸러미에서 계속 반복하기 를 아래 그림처럼 연결합니다.

❸ 　흐름　 블록 꾸러미에서 　만일 참 이라면　 을 아래 그림처럼 연결합니다. 이어서, 　판단　 블록 꾸러미에서 　마우스포인터 에 닿았는가?　 를 '참'의 위치에 끼워 넣은 후 　마우스포인터▼　 를 클릭하여 '벽'을 선택합니다.

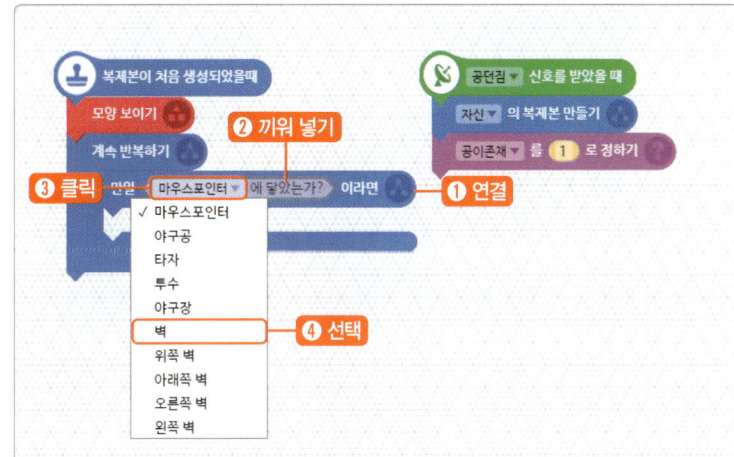

코딩풀이
복제된 공이 생성되면 이미 지정된 좌표(투수의 손) 위치에서 모양을 보인 후 벽에 닿았는지 계속 확인합니다.

❹ 　함수　 블록 꾸러미에서 　야구공 판단　 과 　흐름　 블록 꾸러미에서 　만일 참 이라면　 을 아래 그림처럼 연결합니다.

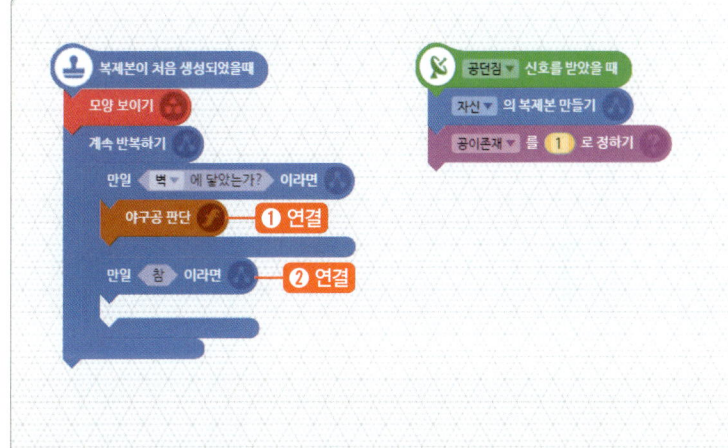

코딩풀이
[야구공] 오브젝트가 벽에 닿을 때 왼쪽 벽인지 아니면 다른 벽인지를 판단하기 위해 '야구공 판단(야구공 판단)' 함수를 사용합니다. '야구공 판단' 함수는 [타자]가 공을 맞추지 못했을 경우 '왼쪽' 벽에 닿았기 때문에 스트라이크로 판단하고, 그렇지 않을 경우에는 안타로 판단합니다.

❺ 　판단　 블록 꾸러미에서 　참 그리고 참　 2개를 서로 연결한 후 '참'의 위치에 끼워 넣습니다.

TIP
　참 그리고 참　 2개를 서로 연결하기

Chapter 13 야구 게임 **089**

❻ 판단 블록 꾸러미에서 `10 = 10`을 첫 번째 '참'의 위치에 끼워 넣은 후 계산 블록 꾸러미에서 `야구공의 x좌푯값`을 첫 번째 '10'의 위치에 끼워 넣습니다. 이어서, `야구공`, `x좌푯값`을 클릭하여 각각 '타자', '모양 번호'를 선택한 후 두 번째 '10'을 '2'로 변경합니다.

> **코딩풀이**
>
> [타자] 오브젝트가 날아오는 공을 향해 Space Bar 키를 눌러 방망이를 휘두를 때 [타자]의 모양 번호가 '2'일 때 '만일~이라면' 안의 코드를 실행합니다.

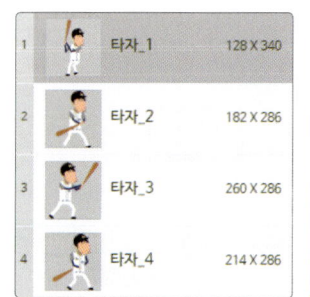

❼ 판단 블록 꾸러미에서 `10 ≤ 10`을 두 번째 '참'의 위치에 끼워 넣은 후 계산 블록 꾸러미에서 `야구공의 x좌푯값`을 두 번째 '10'의 위치에 끼워 넣습니다. 이어서, `야구공`을 클릭하여 '자신'을 선택한 후 첫 번째 '10'을 '-180'으로 변경합니다.

090 알고리즘으로 배우는 엔트리

❽ 판단 블록 꾸러미에서 `10 ≤ 10`을 세 번째 '참'의 위치에 끼워 넣은 후 계산 블록 꾸러미에서 `야구공의 x좌푯값` 첫 번째 '10'의 위치에 끼워 넣습니다. 이어서, `야구공`을 클릭하여 '자신'을 선택한 후 두 번째 '10'을 '-170'으로 변경합니다.

❾ 움직임 블록 꾸러미에서 `이동 방향을 90°(으)로 정하기`를 아래 그림처럼 연결합니다. 이어서, 계산 블록 꾸러미에서 `0 부터 10 사이의 무작위 수`를 '90'의 위치에 끼워 넣은 후 '0'을 '35'로, '10'을 '75'로 변경합니다.

※ `0 부터 10 사이의 무작위 수`를 끼워 넣으면 90° 블록이 바깥쪽으로 빠져나옵니다. 빠져나오는 90° 블록이 휴지통으로 드래그하여 삭제합니다.

코딩풀이

Space Bar 키를 눌렀을 때 [야구공] 오브젝트를 맞추기 위해서는 3가지 조건을 모두 만족해야 맞출 수 있습니다. 첫 번째 조건은 [타자] 오브젝트의 모양이 2번째(타자2)이고, 두 번째 조건은 [공] 오브젝트의 X좌푯값이 '-180'보다 크거나 같아야 하며, 세 번째 조건은 X좌푯값이 '-170'보다 작거나 같아야 합니다. 즉, Space Bar 키를 눌러 방망이를 휘두를 때 타자의 모양 번호가 '2'이면서, [공] 오브젝트의 X좌푯값이 '-170 ~ -180' 사이일 경우에만 이동 방향을 '35~75' 사이의 무작위 수로 [공] 오브젝트를 이동(안타)시킬 수 있습니다.

⑩ 움직임 블록 꾸러미에서 `이동 방향으로 10 만큼 움직이기` 를 아래 그림처럼 연결한 후 '10'을 '8'로 변경합니다.

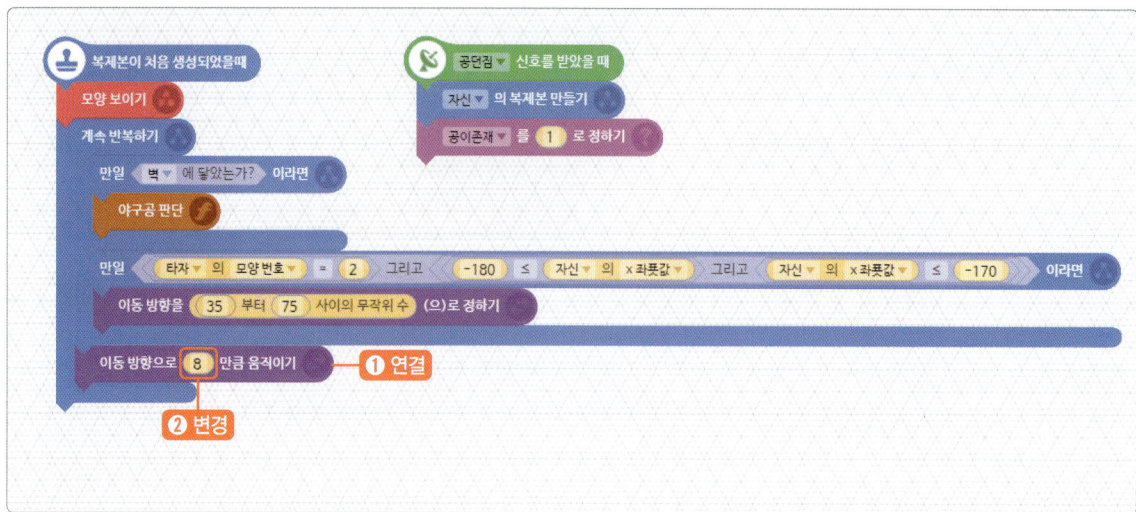

코딩풀이

`이동 방향으로 10 만큼 움직이기` 블록은 특정 조건(만일~이라면)에 상관없이 [공] 오브젝트가 [타자] 쪽으로 이동을 해야 하기 때문에 조건문(만일~이라면) 안쪽에 연결하지 않습니다. 단, [공] 오브젝트가 [타자] 쪽으로 이동하다가 안타를 치면 [투수] 쪽으로 이동 방향(35°~75°)을 바꿔 이동합니다.

⑪ ▶ 버튼을 클릭하여 공이 날아오면 Space Bar 키를 눌러 [타자]가 공을 치는지 확인해 봅시다.

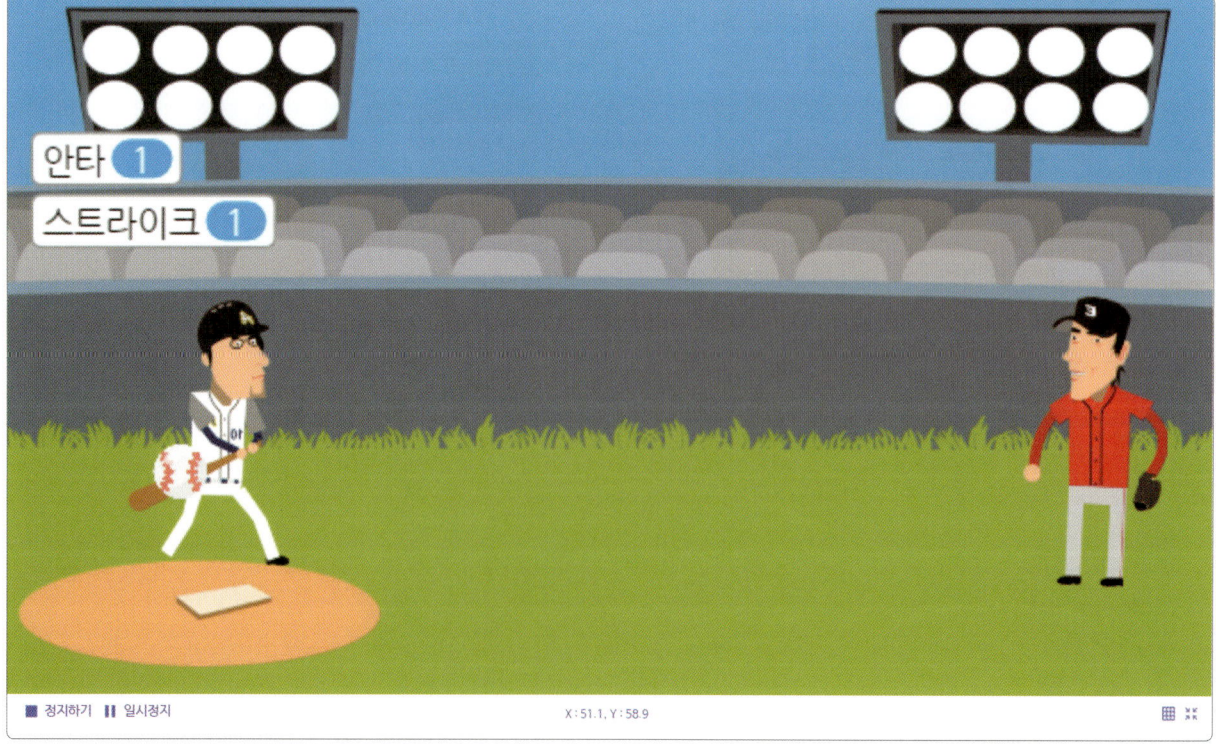

092 알고리즘으로 배우는 엔트리

4 예제파일을 불러와 주어진 과제를 해결해 봅시다.

❶  오브젝트에 공을 10번 던지면 모두 종료되도록 코드를 추가했지만 블록을 조립하지 않아 작동하지 않습니다. 아래 조건을 참고하여 블록을 조립해 봅시다.

▶ 예제파일 : 야구게임-1.ent

조건

'공던짐' 신호를 받았을 때 '던진 공의 개수'를 '1'만큼 추가한다.
시작하기 버튼을 클릭했을 때 계속 반복하며 '던진 공의 개수'가 '10'개이고, '공이존재'가 '0'일 때 모든 실행을 종료한다.

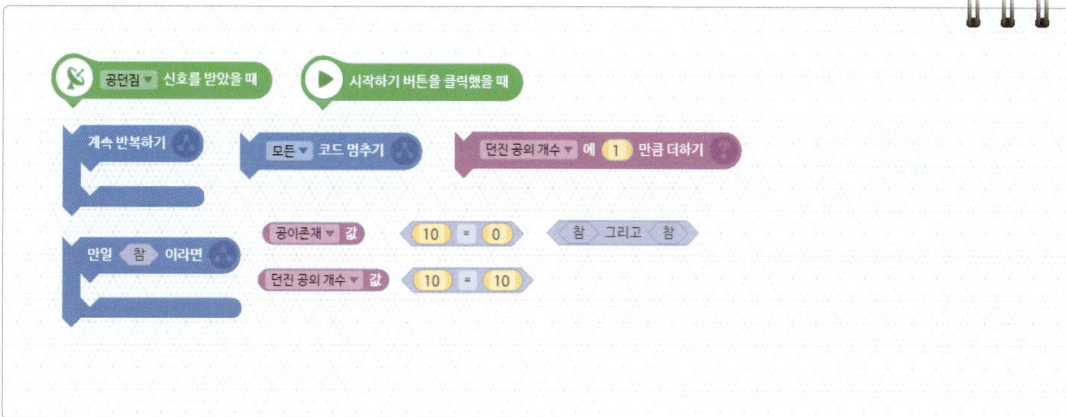

❷ 오브젝트에 모든 코드가 종료되면 [투수]가 안타와 스트라이크를 말하도록 코드를 추가했지만 블록을 조립하지 않아 작동하지 않습니다. 아래 조건을 참고하여 블록을 조립해 봅시다.

▶ 예제파일 : 야구게임-2.ent

조건

시작하기 버튼을 클릭했을 때 '던진 공의 개수'가 '10'개이고, '공이존재'가 '0'일 때까지 반복한다.
반복이 끝나면 '안타는', '안타' 변수, '스트라이크는', '스트라이크' 변수를 합쳐서 말하다

Chapter 14

2명이 함께하는 축구게임

 불러올 파일 : 축구게임.ent    완성된 파일 : 축구게임(완성).ent

| 학습목표 |

▶ 함수를 직접 만들어 사용할 수 있습니다.
▶ 오브젝트에 닿을 때 이동 방향을 조절할 수 있습니다.

1 순서도를 배워봅시다.

중첩 반복 구조 : 반복하기 블록을 중복해서 사용하여 반복하는 구간을 다시 실행하는 것을 말합니다. 다음 순서도를 보면 '계속 반복하기' 블록을 흐름선으로 표시한 것을 확인할 수 있습니다.

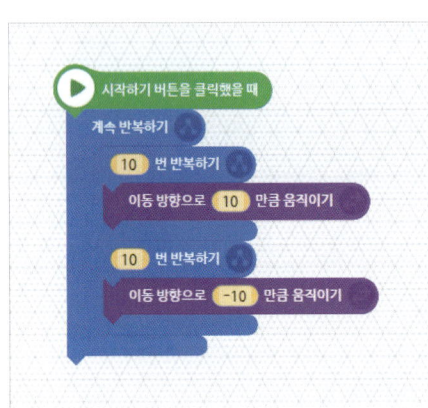
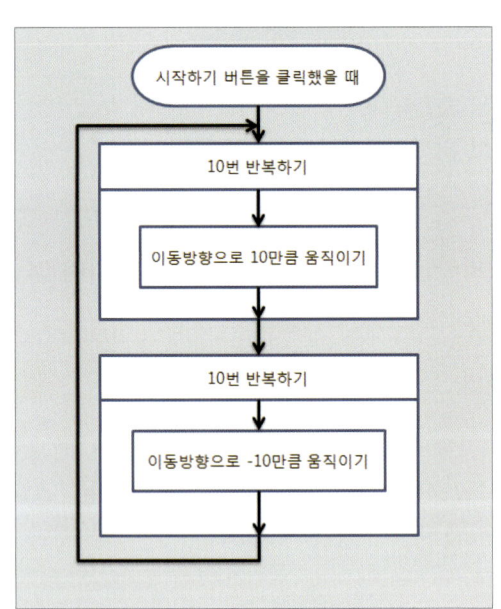

1. 다음 중 반복하기를 알려주는 순서도 기호를 고르세요.

   ①    ②    ③    ④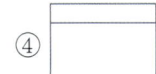

2. 순서도 기호의 기능을 적으세요.

    :

2 알고리즘을 배워봅시다.

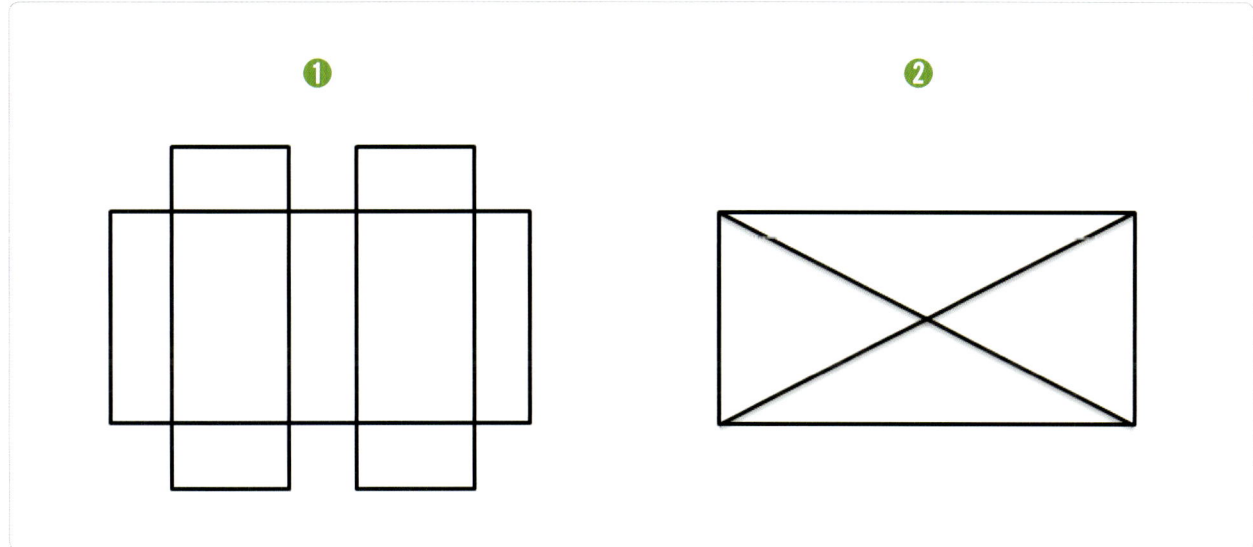

한붓그리기란 붓(펜)을 한 번도 종이 위에서 떼지 않고 같은 곳을 두 번 지나지 않으면서 그리는 방법을 말합니다. 위의 그림 중 한붓그리기가 불가능한 것을 골라보세요.

※ 한붓그리기가 가능하려면 꼭짓점에 모이는 변의 개수가 모두 짝수이어야 가능합니다.

보충설명

한붓그리기는 쾨니히스베르크의 다리 문제에서 유래 되었습니다. 프로이센의 쾨니히스베르크(지금의 러시아 칼리닌그라드)에 있는 프레겔 강이 있는데 이 강에는 두 개의 큰 섬이 있습니다. 그리고 이 섬들과 도시를 연결하는 7개의 다리가 있습니다. 이때 7개의 다리를 한 번만 건너면서 처음 시작한 위치로 돌아오는 길이 있는가 하는 문제입니다.

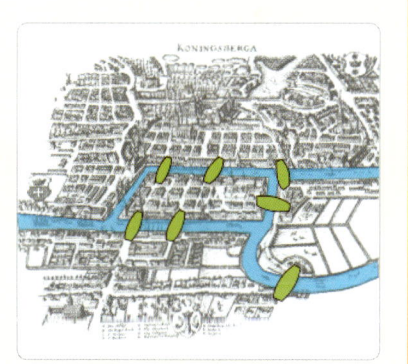

3 문제를 해결해 봅시다.

● 오브젝트를 소개합니다.

- 오른쪽점수 오브젝트는 오른쪽 플레이어의 점수를 보여줍니다.
- 왼쪽점수 오브젝트는 왼쪽 플레이어의 점수를 보여줍니다.
- 왼쪽골대 오브젝트는 왼쪽 플레이어의 골대입니다.
- 오른쪽골대 오브젝트는 오른쪽 플레이어의 골대입니다.
- 왼쪽선수 오브젝트는 키보드로 움직이는 왼쪽 선수입니다.
- 오른쪽선수 오브젝트는 마우스로 움직이는 오른쪽 선수입니다.
- 잔디밭 오브젝트는 배경을 보여줍니다.
- 축구공 오브젝트는 게임이 시작되면 게임시작 카운트다운을 한 후 무작위 방향으로 공이 이동됩니다. 화면에서 공이 이동하는 도중에 선수나 벽에 닿으면 튕기고 골대에 들어가면 점수가 올라간 후 다시 가운데서 시작해야 하지만 문제가 발생하였습니다. 문제가 발생한 부분을 같이 해결해 봅시다.

❶ [14차시]-[불러올 파일] 폴더에서 '축구게임.ent' 파일을 불러옵니다. [오브젝트 목록]에서 축구공 오브젝트를 선택한 후 시작 블록 꾸러미에서 준비 신호를 받았을 때 를 [블록 조립소]로 가져다 놓습니다. 이어서, 함수 블록 꾸러미에서 시작준비 를 아래 그림처럼 연결합니다.

> **코딩풀이**
>
> '시작준비(시작준비)' 함수는 시작할 때 실행할 코드를 미리 추가했습니다. 코드 내용은 공의 위치를 가운데(x:0, y:0)로 설정한 후 3초 뒤에 '0~360'의 무작위 방향으로 이동 방향을 정합니다. 축구공의 이동 방향을 '0'과 '180'이 아닐 때까지 반복한 이유는 '0', '180'일 경우 공이 위아래로만 튕기기 때문입니다. 여기서는 코드가 길어지면 알아보기 힘들기 때문에 함수를 사용했습니다.

❷ 　 블록 꾸러미에서 　 를 아래 그림처럼 연결한 후 　 블록 꾸러미에서 　 를 클릭합니다.

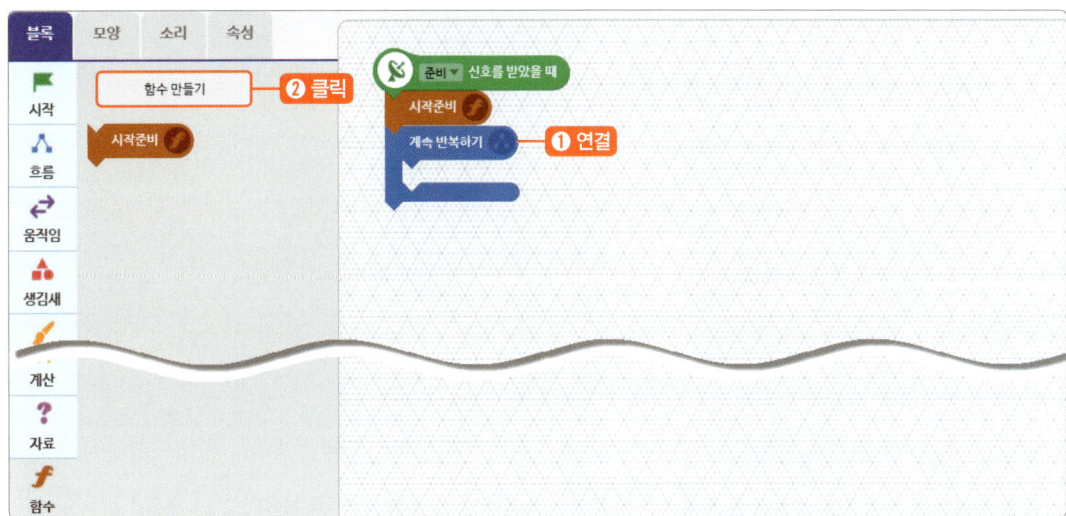

❸ [블록 조립소]의 화면이 바뀌면 '함수'를 '공의이동'으로 변경합니다. 이어서, 　 블록 꾸러미에서 　 와 　 그리고 　 블록 꾸러미에서 　 를 아래 그림처럼 연결한 후 '10'을 '4'로 변경하고 아래쪽의 　 을 클릭합니다.

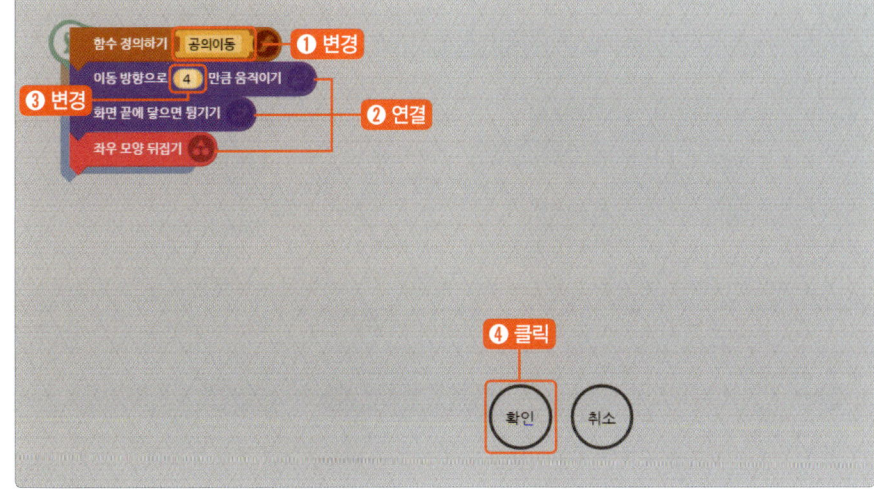

코딩풀이

이동 방향은 '시작준비( )' 함수에서 결정되며, 해당 방향으로 움직이다가 화면 끝에 닿으면 튕깁니다.

❹ 　 블록 꾸러미에서 　 을 아래 그림처럼 연결합니다.

코딩풀이

'계속 반복하기' 블록 안에 '공의이동( )' 함수를 사용하기 때문에 '공의이동( )' 함수안에 반복하기 블록을 연결하지 않습니다. 만약 함수 안에서 계속 반복하기 블록을 사용하면 함수를 사용하는 순간 함수 내부의 코드만 반복합니다.

Chapter 14 2명이 함께하는 축구게임 **097**

❺ ![함수] 블록 꾸러미에서 [함수 만들기]를 클릭합니다. [블록 조립소] 화면이 바뀌면 '함수'를 '공튕기기'로 변경합니다.

❻ ![흐름] 블록 꾸러미에서 [만일 참 이라면]을 아래 그림처럼 연결합니다. 이어서, ![판단] 블록 꾸러미에서 <마우스포인터 에 닿았는가?>를 '참'의 위치에 끼워 넣은 후 [마우스포인터]를 클릭하여 '오른쪽선수'를 선택합니다.

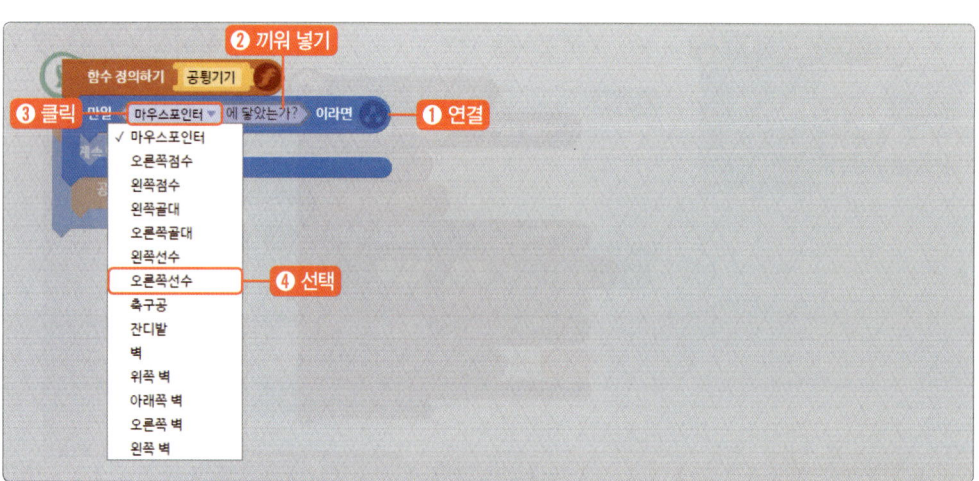

❼ ![움직임] 블록 꾸러미에서 [방향을 90° (으)로 정하기]와 [이동 방향을 90° (으)로 정하기]를 아래 그림처럼 연결합니다. 이어서, ![계산] 블록 꾸러미에서 (0 부터 10 사이의 무작위 수)를 '90'의 위치에 각각 끼워 넣은 후 '0'은 '225', '10'은 '315'로 변경합니다.

코딩풀이

[오른쪽선수] 오브젝트에 닿았을 때 '225~315' 사이의 무작위 수(각도)로 공의 방향과 이동 방향이 정해집니다.

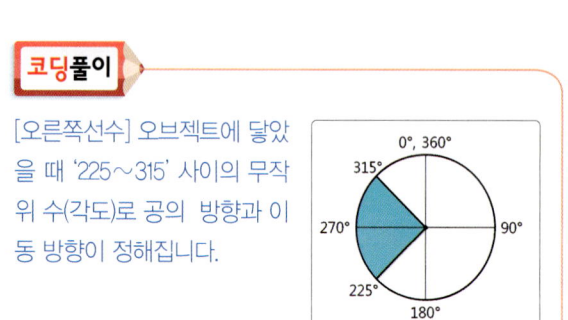

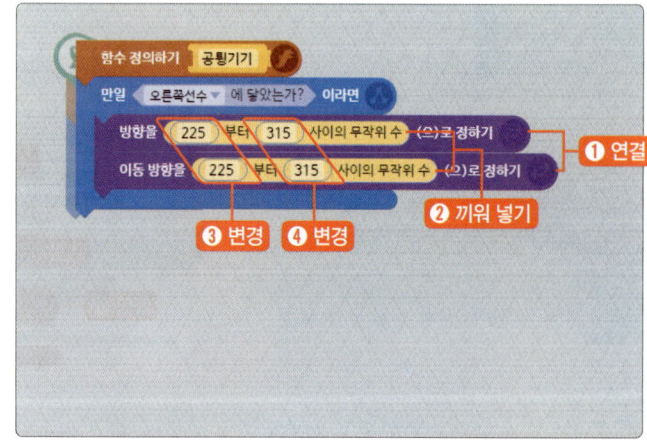

❽ 위에서 마우스 오른쪽 버튼을 눌러 [코드 복사 & 붙여넣기]를 선택한 후 블록이 복사되면 아래 그림처럼 연결합니다. 이어서, '오른쪽선수'를 '왼쪽선수'로, '225'를 '45'로, '315'를 '135'로 각각 변경한 후 아래쪽의 확인을 클릭합니다.

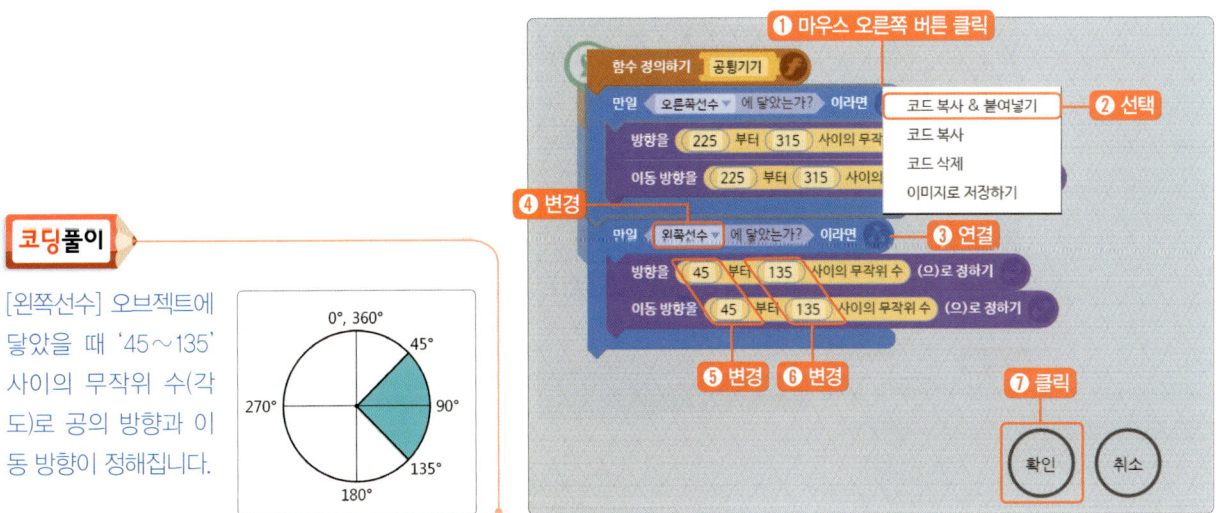

코딩풀이
[왼쪽선수] 오브젝트에 닿았을 때 '45~135' 사이의 무작위 수(각도)로 공의 방향과 이동 방향이 정해집니다.

❾ 함수 블록 꾸러미에서 공튕기기 를 아래 그림처럼 연결합니다.

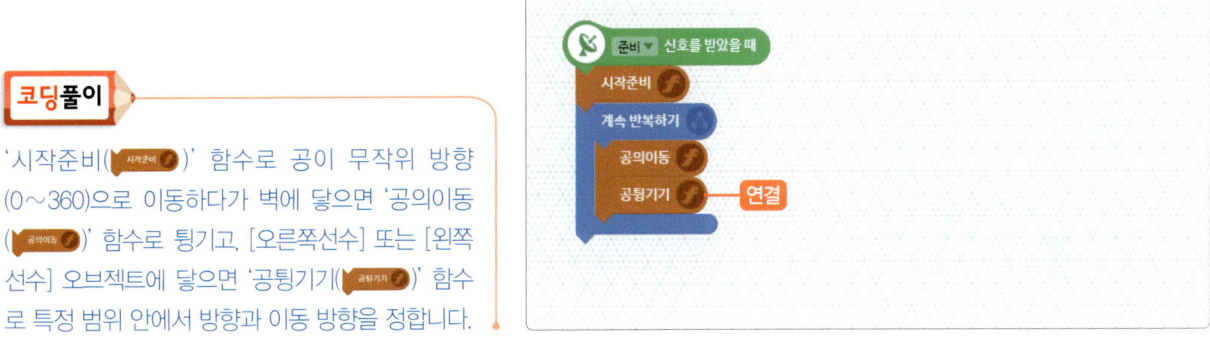

코딩풀이
'시작준비(시작준비)' 함수로 공이 무작위 방향(0~360)으로 이동하다가 벽에 닿으면 '공의이동(공의이동)' 함수로 튕기고, [오른쪽선수] 또는 [왼쪽선수] 오브젝트에 닿으면 '공튕기기(공튕기기)' 함수로 특정 범위 안에서 방향과 이동 방향을 정합니다.

❿ 흐름 블록 꾸러미에서 만일 참 이라면 을 아래 그림처럼 연결합니다. 이어서, 판단 블록 꾸러미에서 마우스포인터 에 닿았는가? 를 '참'의 위치에 끼워 넣은 후 마우스포인터 를 클릭하여 '왼쪽골대'를 선택합니다.

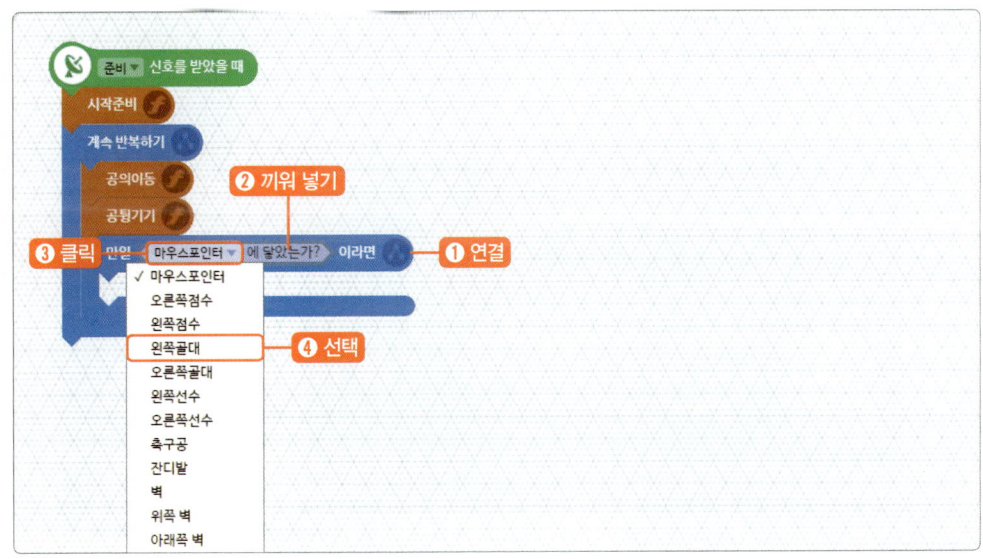

⑪ [?자료] 블록 꾸러미에서 [오른쪽점수▼ 에 10 만큼 더하기]를 아래 그림처럼 연결한 후 '10'을 '1'로 변경합니다.

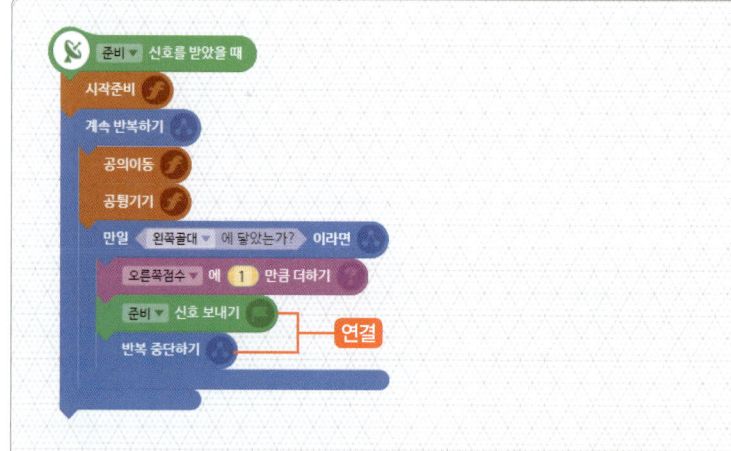

⑫ [시작] 블록 꾸러미에서 [준비▼ 신호 보내기] 와 [흐름] 블록 꾸러미에서 [반복 중단하기]를 아래 그림처럼 연결합니다.

코딩풀이

[축구공] 오브젝트가 [왼쪽골대]에 닿으면 [오른쪽점수] 오브젝트에 '1'을 더하여 화면에 스코어를 보여줍니다. 이어서, 게임을 처음부터 다시 시작할 수 있도록 준비 신호를 보낸 후 반복을 중단합니다.

⑬ [만일 〈왼쪽골대▼ 에 닿았는가?〉 이라면] 블록 위에서 마우스 오른쪽 버튼을 눌러 [코드 복사 & 붙여넣기]를 선택하여 아래 그림처럼 연결합니다. 이어서, '왼쪽골대'는 '오른쪽골대'로, '오른쪽점수'는 '왼쪽점수'로 변경한 후 ▶ 버튼을 클릭하여 실행이 잘되는지 확인해 봅시다.

4 예제파일을 불러와 주어진 과제를 해결해 봅시다.

❶ 오브젝트에 일정 점수가 되면 멈추도록 코드를 추가했지만 블록을 조립하지 않아 작동하지 않습니다. 아래 조건을 참고하여 블록을 조립해 봅시다.

▶ 예제파일 : 축구게임-1.ent

조건

게임이 시작된 후 '오른쪽점수'나 '왼쪽점수'가 '6'점 이상이 되면
'1'초 뒤에 모든 실행을 종료한다.

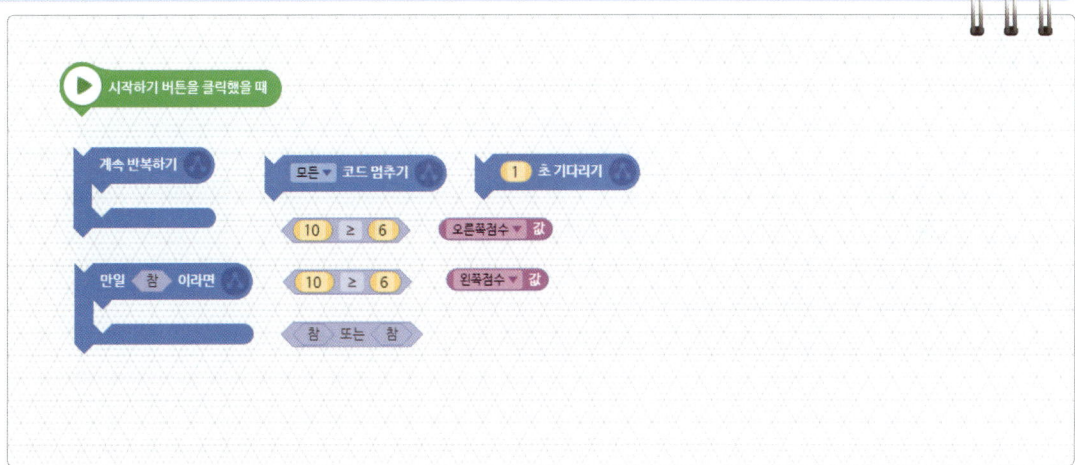

❷  오브젝트에 공이 들어가면(닿으면) 왼쪽 골대가 흔들리도록 코드를 추가했지만 블록을 조립하지 않아 작동하지 않습니다. 아래 조건을 참고하여 블록을 조립해 봅시다.

▶ 예제파일 : 축구게임-2.ent

조건

'왼쪽 골' 신호를 받았을 때
x좌표는 '195~215' 사이의 무작위 수, y좌표는 '-10~10' 사이의 무작위 수 위치로
이동을 '10'번 반복한 후 원래 위치(x : 205, y : 0)로 되돌아온다.

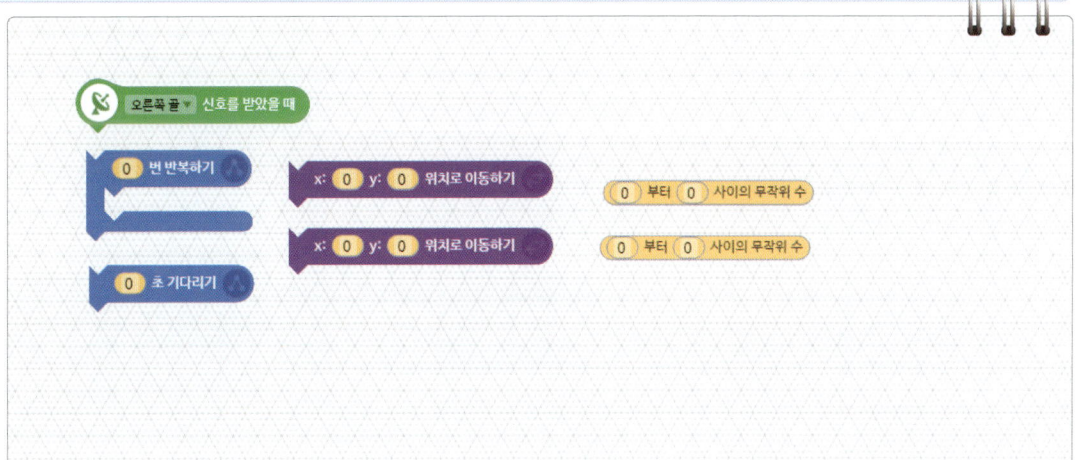

Chapter 15 구구단 게임

📁 불러올 파일 : 간단한 구구단.ent   💾 완성된 파일 : 간단한 구구단(완성).ent

| 학습목표 |
▶ 구구단 게임을 만들 수 있습니다.
▶ 변수를 설정하고 변수를 사용하여 연산할 수 있습니다.

1 순서도를 배워봅시다.

선 판단 반복 구조 : 먼저 조건을 판단하고 조건에 맞는 동안 블록 안의 내용을 반복하는 구조입니다. 또는 조건이 만족될 때 까지 반복할 수도 있습니다. 다음 순서도를 보면 ① 오른쪽 벽에 닿지 않는 동안 블록의 내용을 실행하다가 오른쪽 벽에 닿으면 반복을 멈추고 다음으로 넘어갑니다. ② 왼쪽 벽에 닿을 때까지 블록의 내용을 실행하다가 왼쪽 벽에 닿으면 반복을 멈추고 ①로 돌아가서 계속 반복합니다.

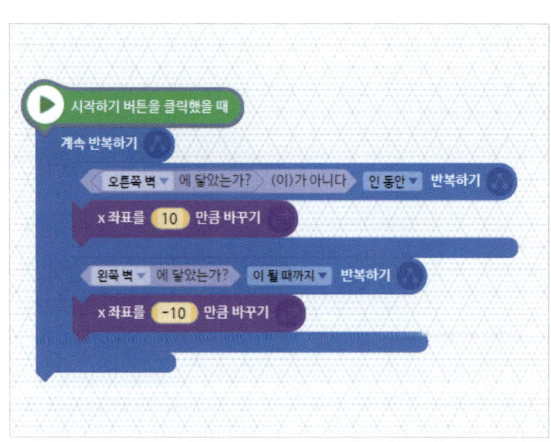
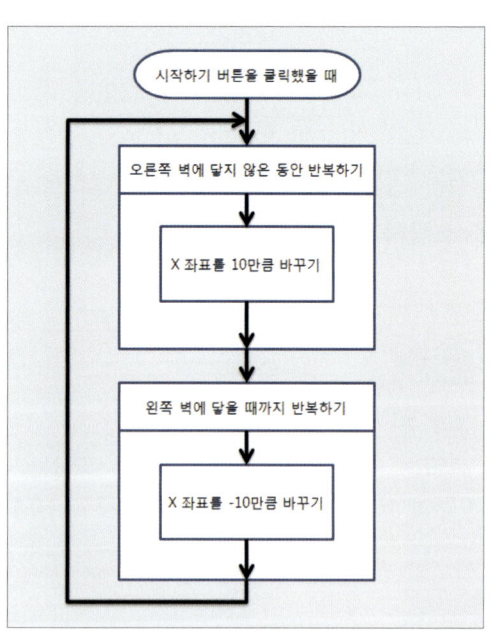

1. 다음 중 입력과 출력을 알려주는 기호를 고르세요.

  ①   ②   ③   ④

2. 순서도 기호의 기능을 적으세요.

   ⟶ :

2. 알고리즘을 배워봅시다.

● 그림1과 숫자를 참고하여 그림2와 그림3을 완성해 봅시다.

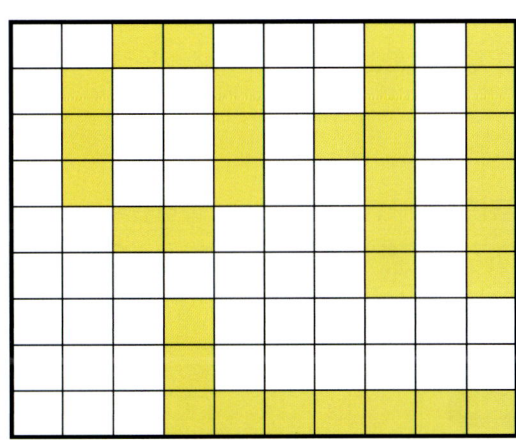

⇐ 2, 2, 3, 1, 1, 1
⇐ 1, 1, 2, 1, 2, 1, 1, 1
⇐ 1, 1, 2, 1, 1, 2, 1, 1
⇐ 1, 1, 2, 1, 2, 1, 1, 1
⇐ 2, 2, 3, 1, 1, 1
⇐ 7, 1, 1, 1
⇐ 3, 1, 6
⇐ 3, 1, 6
⇐ 3, 7

그림1

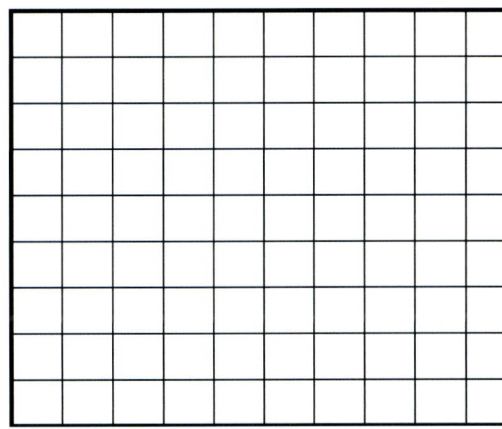

⇐ 없음
⇐ 2, 6, 2
⇐ 2, 1, 7
⇐ 2, 6, 2
⇐ 2, 1, 7
⇐ 2, 6, 2
⇐ 없음
⇐ 1, 8, 1
⇐ 없음

그림2

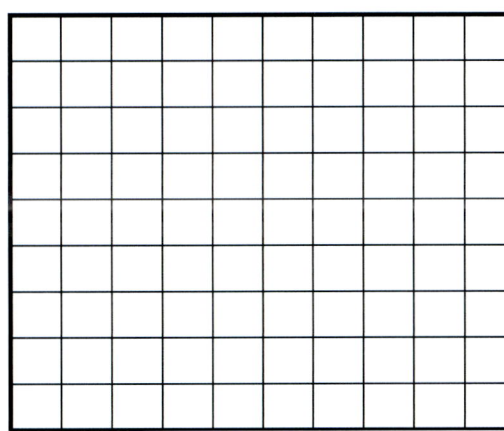

⇐ 8, 1, 1
⇐ 1, 6, 1, 1, 1
⇐ 6, 1, 1, 1, 1
⇐ 6, 1, 1, 1, 1
⇐ 1, 6, 1, 1, 1
⇐ 1, 1, 6, 1, 1
⇐ 1, 1, 6, 1, 1
⇐ 1, 6, 1, 1, 1
⇐ 8, 1, 1

그림3

3 문제를 해결해 봅시다.

- **오브젝트를 소개합니다.**

  [선생님] 오브젝트는 프로그램을 시작할 때와 정답을 맞힐 때 말하기를 합니다.

  [배경] 오브젝트는 배경을 보여줍니다.

  [공부하는 엔트리봇] 오브젝트는 문제를 내고 정답을 판단해야 하는데 아무런 동작을 하지 않는 문제가 발생하였습니다. 문제가 발생한 부분을 같이 해결해 봅시다.

❶ [15차시]-[불러올 파일] 폴더에서 '간단한 구구단.ent' 파일을 불러옵니다. 이어서, [오브젝트 목록]에서 [공부하는 엔트리봇] 오브젝트를 선택한 후 [시작] 블록 꾸러미에서 (시작하기 버튼을 클릭했을 때)를 [블록 조립소]로 가져다 놓습니다.

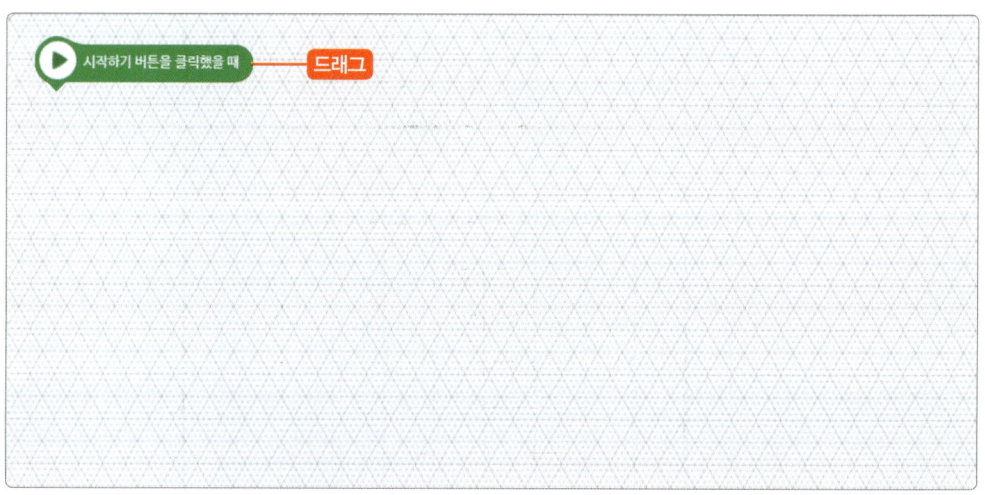

❷ [흐름] 블록 꾸러미에서 (2초 기다리기)와 (계속 반복하기)를 아래 그림처럼 연결합니다.

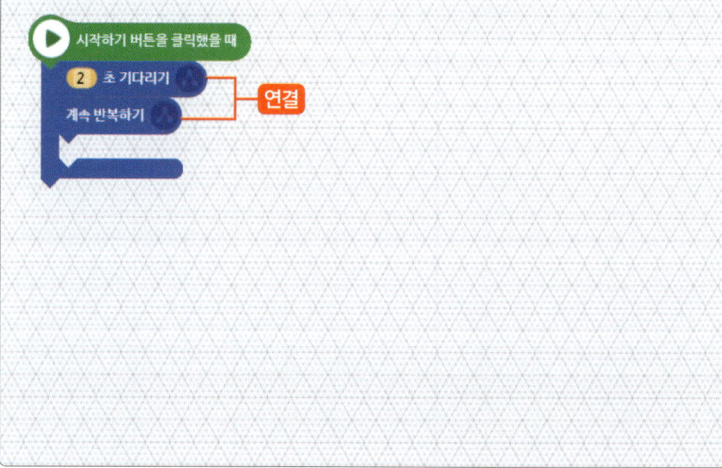

코딩풀이
'2'초 기다린 후 시작하는 이유는 [선생님] 오브젝트가 말하는 시간을 기다리기 위해서 입니다.

❸ 『자료』 블록 꾸러미에서 『오답을 10로 정하기』를 연결한 후 『오답』을 클릭하여 '단'을 선택합니다.

❹ 『계산』 블록 꾸러미에서 『0부터 10 사이의 무작위 수』를 '10'의 위치의 끼워 넣은 다음 '0'을 '2'로 변경합니다. 이어서, 『자료』 블록 꾸러미에서 『오답 값』을 '10'의 위치에 끼워 넣은 후 『오답』을 클릭하여 '단범위'를 선택합니다.

코딩풀이
'단' 변수는 구구단의 2단, 3단, 4단,…을 의미합니다. '단' 변수를 2부터 '단범위' 변수까지의 무작위 수로 정합니다.

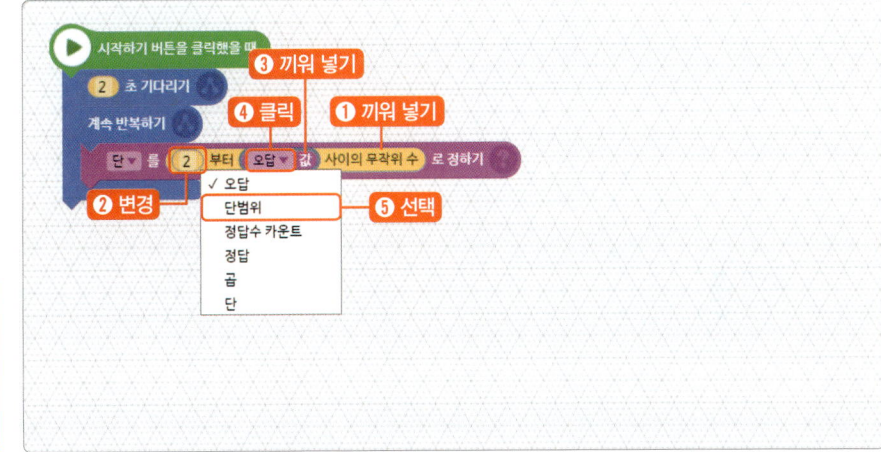

❺ 『단을 2부터 단범위 값 사이의 무작위 수로 정하기』를 복사하여 아래 그림처럼 연결합니다. 이어서, 『단범위 값』을 삭제하고 '10'을 '9'로 변경한 후 『단』을 클릭하여 '곱'을 선택합니다.

코딩풀이
'곱' 변수는 '단'에 곱할 숫자입니다.

TIP 블록 제거하기

❻ [?자료] 블록 꾸러미에서 [오답▼를 10 로 정하기]를 아래 그림처럼 연결한 후 [오답▼]을 클릭하여 '정답'을 선택합니다. 이어서, [계산] 블록 꾸러미에서 [10 x 10]을 '10'의 위치에 끼워 넣습니다.

❼ [?자료] 블록 꾸러미에서 [오답▼ 값] 2개를 '10'의 위치에 각각 끼워 넣습니다. 이어서, 첫 번째 [오답▼]을 클릭하여 '단'을, 두 번째 [오답▼]을 클릭하여 '곱'을 각각 선택합니다.

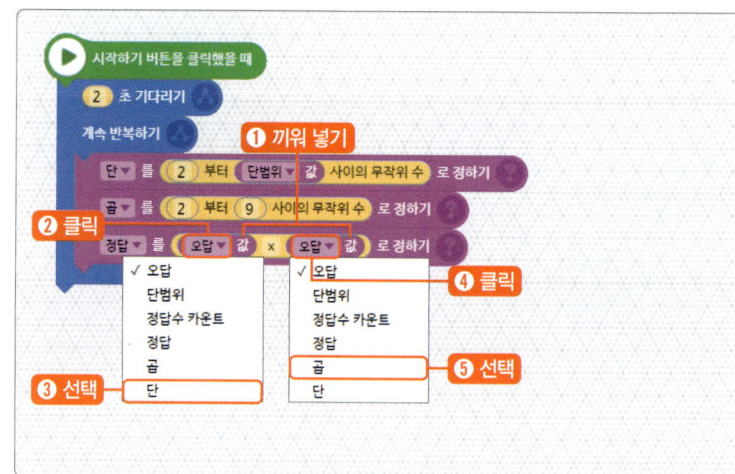

코딩풀이
'단'과 '곱'을 곱해서 '정답' 변수로 정합니다. '단'과 '곱' 변수를 따로 사용하는 이유는 정답을 계산할 때도 필요하지만 문제의 답을 말할 때도 필요하기 때문입니다.

❽ [?자료] 블록 꾸러미에서 [안녕! 을(를) 묻고 대답 기다리기]를 아래 그림처럼 연결합니다.

❾ 계산 블록 꾸러미에서 `안녕! 과(와) 엔트리 를 합치기` 2개를 서로 연결한 후 '안녕' 위치에 끼워 넣습니다.

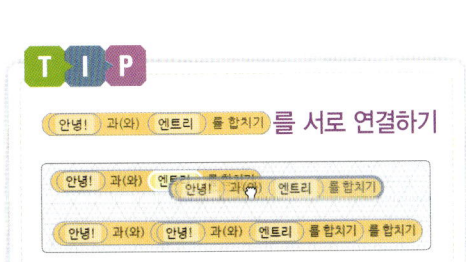

❿ 자료 블록 꾸러미에서 `오답 값`을 첫 번째 '안녕!'과 '엔트리' 위치에 각각 끼워 넣습니다. 이어서, 첫 번째 `오답▼`을 클릭하여 '단'을 두 번째 `오답▼`을 클릭하여 '곱'을 선택한 후 두 번째 '안녕!'을 'X'로 변경합니다.

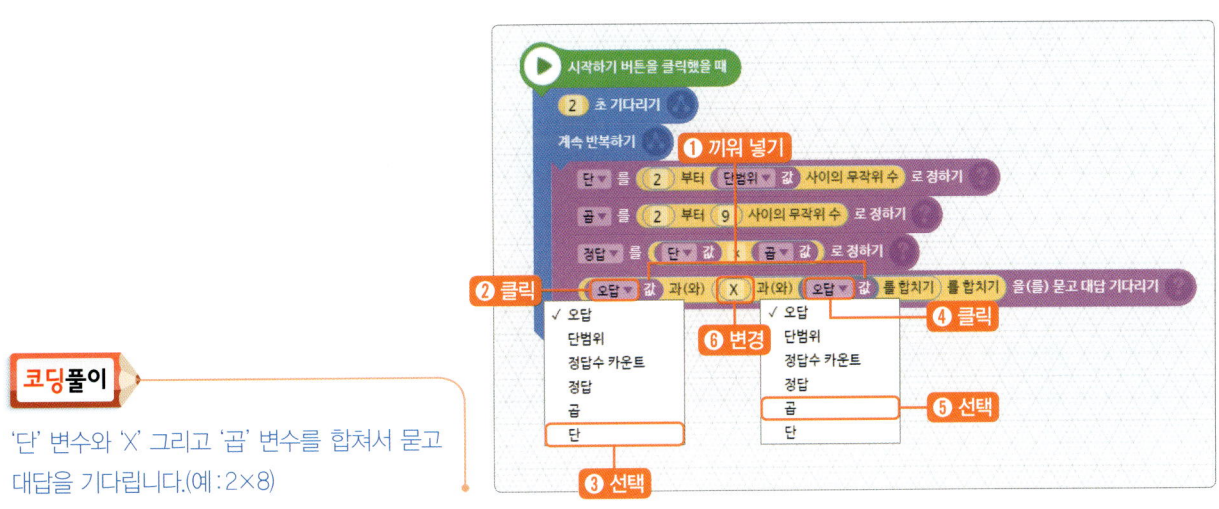

코딩풀이
'단' 변수와 'X' 그리고 '곱' 변수를 합쳐서 묻고 대답을 기다립니다.(예:2×8)

⓫ 흐름 블록 꾸러미에서 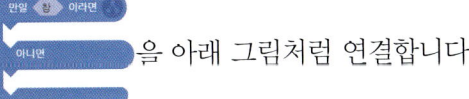 을 아래 그림처럼 연결합니다.

Chapter 15 구구단 게임

⑫ [판단] 블록 꾸러미에서 `10 = 10` 을 '참'의 위치에 끼워 넣습니다. 이어서, [자료] 블록 꾸러미에서 `오답▼ 값`을 첫 번째 '10'의 위치에, `대답`을 두 번째 '10'의 위치에 끼워 넣은 후 `오답▼`을 클릭하여 '정답'을 선택합니다.

코딩풀이
입력한 '대답'과 '정답' 변수가 같은지 확인합니다.

⑬ [자료] 블록 꾸러미에서 `오답▼ 에 10 만큼 더하기`, [시작] 블록 꾸러미에서 `정답▼ 신호 보내기`, [흐름] 블록 꾸러미에서 `2 초 기다리기`를 아래 그림처럼 연결합니다. 이어서, `오답▼`을 클릭하여 '정답수 카운트'를 선택한 후 '10'을 '1'로 변경합니다.

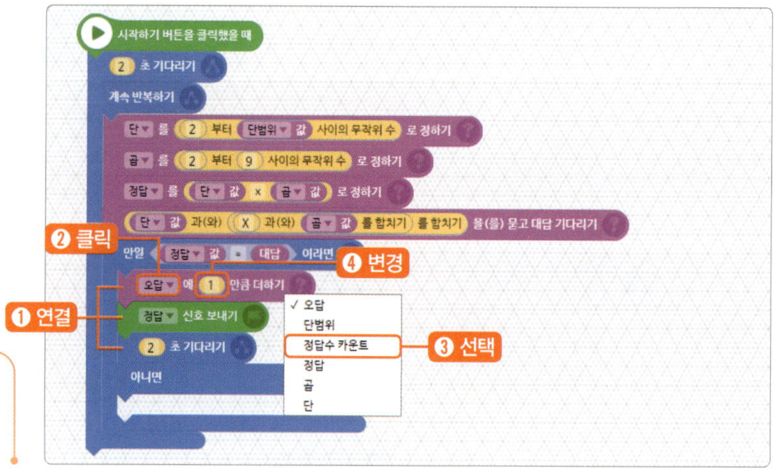

코딩풀이
'정답' 변수와 '대답'이 같을 경우 '정답수 카운트'에 '1'을 더합니다.

⑭ [시작] 블록 꾸러미에서 `정답▼ 신호 보내기`를 아래 그림처럼 연결한 후 `정답▼`을 클릭하여 '오답'을 선택합니다. 이어서, ▶ 버튼을 클릭하여 구구단 실행이 잘되는지 확인해 봅시다.

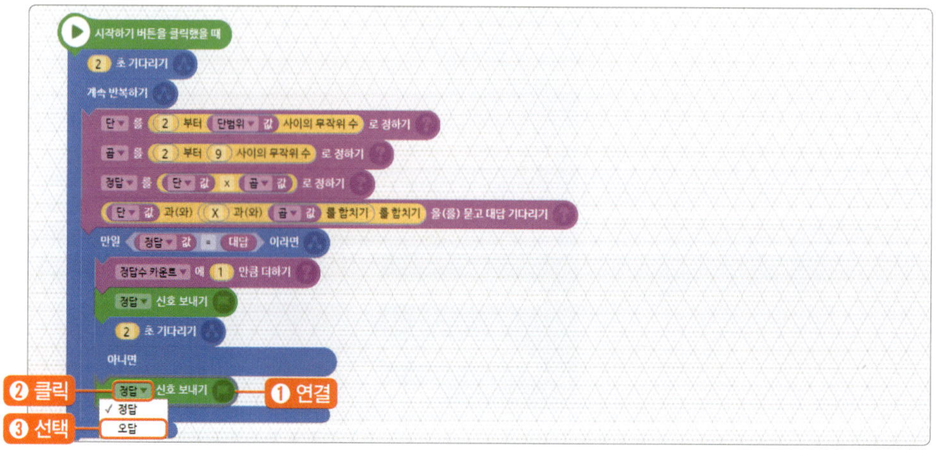

108 알고리즘으로 배우는 엔트리

4 ▶ 예제파일을 불러와 주어진 과제를 해결해 봅시다.

❶   오브젝트에 오답일 경우 정답을 말해주는 코드를 추가했지만 블록을 조립하지 않아 작동하지 않습니다. 아래 조건을 참고하여 블록을 조립해 봅시다.

▶ 예제파일 : 간단한 구구단-1.ent

조건

'오답' 신호를 받았을 때 '틀렸다'를 '1'초 동안 말한 후 문제와 정답을 '1'초 동안 말해준다.
※ 예시 : 4X8의 정답은 32입니다

❷ 문제를 맞힐 때마다 단이 증가하도록 아래 조건을 참고하여 '단의 증가( )' 함수 코드의 블록을 조립해 봅시다.

▶ 예제파일 : 간단한 구구단-2.ent

조건

'정답수 카운트' 값이 '2'로 나누어 나머지가 '0'일 때 '단범위' 값을 '1'씩 증가시킨다. 단, 9단은 넘어가지 않는다.

Chapter 16 단원종합 평가문제

1 아래의 순서도를 보고 문제를 해결하세요.

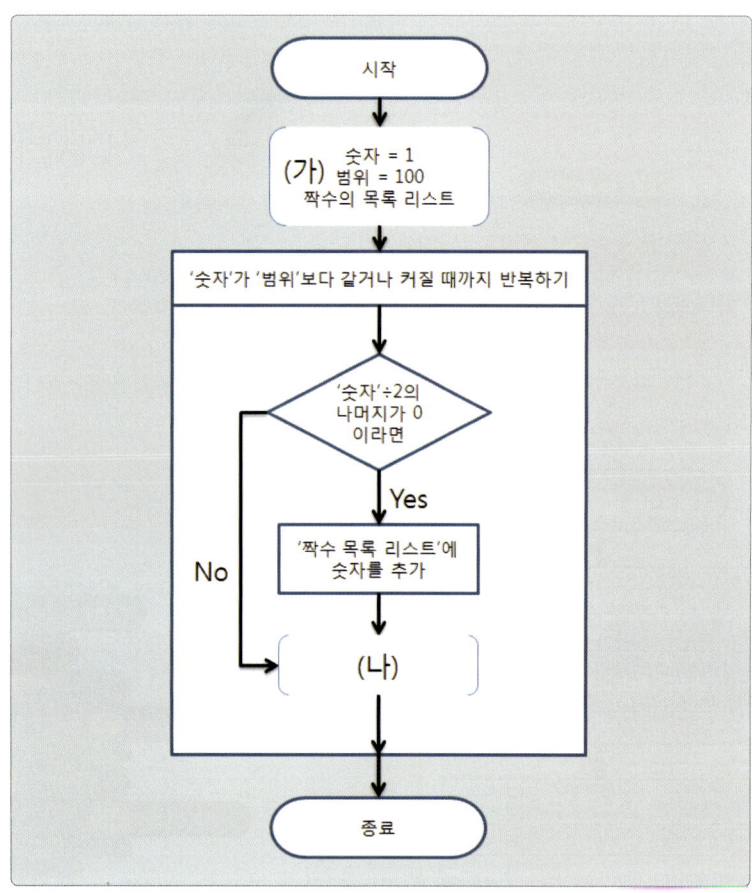

1) (가)의 위치에 들어갈 순서도 기호를 고르세요.

2) (나)의 위치에 들어갈 순서도를 고르세요.

2 문제 1의 순서도와 아래 조건을 참고하여 코드를 만들어 봅시다.

▶ 예제파일 : 짝수의 수와 목록.ent

조건

'숫자' 값이 '범위' 값보다 크거나 같아질 때까지 반복한다.
만일 '숫자' 값을 2로 나누어 나머지가 0이라면 '숫자' 값을 '짝수 목록' 리스트에 추가하고, '짝수의 수' 변수에 1을 더한다. 이어서, 다음 짝수를 확인하기 위해 '숫자' 변수에 1을 더한다.

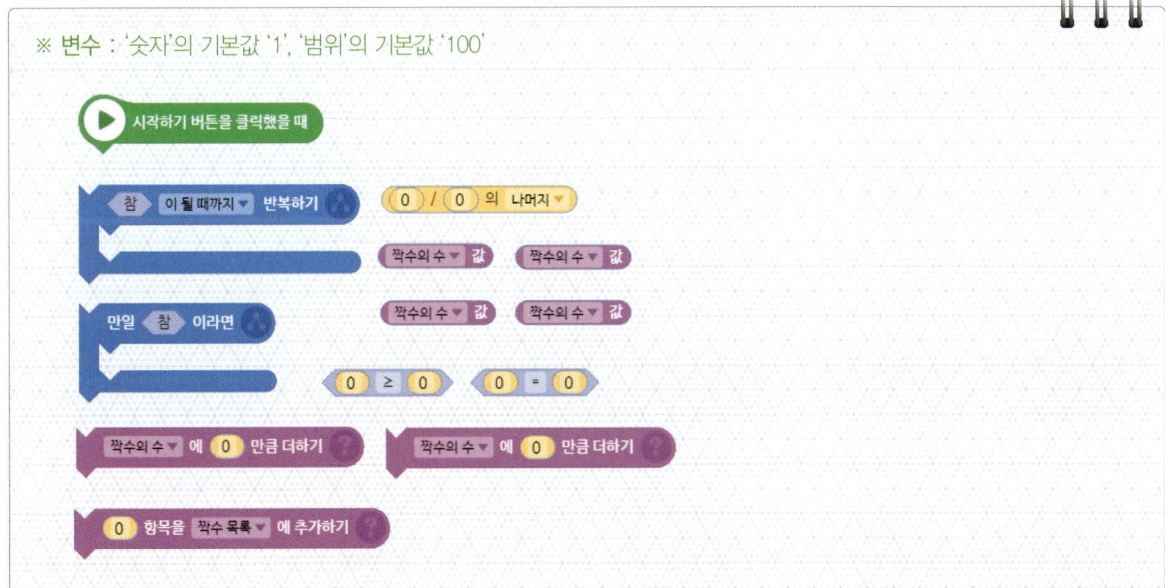

※ 변수 : '숫자'의 기본값 '1', '범위'의 기본값 '100'

TIP

'숫자' 값을 2로 나누어 나머지가 0이면 '숫자' 변수는 짝수라는 뜻입니다.

Chapter 17 지나가는 풍선 터트리기

📂 불러올 파일 : 지나가는 풍선 터트리기.ent   💾 완성된 파일 : 지나가는 풍선 터트리기(완성).ent

| 학습목표 |

▶  키를 누르면 화살이 활을 따라다니다 활의 모양에 따라 발사되도록 할 수 있습니다.
▶ 함수를 활용하여 중복 코드를 줄일 수 있습니다.

1 순서도를 배워봅시다.

아래의 순서도는 순차 탐색 알고리즘을 엔트리로 만든 순서도입니다.
● (가) 위치에 들어갈 순서도 기호를 고르세요.

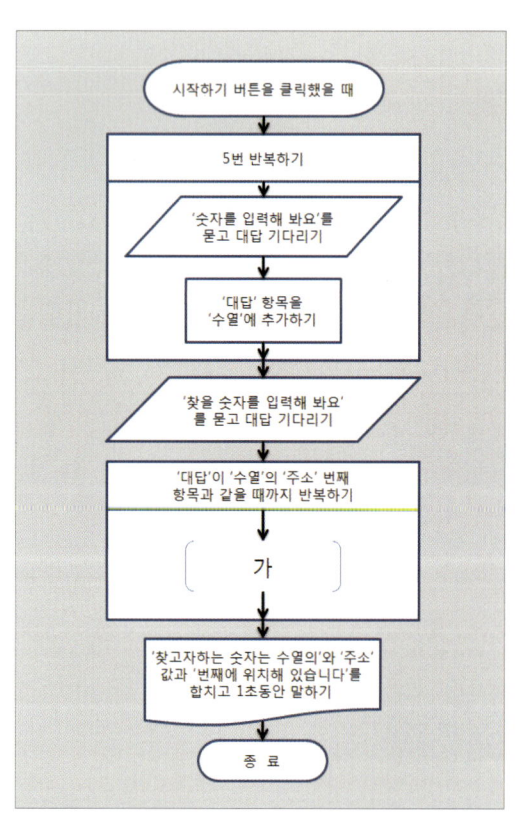

TIP

주소 '4' 위치에 있는 항목(값)은 '25'입니다.

주소	1	2	3	4	5
항목(값)	10	15	20	25	30

① '주소'에 1만큼 더하기   ② '대답'에 1만큼 더하기   ③ '대답'에 1만큼 더하기   ④ '주소'에 1만큼 더하기

2 ▶ 알고리즘을 배워봅시다.

	6			2	4			5
	1	9	5					2
	8		1			4		
5	9					6	7	
			7	1				
1		7		2	3			
9			7			4		
		4				2	6	
6	2		3	9		1		

위 그림은 스도쿠(Sudoku)입니다. 아래 규칙을 읽고 빈 칸을 채워봅시다.

※ 규칙

① 아홉 칸의 가로줄에 숫자가 1부터 9까지 하나씩 겹치지 않게 들어갑니다.
② 아홉 칸의 세로줄에 숫자가 1부터 9까지 하나씩 겹치지 않게 들어갑니다.
③ 아홉 칸의 3X3 칸에 숫자가 1부터 9까지 하나씩 겹치지 않게 들어갑니다.

> **보충설명**
>
> 스도쿠는 마방진을 기본으로 하는 9X9 칸에서 진행되는 숫자 퍼즐 게임입니다. 18세기 스위스 수학자 레온하르트 오일러라는 사람이 창안한 라틴 방진(Latin Square)을 기반으로 1979년 74세 미국의 건축가 하워드 간즈(Howard Garns)라는 사람이 현재의 모습으로 만들었습니다. 원래의 이름은 'Number Place'였지만 일본의 잡지사에서 '스도쿠'라는 이름으로 사람들에게 보급하면서 지금의 이름으로 정해졌습니다.

3 문제를 해결해 봅시다.

• 오브젝트를 소개합니다.

글상자 오브젝트는 마지막에 점수를 알려줍니다.

엔트리봇 오브젝트는 좌우로 움직이며 화살개수가 '0'이 되면 모든 코드를 멈춥니다.

마루바닥 오브젝트는 배경으로 시작시 '점수'를 초기화(0)하며, '화살개수'를 지정(5)해 줍니다.

풍선 오브젝트는 화면 상단에서 일정 범위의 무작위 장소에서 생성되어 왼쪽으로 이동합니다. [화살]에 닿으면 모양이 변해야 하는데 문제가 발생하였습니다.

화살 오브젝트는 '화살발사' 신호를 받았을 때 활을 따라다니다 발사가 되어야 하는데 문제가 발생하였습니다.

활 오브젝트는 [엔트리봇]을 따라다니며 Space Bar 키를 눌렀을 때 모양을 순서대로 바꾸며 '화살발사' 신호를 보내야 하는데 문제가 발생하였습니다.

문제가 발생한 부분을 같이 해결해 봅시다.

❶ [17차시]-[불러올 파일] 폴더에서 '지나가는 풍선 터트리기.ent' 파일을 불러옵니다. 화살 오브젝트를 선택한 후 흐름 블록 꾸러미에서 복제본이 처음 생성되었을때 를 [블록 조립소]로 가져다 놓습니다.

> **코딩풀이**
>
> '화살발사' 신호는 활 오브젝트에서 Space Bar 키를 눌렀을 때 '화살존재' 변수 값이 '0'이면 변수 값을 '1'로 정한 후, '화살발사' 신호를 보냅니다.
> '화살존재' 변수는 Space Bar 키를 누르고 있을 때 화살이 연속적으로 발사 되는것을 막기 위해 사용합니다. ('화살존재' 변수 값이 '0'인 경우에만 발사)

❷ 　생김새　블록 꾸러미에서 　모양 보이기　와 　흐름　블록 꾸러미에서 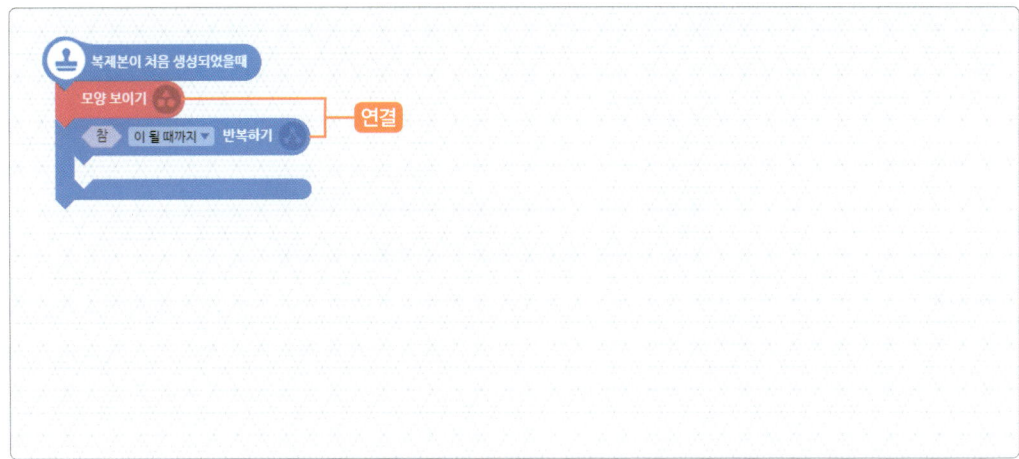 를 아래 그림처럼 연결합니다.

❸ 　판단　블록 꾸러미에서 　10 = 10　을 '참'의 위치에 끼워 넣습니다. 이어서, 　계산　블록 꾸러미에서 　글상자 의 x 좌푯값　을 첫 번째 '10'의 위치에 끼워 넣은 후 　글상자　와 　x 좌푯값　을 클릭하여 각각 '활'과 '모양 번호'로 선택합니다.

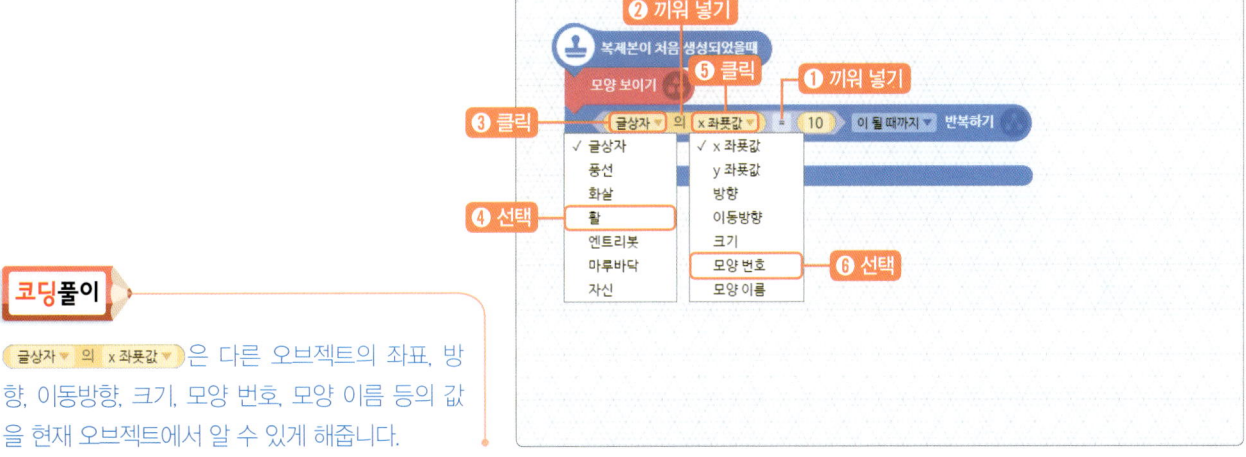

코딩풀이
　글상자 의 x 좌푯값　은 다른 오브젝트의 좌표, 방향, 이동방향, 크기, 모양 번호, 모양 이름 등의 값을 현재 오브젝트에서 알 수 있게 해줍니다.

❹ 이어서, '10'을 '4'로 변경한 후 　움직임　블록 꾸러미에서 　x: 0 y: 0 위치로 이동하기　를 아래 그림처럼 연결합니다.

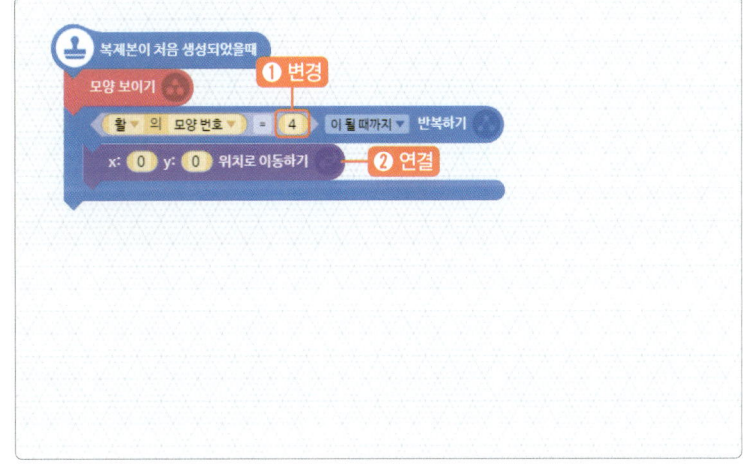

코딩풀이
[화살] 오브젝트는 [활] 오브젝트의 모양 번호가 '4'일 때 (활의 모양이 최대로 당겨지는 모습)까지 기다린 후 다음 작업을 진행합니다.

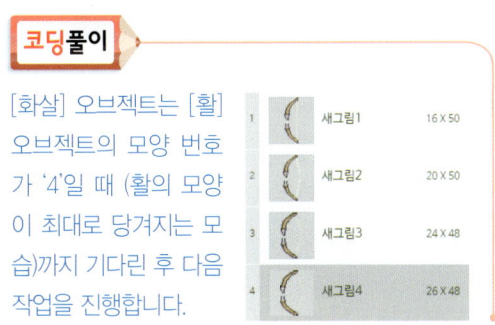

Chapter 17 지나가는 풍선 터트리기 **115**

❺ [계산] 블록 꾸러미에서 (10 + 10)을 두 번째 '0'의 위치에 끼워 넣습니다. 이어서, (활▼의 모양 번호▼) 위에서 마우스 오른쪽 버튼을 눌러 [코드 복사 & 붙여넣기]를 선택하여 블록을 2개 복사한 후 '0'과 첫 번째 '10'의 위치에 각각 끼워 넣습니다.

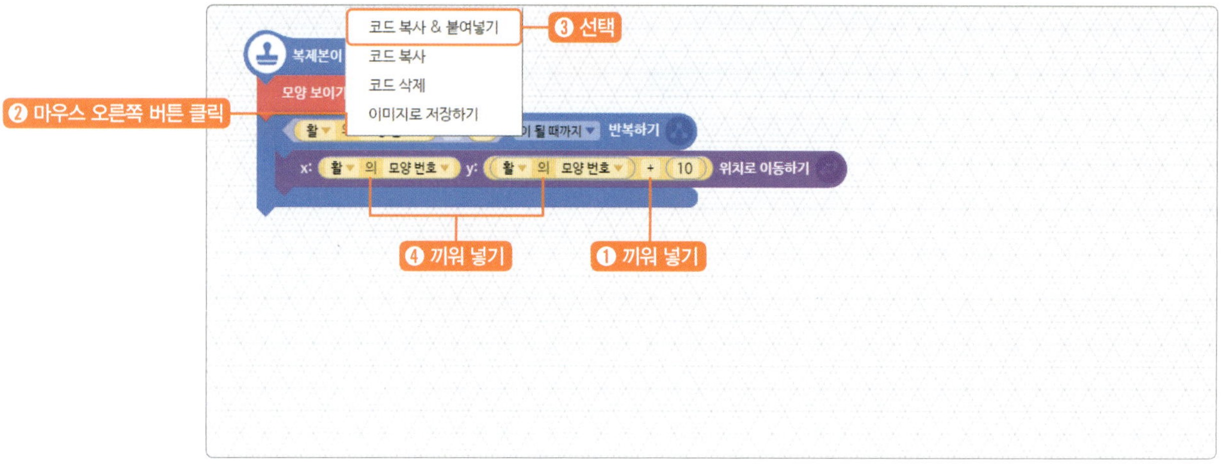

❻ 'x:' 옆 (활▼의 모양 번호▼)에서 모양 번호▼를 클릭하여 'x 좌푯값'을 선택합니다. 이어서, 'y:' 옆의 (활▼의 모양 번호▼)에서 모양 번호▼를 클릭하여 'y 좌푯값'을 선택합니다.

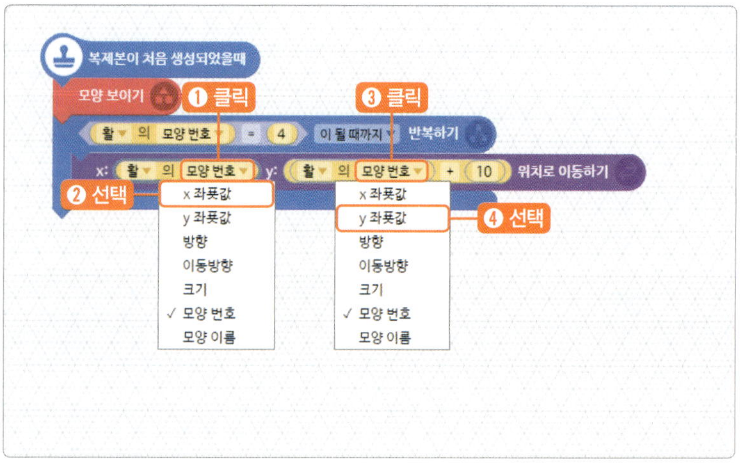

코딩풀이

[활] 오브젝트의 모양 번호가 '4'가 될 때까지 [화살] 오브젝트는 [활] 오브젝트의 'x 좌푯값'과 'y 좌푯값+10'의 위치로 이동하여 계속 따라다닙니다.

❼ [함수] 블록 꾸러미에서 (화살의 이동)을 아래 그림처럼 연결합니다.

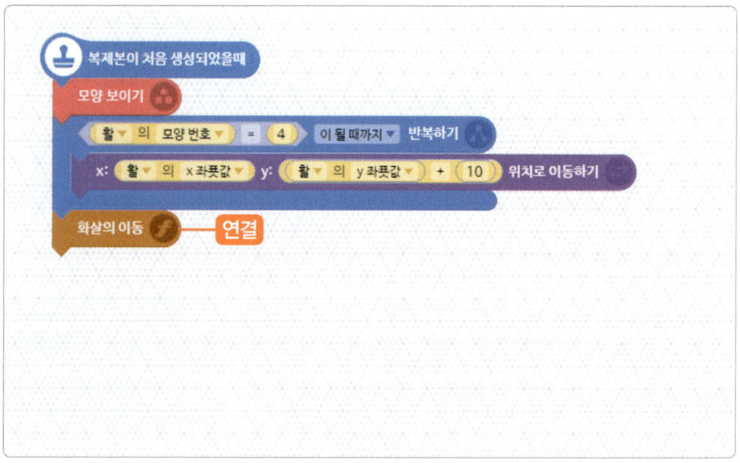

코딩풀이

[활]의 모양번호가 '4'가 되면 함수를 실행하여 [화살]을 발사합니다. '화살의 이동(화살의 이동)' 함수는 [화살] 오브젝트가 y좌표를 '4'만큼 바꾸면서 위로 움직이다가 '위쪽 벽'에 닿으면 '화살존재' 변수를 '0'으로 정하고 '화살개수' 변수에 '-1'을 더하여 개수를 감소시킵니다.

⑧ `함수` 블록 꾸러미에서 `함수 만들기` 를 클릭한 후 '함수'를 '모양 바꾸기'로 변경합니다.

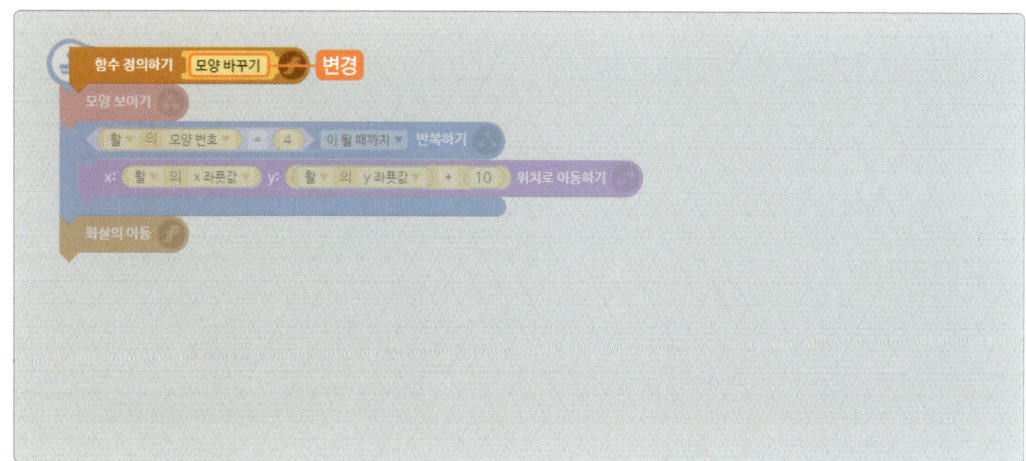

⑨ `흐름` 블록 꾸러미에서 `10 번 반복하기` 와 `2 초 기다리기` 를 아래 그림처럼 연결합니다. 이어서, '10'을 '4'로, '2'를 '0.1'로 변경합니다.

⑩ `생김새` 블록 꾸러미에서 `다음 모양으로 바꾸기` 를 아래 그림처럼 연결한 후 아래쪽의 확인 버튼을 클릭합니다.

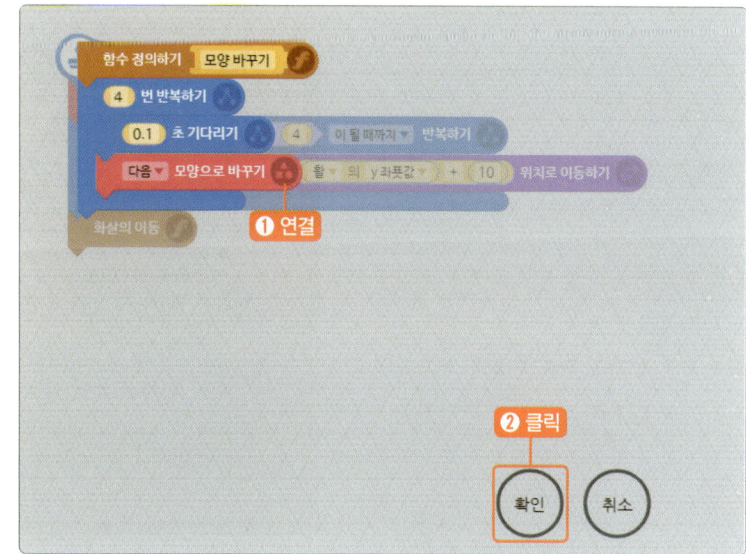

코딩풀이

'0.1'초 간격으로 '4'번 반복하여 모양을 바꾸는 함수입니다. 해당 함수는 [활]과 [풍선] 오브젝트에서 사용될 함수입니다.

⑪ 오브젝트를 선택한 후 [함수] 블록 꾸러미에서 [모양 바꾸기]를 아래 그림처럼 연결합니다.

코딩풀이

Space Bar 키를 눌렀을 때 '화살존재' 변수가 '0'이라면 '1'로 정한 후 '화살발사' 신호를 보냅니다. 이어서, '모양 바꾸기(모양 바꾸기)' 함수를 실행하여 모양을 1~4까지 변경되도록 합니다.

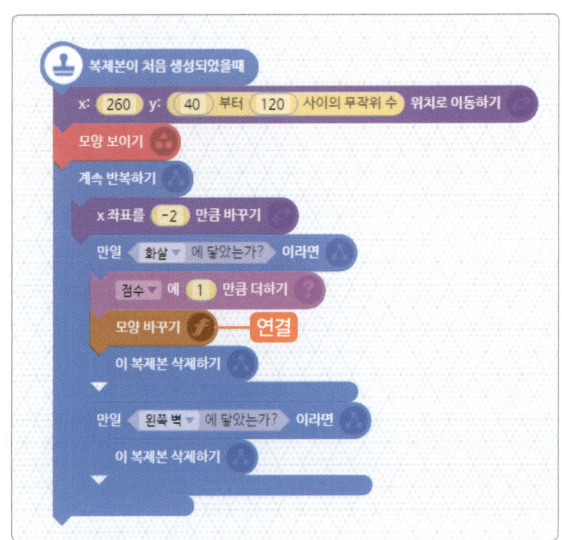

⑫ 오브젝트를 선택한 후 [함수] 블록 꾸러미에서 [모양 바꾸기]를 아래 그림처럼 연결합니다.

코딩풀이

복제본이 처음 생성되면 'x : 260(화면에서 오른쪽 바깥)', 'y : 40~120 사이의 무작위 수' 위치로 이동한 후 모양을 보입니다. 이어서, 계속 반복하며 x좌표를 '-2(왼쪽)' 만큼 이동하다가 [화살]에 닿으면 '점수' 변수에 '1'을 더하고 '모양 바꾸기(모양 바꾸기)' 함수를 실행한 후 복제본을 삭제합니다. 만약, [화살]이 아닌 '왼쪽 벽'에 닿으면 복제본을 삭제합니다.

⑬ ▶ 버튼을 클릭하여 화살이 잘 발사되는지 Space Bar 키를 눌러 확인한 후 활과 풍선의 모양도 변하는지 확인해 봅시다.

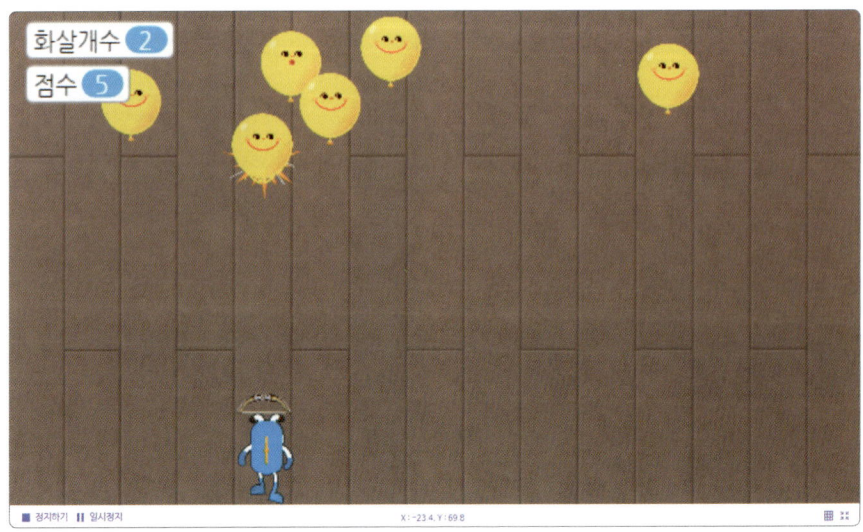

4 예제파일을 불러와 주어진 과제를 해결해 봅시다.

❶  오브젝트에 화살의 개수가 '0'개이면 프로그램이 멈추도록 코드를 추가했지만 시작과 동시에 바로 멈춥니다. 원인을 분석하여 코드를 수정해 봅시다.

▶ 예제파일 : 지나가는 풍선 터트리기-1.ent

❷ 오브젝트는 [풍선]과 똑같이 움직이며 [화살]로 맞추면 '화살개수'를 증가하도록 조건과 사용할 블록을 참고하여 코드를 추가해 봅시다.

▶ 예제파일 : 지나가는 풍선 터트리기-2.ent

조건

복제본이 처음 생성되었을 때 x는 '260', y는 '40~120'사이의 무작위 수 위치로 이동하여 화면에 보이고 왼쪽으로 '2'만큼 계속 움직인다. 이동하는 도중에 화살에 닿으면 화살의 개수를 '3'개 증가시킨 후 모양을 바꾸고 복제본을 삭제한다.
만약 [화살]이 아닌 '왼쪽 벽'에 닿으면 복제본만 삭제한다.

Chapter 18 미사일 피하기

불러올 파일 : 미사일피하기.ent   완성된 파일 : 미사일피하기(완성).ent

| 학습목표 |
▶ 변수를 이용해 일정 시간이 지나면 미사일의 속도를 올릴 수 있습니다.
▶ 화면 밖에서 무작위 위치에 미사일을 생성하여 로켓을 향해 이동하도록 할 수 있습니다.

1 순서도를 배워봅시다.

아래의 순서도는 서점에서 참고서를 구입하는 순서도 입니다.
● ①~④ 위치에 알맞은 단어를 적으세요. (Yes 또는 No)

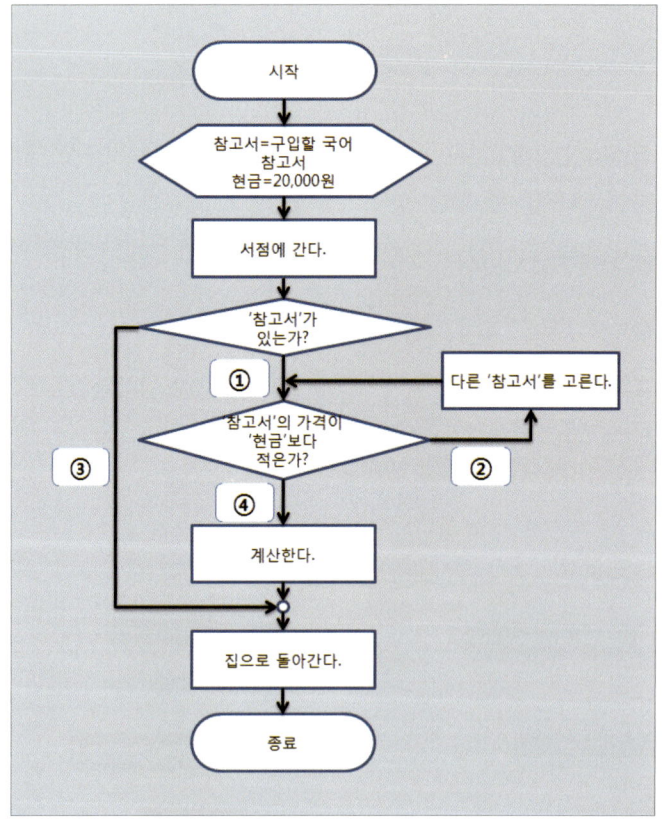

① :   ② :   ③ :   ④ :

2. 알고리즘을 배워봅시다.

- 거꾸로 정렬된 1~5의 수를 순차(버블) 정렬하는 방법입니다.

    ① 첫 번째 숫자와 두 번째 숫자를 비교합니다.
    ②-1 첫 번째 숫자가 크면 두 번째 숫자와 자리를 바꿔줍니다.
    ②-2 두 번째 숫자가 크면 자리를 바꾸지 않습니다.
    ③ 두 번째 숫자와 세 번째 숫자를 비교합니다.
    ④-1 두 번째 숫자가 크면 세 번째 숫자와 자리를 바꿔줍니다.
    ④-2 세 번째 숫자가 크면 자리를 바꾸지 않습니다.
    ⑤ 위와 같은 방법으로 더 이상 위치를 바꾸지 못할 때(모든 숫자가 작은 수부터 정렬된 때)까지 실행합니다.

- 그림1은 거꾸로 정렬된 수열에서 숫자 '5'를 순차(버블) 정렬하는 순서입니다. 그림1과 위의 방법을 참고하여 그림2의 빈 칸을 채워봅시다.

    ※ 색이 칠해져 있는 칸은 정렬이 완료된 숫자의 칸입니다.

그림1

5	4	3	2	1
4	5	3	2	1
4	3	5	2	1
4	3	2	5	1
4	3	2	1	5

그림2

5	4	3	2	1
4	3	2	1	5

Chapter 18 미사일 피하기

3 문제를 해결해 봅시다.

● 오브젝트를 소개합니다.

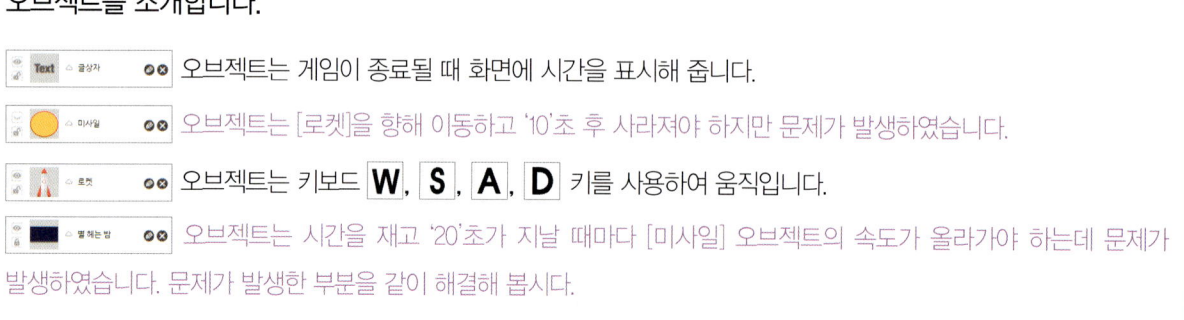

❶ [18차시]-[불러올 파일] 폴더에서 '미사일피하기.ent' 파일을 불러옵니다. [오브젝트 목록]에서 ![별 헤는 밤] 오브젝트를 선택한 후 ![함수] 블록 꾸러미에서 ![함수 만들기]를 클릭합니다.

※ 함수를 만들 때는 특정 오브젝트를 선택하지 않아도 됩니다.

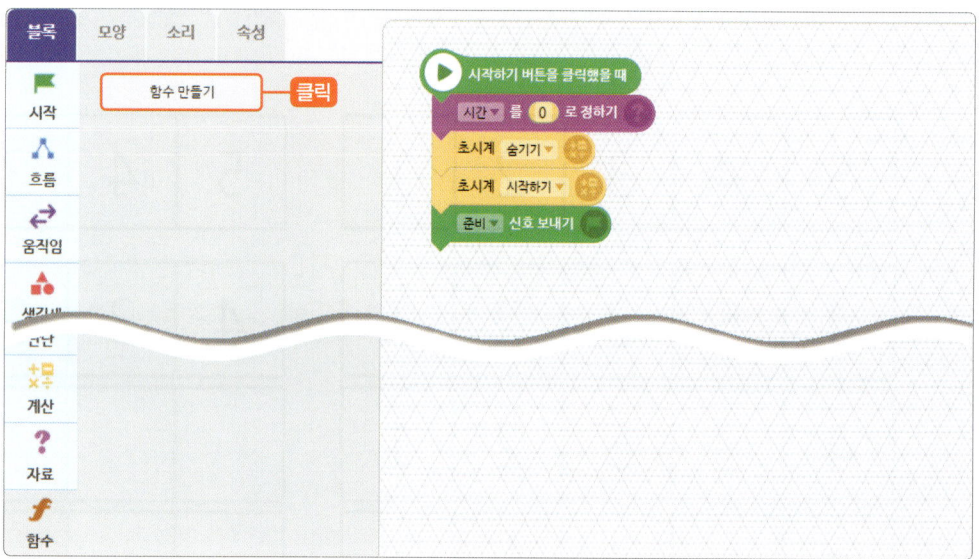

❷ [블록 조립소]의 화면이 바뀌면 '함수'를 '미사일 이동'으로 변경합니다. 이어서, ![생김새] 블록 꾸러미에서 ![모양 보이기] 와 ![움직임] 블록 꾸러미에서 ![글상자 쪽 바라보기]를 아래 그림처럼 연결한 후 ![글상자]를 클릭하여 '로켓'을 선택합니다.

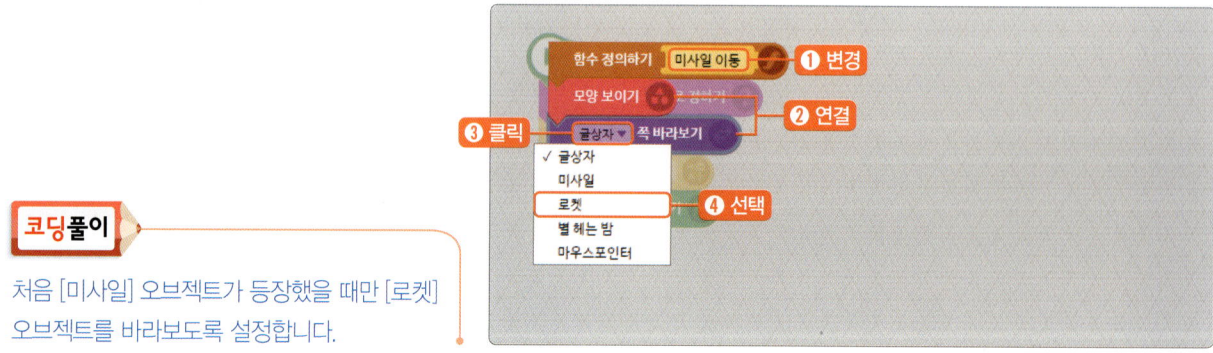

코딩풀이
처음 [미사일] 오브젝트가 등장했을 때만 [로켓] 오브젝트를 바라보도록 설정합니다.

❸ ![흐름] 블록 꾸러미에서 [계속 반복하기] 와 ![움직임] 블록 꾸러미에서 [이동 방향으로 10 만큼 움직이기] 를 아래 그림처럼 연결합니다.

❹ ![자료] 블록 꾸러미에서 [미사일속도▼ 값] 을 '10'의 위치에 끼워 넣습니다. 이어서, ![흐름] 블록 꾸러미에서 [만일 참 이라면] 을 아래 그림처럼 연결합니다.

코딩풀이

[미사일] 오브젝트가 모양을 보인 후 방향을 [로켓] 오브젝트 쪽으로 설정합니다. 이어서, [미사일] 오브젝트가 '미사일속도' 변수 값만큼 움직입니다.

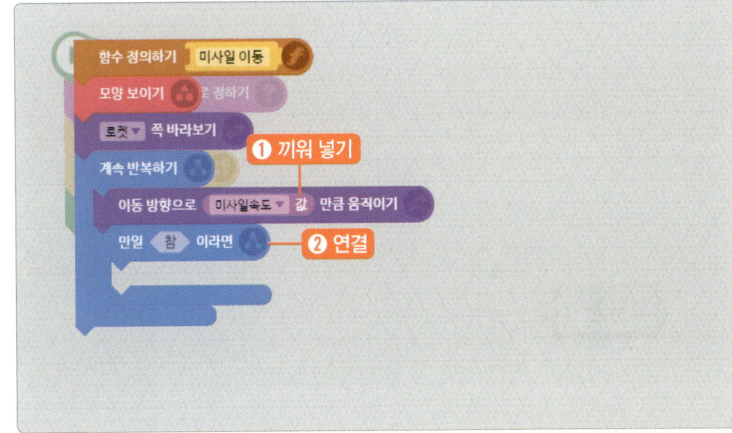

❺ ![판단] 블록 꾸러미에서 [마우스포인터▼ 에 닿았는가?] 를 '참'의 위치에 끼워 넣은 후 [마우스포인터▼] 를 클릭하여 '로켓'을 선택합니다.

Chapter 18 미사일 피하기 **123**

❻ [시작] 블록 꾸러미에서 [게임오버 신호 보내기] 와 [흐름] 블록 꾸러미에서 [이 복제본 삭제하기] 를 아래 그림처럼 연결한 후 아래 [확인]을 클릭합니다.

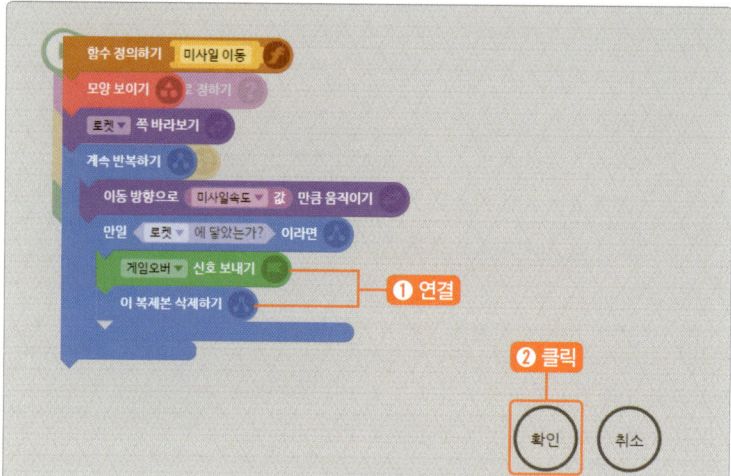

코딩풀이
[미사일] 오브젝트가 이동하다가 [로켓] 오브젝트에 닿으면 '게임오버' 신호를 보낸 후 복제본을 삭제합니다.

❼ [미사일] 오브젝트를 선택한 다음 [함수] 블록 꾸러미에서 [미사일 이동] 4개를 아래 그림처럼 연결합니다.

코딩풀이
'x : -240, y : -130~130'은 왼쪽 화면 밖에서, 'x : 240, y : -130~130'은 오른쪽 화면 밖에서, 'x : -240~240, y : -133'은 아래쪽 화면 밖에서, 'x : -240~240, y : 133'은 위쪽 화면 밖에서 각각 [미사일] 오브젝트가 생성됩니다.

❽ [별 해는 밤] 오브젝트를 선택합니다. 이어서, [흐름] 블록 꾸러미에서 [계속 반복하기] 와 [자료] 블록 꾸러미에서 [미사일속도를 10 로 정하기] 를 아래 그림처럼 연결한 후 [미사일속도▼] 를 클릭하여 '시간'을 선택합니다.

코딩풀이
게임을 시작하면 '시간' 변수 값을 '0'으로 정합니다. 이어서, 초시계를 화면에서 숨긴 후 초시계를 시작합니다.

⑨  블록 꾸러미에서 `초시계 값`을 '10'의 위치에 끼워 넣은 후 블록 꾸러미에서 `만일 참 이라면`을 아래 그림처럼 연결합니다.

코딩풀이

'시간' 변수를 '초시계 값'으로 정하는 이유는 소수점 아래 3자리의 수까지 화면에 표시하고 연산에 사용하기 위해서입니다.

⑩ `판단` 블록 꾸러미에서 `10 = 10`을 '참'의 위치에 끼워 넣습니다. 이어서, `계산` 블록 꾸러미에서 `10 의 제곱`을 첫 번째 '10'의 위치에, `10 x 10`을 두 번째 '10'의 위치에 각각 끼워 넣습니다.

⑪ `자료` 블록 꾸러미에서 `미사일속도 값`을 첫 번째 '10'의 위치에 끼워 넣습니다. 이어서, `미사일속도`를 클릭하여 '시간'을 선택한 후 `제곱`을 클릭하여 '소수점 버림값'을 선택합니다.

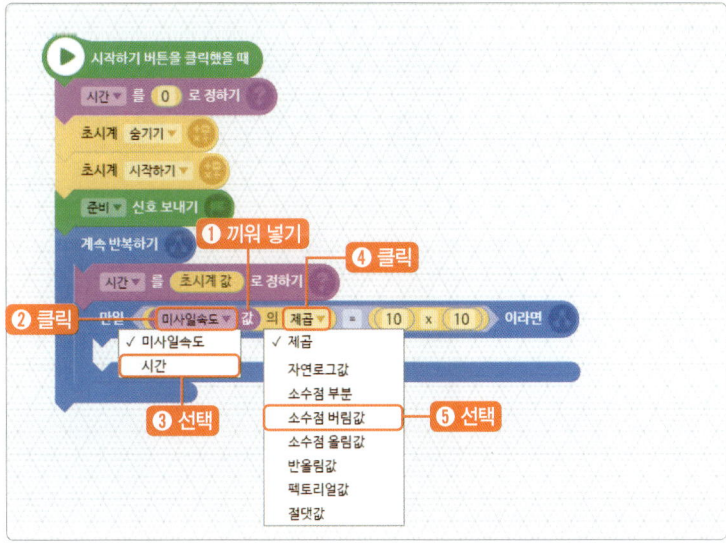

코딩풀이

'미사일속도' 변수 값에서 소수점 아래의 값을 버리는 이유는 이어서 나올 연산을 위해서입니다.

Chapter 18 미사일 피하기 | **125**

⑫ [?자료] 블록 꾸러미에서 (미사일속도▼ 값)을 첫 번째 '10'의 위치에 끼워 넣은 후 두 번째 '10'을 '20'으로 변경합니다.

> **코딩풀이**
> 소수점을 버린 '시간' 변수 값이 '미사일속도' 변수 값에 '20'을 곱한 값과 같을 때 '만일 ~라면' 블록 안의 내용을 실행합니다.
> 예) '미사일속도' 변수 값이 '1'이면 '시간' 변수 값은 '20'이 되어야 합니다.

⑬ [?자료] 블록 꾸러미에서 (미사일속도▼ 에 10 만큼 더하기)를 아래 그림처럼 연결한 후 '10'을 '0.5'로 변경합니다.

> **코딩풀이**
> 시간이 흘러 '시간' 변수의 값이 '20'이 되었을 때 '미사일속도' 변수의 값(초기값:1)에 '20'을 곱한 결과와 동일하기 때문에 '미사일속도' 변수 값에 '0.5'만큼 더하여 [미사일]들이 더 빠르게 움직이도록 합니다. 그리고 이후에는 '시간' 변수의 값이 '10'씩 증가할 때마다 '미사일속도' 변수의 값을 증가시킵니다.

⑭ ▶ 버튼을 클릭하여 [미사일]이 [로켓]을 향해 날아오는지 20초가 지나면 [미사일]의 속도가 빨라지는지 확인해 봅시다.

4 예제파일을 불러와 주어진 과제를 해결해 봅시다.

❶  오브젝트에 '부스터사용'이란 함수를 만들어  키를 눌렀을 때 로켓의 속도가 빨라지도록 코드를 추가했지만 작동하지 않습니다. 코드를 수정해 봅시다.

※ 함수 안의 코드도 수정해야 합니다.

▶ 예제파일 : 미사일피하기-1.ent

❷ 오브젝트에 날아가는 중간에 방향을 바꾸도록 아래 조건과 사용할 블록을 참고하여 코드를 추가해 봅시다.

▶ 예제파일 : 미사일피하기-2.ent

조건

복제본이 생성되었을 때 [로켓] 쪽으로 '3'초간 이동하다가 [로켓]의 위치가 바뀐 쪽으로 한 번만 방향을 바꿔 '7'초간 이동한 후 삭제합니다.

● 사용할 블록

※ 사용할 블록은 조건에 따라 여러 번 사용할 수도 있습니다.

Chapter 19

3L와 5L 비커로 물 4L 만들기

 불러올 파일 : 3L와 5L비커로 4L만들기.ent    완성된 파일 : 3L와 5L비커로 4L만들기(완성).ent

| 학습목표 |

▶ 조건을 만족하면 장면을 전환할 수 있습니다.
▶ 변수를 활용하여 비커의 물을 옮길 수 있습니다.

1 순서도를 배워봅시다.

아래의 순서도는 입력받은 숫자가 짝수인지 홀수인지 판단하는 순서도입니다.
● (가) 위치에 들어갈 순서도 기호를 고르세요.

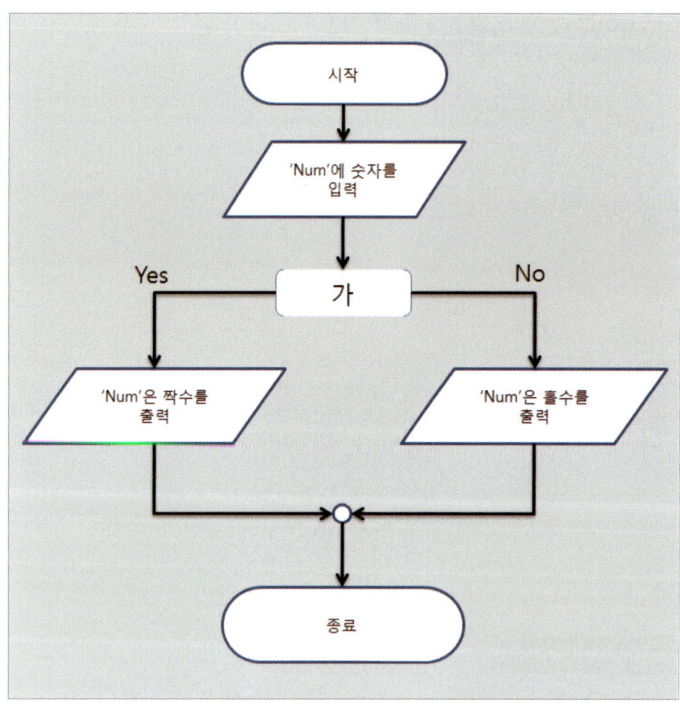

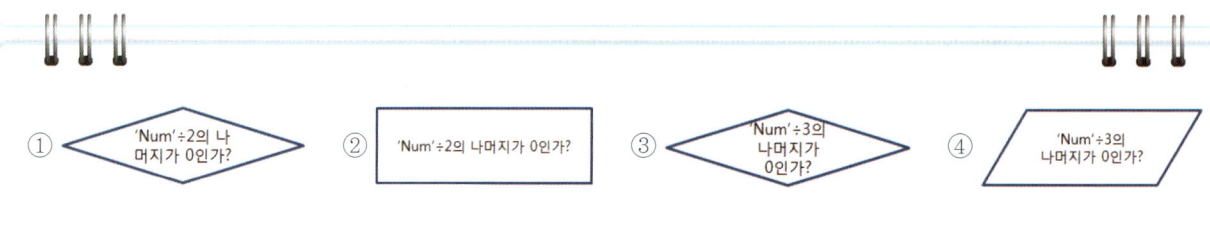

128 알고리즘으로 배우는 엔트리

알고리즘을 배워봅시다.

- 7분 모래시계와 4분 모래시계가 있습니다. 두 개의 모래시계를 사용하여 9분의 시간을 잴 수 있도록 아래의 표에서 7분 모래시계의 남은 시간을 적어 계산해 보세요.
  ※ 단 모래시계를 뒤집는 시간은 없습니다.

7분 모래시계

4분 모래시계

경과시간	7분 모래시계	4분 모래시계
4분	분	0분 (뒤집는다) 4분
7분	분 (뒤집는다) 분	1분
8분	분 (뒤집는다) 분	0분 (뒤집는다) 4분
9분	분	3분

보충설명

위의 문제는 모래시계 문제라고 합니다. 잴 수 있는 시간이 서로 다른 둘 이상의 모래시계를 사용하여 지정된 시간을 재는 퍼즐 문제입니다.

3 문제를 해결해 봅시다.

- **오브젝트를 소개합니다.**

  '장면 1'의 오브젝트들입니다.

  5L 버리기 버튼 오브젝트를 클릭하면 '5L비커의물' 변수를 '0'으로 정합니다.

  3L 버리기 버튼 오브젝트를 클릭하면 '3L비커의물' 변수를 '0'으로 정합니다.

  3L에서 5L로 오브젝트를 클릭하면 '3L비커의물' 변수의 값을 '5L비커의물' 변수로 비어있는 양만큼 옮깁니다. (최대 5)

  5L에서 3L로 오브젝트를 클릭하면 '5L비커의물' 변수의 값을 '3L비커의물' 변수로 비어있는 양(최대 3)만큼 옮겨야 하지만 물이 옮겨지지 않는 문제가 발생하였습니다.

  3L 오브젝트를 클릭하면 '3L비커의물' 변수를 '3'으로 정하고 3L비커의 모양을 바꾸기 위해 '3L비커의물' 변수의 값에 '1'을 더합니다.

  5L1 오브젝트를 클릭하면 '5L비커의물' 변수를 '5'로 정하고 5L비커의 모양을 바꾸기 위해 '5L비커의물' 변수의 값에 '1'을 더합니다. 그리고 '5L비커의물' 변수 값이 '4'가 되면 다음 장면으로 넘어가야 하는데 비커의 모양이 변하지도 않고 다음 장면으로 넘어가지도 않는 문제가 발생하였습니다.

  문제가 발생한 부분을 같이 해결해 봅시다.

  배경 오브젝트는 배경으로 문제를 보여줍니다.

  '장면 2'의 오브젝트들입니다.

  5L2 오브젝트는 '장면 1'에서 4L의 물을 채워 성공하면 '장면 2'에서 비커의 모양을 보여줍니다.

  배경2 오브젝트는 배경을 보여줍니다.

❶ [19차시]-[불러올 파일] 폴더에서 '3L와 5L비커로 4L만들기.ent' 파일을 불러옵니다. '장면 1'의 [오브젝트 목록]에서 5L1 오브젝트를 클릭합니다. 이어서, 시작 블록 꾸러미에서 시작하기 버튼을 클릭했을 때 를 [블록 조립소]로 가져다 놓습니다.

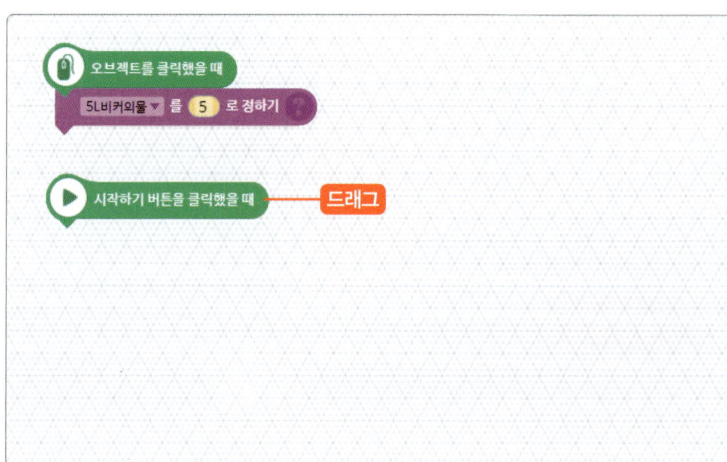

코딩풀이
해당 오브젝트를 클릭하면 '5L비커의물' 변수의 값을 '5'로 정하여 물을 가득 채웁니다.

❷ ![호름] 블록 꾸러미에서 [계속 반복하기] 와 [생김새] 블록 꾸러미에서 [비커_빈 모양으로 바꾸기] 를 아래 그림처럼 연결합니다.

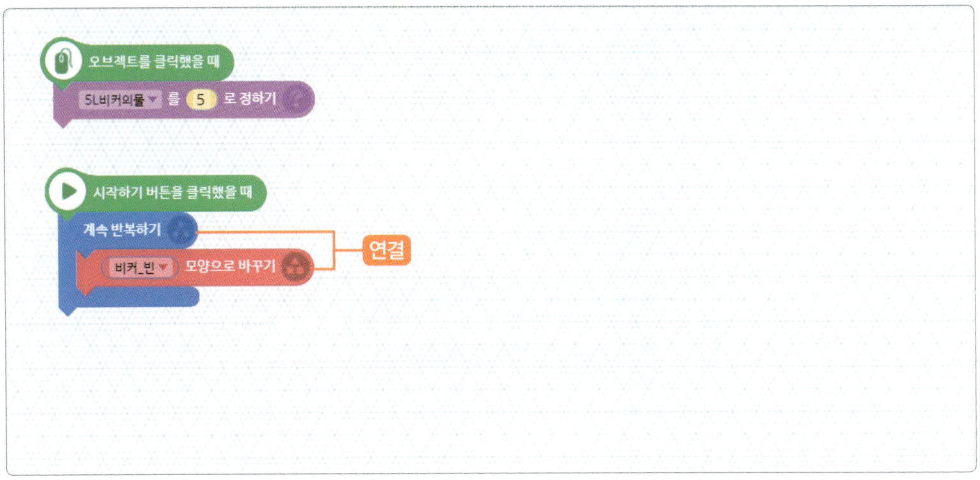

❸ [계산] 블록 꾸러미에서 (10 + 10)을 [비커_빈] 위치에 끼워 넣습니다. 이어서, [자료] 블록 꾸러미에서 (3L비커의물▼ 값)을 첫 번째 '10'의 위치에 끼워 넣습니다.

❹ 3L비커의물▼ 을 클릭하여 '5L비커의물'을 선택하고 '10'을 '1'로 변경합니다.

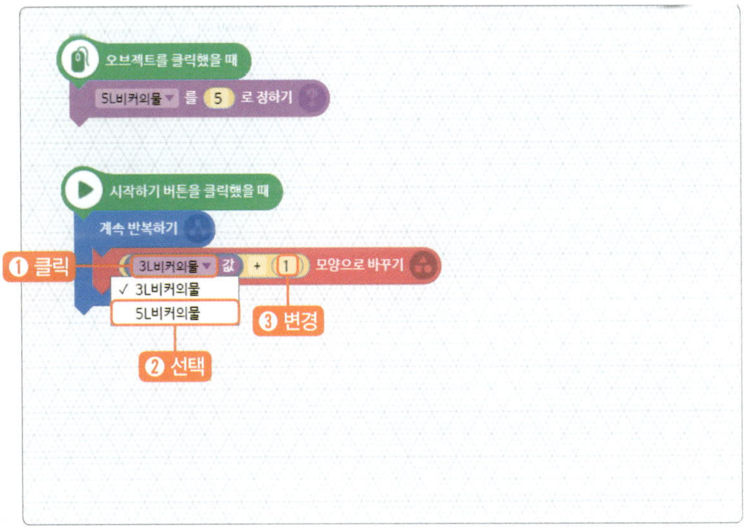

코딩풀이

'5L비커의물' 변수 값으로 바꾸지 않고 '1'을 더하는 이유는 변수의 값은 물의 양을 표시하지만 해당 오브젝트의 모양 번호는 0번이 없고 1번 모양이 빈 비커의 모양이기 때문에 입니다.

Chapter 19 3L와 5L 비커로 물 4L 만들기 **131**

❺ ![흐름] 블록 꾸러미에서 [만일 참 이라면]을 아래 그림처럼 연결한 후 ![판단] 블록 꾸러미에서 <10 = 10>을 '참'의 위치에 끼워 넣습니다.

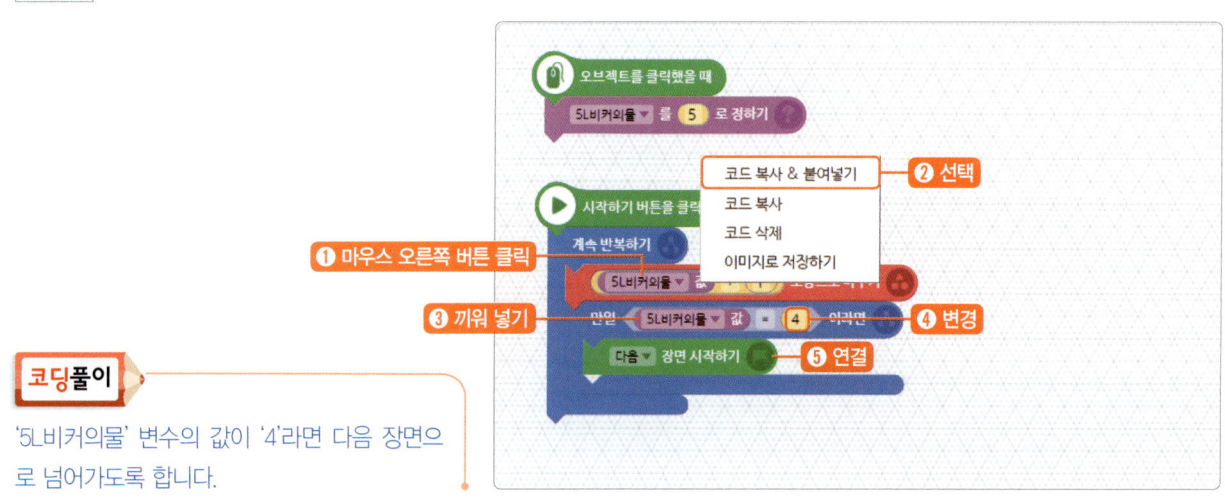

❻ <5L비커외물 값>을 복사하여 첫 번째 '10'의 위치에 끼워 넣은 후 두 번째 '10'을 '4'로 변경합니다. 이어서, ![시작] 블록 꾸러미에서 [다음 장면 시작하기]를 아래 그림처럼 연결합니다.

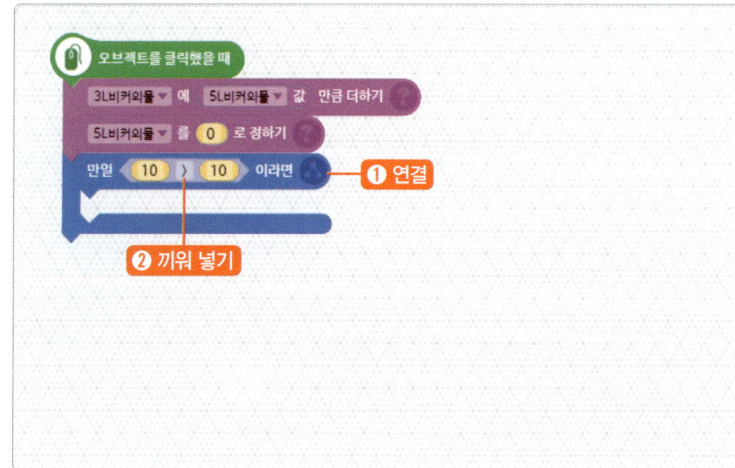

코딩풀이
'5L비커외물' 변수의 값이 '4'라면 다음 장면으로 넘어가도록 합니다.

❼ [5L에서 3L로] 오브젝트를 선택합니다. 이어서, ![흐름] 블록 꾸러미에서 [만일 참 이라면]를 아래 그림처럼 연결한 후 ![판단] 블록 꾸러미에서 <10 > 10>를 '참'의 위치에 끼워 넣습니다.

코딩풀이
'3L비커외물' 변수에 '5L비커외물' 변수 값을 더하여 증가시킨 후 '5L비커외물' 변수의 값을 '0'으로 정하여 바꿔줍니다.

❽ [자료] 블록 꾸러미에서 `3L비커의물▼ 값`을 첫 번째 '10'의 위치에 끼워 넣은 후 두 번째 '10'을 '3'으로 변경합니다.

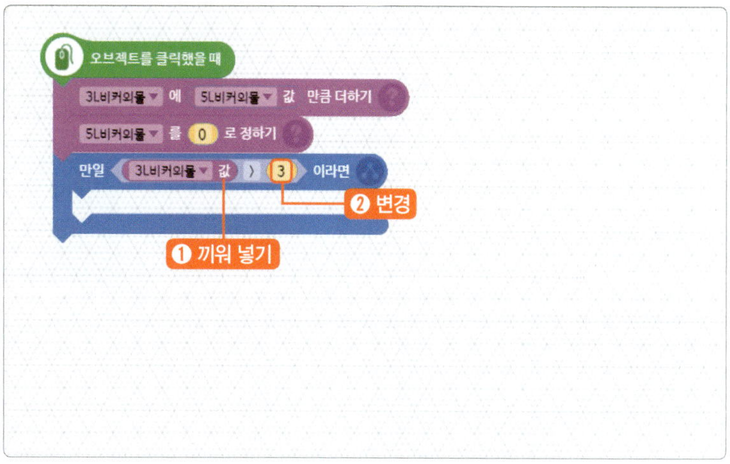

> **코딩풀이**
> '3L비커의물' 변수의 값이 '3'보다 크다는 뜻은 3L 비커에 물이 다 채워져 있는 상태를 의미합니다.

❶ 끼워 넣기
❷ 변경

❾ [자료] 블록 꾸러미에서 `3L비커의물▼ 를 10 로 정하기`를 아래 그림처럼 연결한 후 `3L비커의물▼`을 클릭하여 '5L비커의물'을 선택합니다.

❶ 연결
❷ 클릭
❸ 선택

❿ [계산] 블록 꾸러미에서 `10 - 10`을 '10'의 위치에 끼워 넣습니다. 이어서, [자료] 블록 꾸러미에서 `3L비커의물▼ 값`을 첫 번째 '10'의 위치에 끼워 넣은 후 두 번째 '10'을 '3'으로 변경합니다.

> **코딩풀이**
> '3L비커의물' 변수에 '5L비커의물' 변수 값을 더한 후 자신의 한계치인 '3'을 넘겼을 경우 초과된 값을 되돌려 주기 위하여 '5L비커의물' 변수 값이 더해진 '3L비커의물' 변수 값에서 '3'을 뺀 후 나머지 값만 '5L비커의물' 변수 값으로 되돌려 줍니다.

❶ 끼워 넣기
❷ 끼워 넣기
❸ 변경

Chapter 19 3L와 5L 비커로 물 4L 만들기 **133**

⑪ [자료] 블록 꾸러미에서 [3L비커의물 를 10 로 정하기] 를 아래 그림처럼 연결합니다. 이어서, '10'을 '3'으로 변경합니다.

① 연결
② 변경

코딩풀이
'3L비커의물' 변수의 값을 '3'으로 정해주는 이유는 3L 비커의 물이 가득 찼기 때문입니다.

⑫ 프로그램을 실행하기 위하여 '장면 1'을 선택한 후 ▶ 버튼을 클릭합니다. 이어서, 조건을 참고하여 문제를 풀어봅시다.

조건

2개의 물통에 물을 채울 때는 가득 채울 수만 있습니다.
물을 버릴 때는 전부 버릴 수만 있습니다.
물을 옮길 때는 옮겨지는 비커의 물이 가득 찰 때까지만 옮길 수 있습니다.
위 조건들을 참고하여 5L 비커의 4L의 물을 채우시오

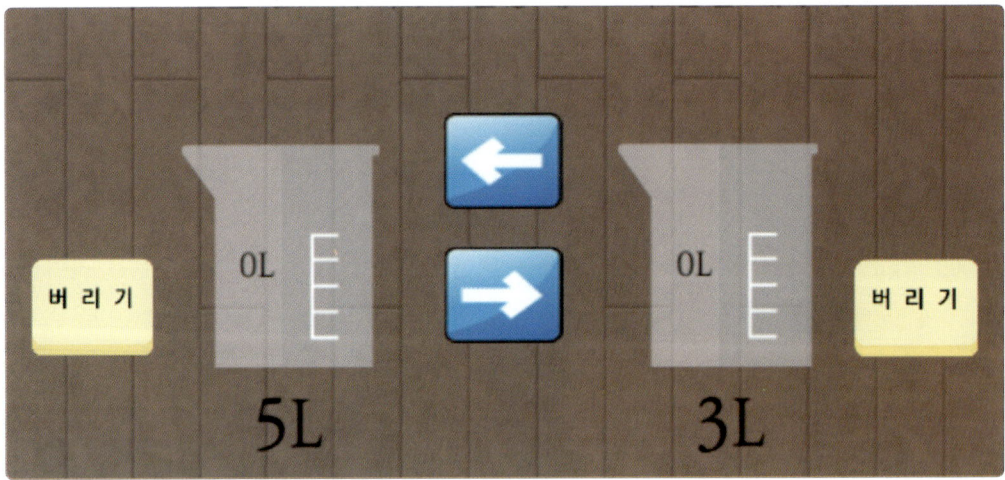

4 예제파일을 불러와 주어진 과제를 해결해 봅시다.

❶ '장면 1'의  오브젝트에 퍼즐을 푸는데 시간이 얼마나 걸리는지 화면에 표시하고 장면이 넘어가면 시간이 멈추도록 코드를 추가했지만 실행하면 아무것도 클릭되지 않습니다. 코드를 수정해 봅시다.

▶ 예제파일 : 3L와 5L비커로 4L만들기-1.ent

❷ '장면 2'의  오브젝트에 퍼즐을 풀어서 장면이 바뀌면 비커의 물이 4L가 채워지고 흔들리도록 아래 조건과 사용할 블록을 참고하여 코드를 추가해 봅시다.

▶ 예제파일 : 3L와 5L비커로 4L만들기-2.ent

> **조건**
> 장면이 시작되었을 때 모양을 '5L비커의물' 변수를 사용하여 4L 모양을 만든 후
> x좌표와 y좌표를 '-15~15' 사이의 무작위 수의 위치로 '15'번 이동합니다.
> 무작위 이동이 끝나면 원위치(x : 10, y : -15)로 이동합니다.

※ 사용할 블록은 조건에 따라 여러 번 사용할 수도 있습니다.

Chapter 20 공동 묘지 사격

📁 불러올 파일 : 공동묘지사격.ent   📄 완성된 파일 : 공동묘지사격(완성).ent

| 학습목표 |

▶ 소리가 나도록 코드를 추가할 수 있습니다.
▶ 과녁을 향해 총알이 움직이도록 할 수 있습니다.

 순서도를 배워봅시다.

아래의 순서도는 1~10까지의 곱셈을 구하는 순서도입니다.
● (가) 위치에 들어갈 순서도 기호를 고르세요.

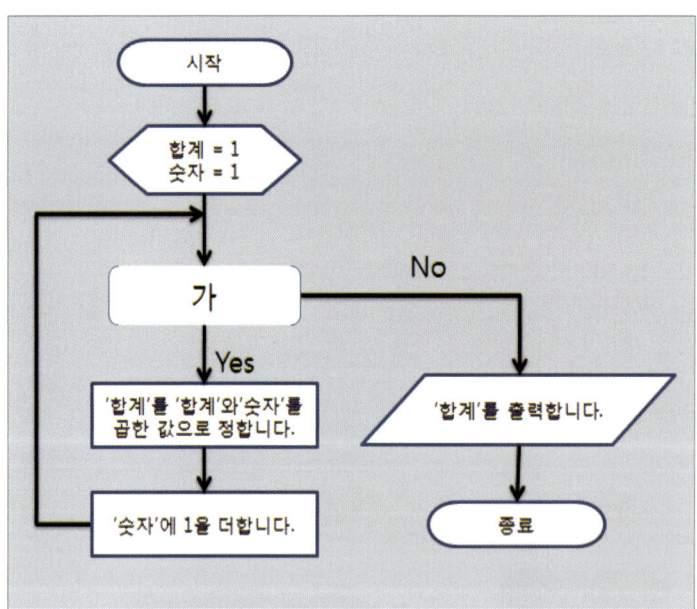

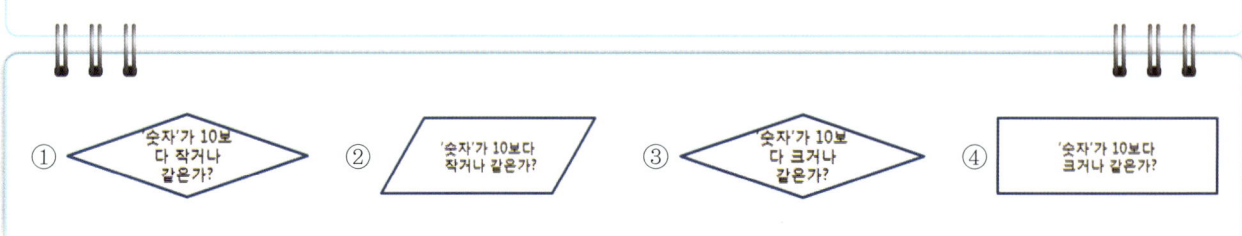

2 알고리즘을 배워봅시다.

- 아래 조건을 참고하여 12개월 후 토끼는 몇 쌍이 존재할까요?

1. 첫 달에는 새로 태어난 토끼 한 쌍만이 존재한다.
2. 두 달 이상이 된 토끼는 번식이 가능하다.
3. 번식 가능한 토끼 한 쌍은 매달 새끼 한 쌍을 낳는다.
4. 토끼는 죽지 않는다.

위의 문제는 어려울 수도 있습니다. 위의 조건을 보고 천천히 따라해 보면 첫 달에는 새로 태어난 토끼 한 쌍이 있고, 두 번째 달에도 그대로 토끼 한 쌍만 있습니다. 세 번째 달부터는 이 토끼 한 쌍이 새끼를 낳게 되어 토끼가 2쌍이 되고, 네 번째 달에는 3쌍, 다섯 번째 달에는 5쌍이 됩니다. 천천히 생각하여 아래표에 숫자를 적어서 문제를 해결해 봅시다.

1개월	2개월	3개월	4개월	5개월	6개월	7개월	8개월	9개월	10개월	11개월	12개월
1쌍	1쌍	2쌍	3쌍	5쌍							

보충설명

위의 문제는 피보나치의 수라고 하는 수열입니다. 피보나치의 수가 처음 언급된 책은 기원전 5세기 인도의 수학자 핑갈라 라는 사람이 쓴 책이며, 토끼 수의 증가 문제를 이야기하면서 피보나치의 수를 말한 사람은 레오나르도 피보나치입니다.

3 문제를 해결해 봅시다.

● 오브젝트를 소개합니다.

조준점 오브젝트는 마우스를 따라다니고 클릭하면 총알을 발사합니다.

도깨비(2), 도깨비(1), 늑대인간 오브젝트들은 신호를 받으면 1초 동안 모습을 보이고 사라집니다. 하지만 [총알]에 닿으면 즉시 사라집니다.

공동묘지 오브젝트는 배경입니다. [도깨비1, 2]와 [늑대인간]을 출현시킬 신호를 보냅니다.

총알 오브젝트는 '발사' 신호를 받고 '마우스포인터' 방향으로 이동해야 하지만 문제가 발생하였습니다.

탄창 오브젝트는 현재 발사할 수 있는 총알의 양을 보여줍니다. Space Bar 키를 누르면 재장전이 되어야 하는데 문제가 발생하였습니다.

문제가 발생한 부분을 같이 해결해 봅시다.

❶ [20차시]-[불러올 파일] 폴더에서 '공동묘지사격.ent' 파일을 불러옵니다. [오브젝트 목록]에서 탄창 오브젝트를 선택한 후 시작 블록 꾸러미에서 [q 키를 눌렀을 때]를 [블록 조립소]로 가져다 놓습니다. 이어서, q 를 클릭하여 키보드 모양의 이미지가 나오면 Space Bar 키를 누릅니다.

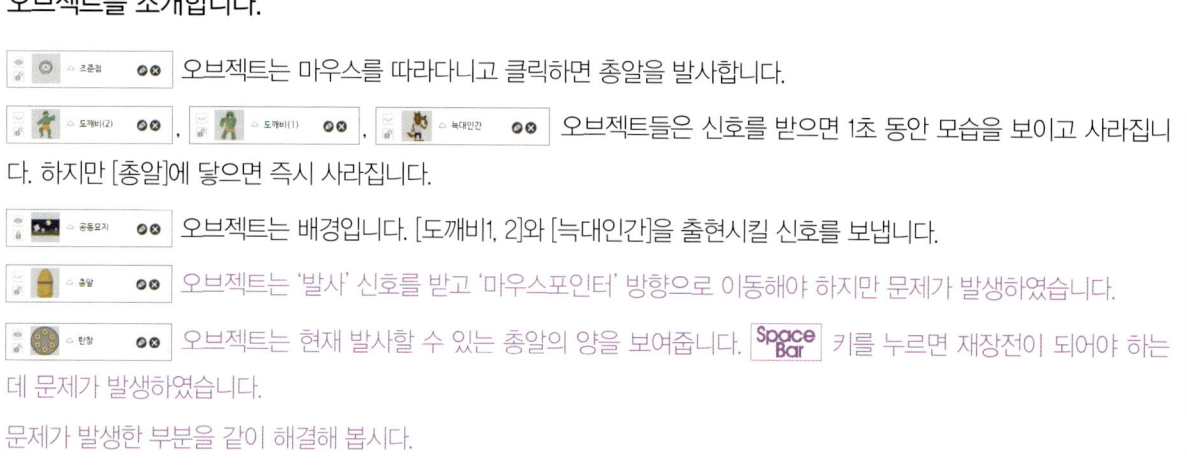

코딩풀이

몬스터들은 공동묘지 오브젝트에서 '0~10' 사이의 무작위 수 중 '1'이 나오면 도깨비(1) 오브젝트가 출현하고, '5'가 나오면 도깨비(2) 오브젝트가 출현합니다. 마지막으로 늑대인간 오브젝트는 '10'이 나오면 출현합니다.

❷ [호름] 블록 꾸러미에서 [만일 참 이라면] 을 아래 그림처럼 연결한 후 [판단] 블록 꾸러미에서 [10 = 10] 을 '참'의 위치에 끼워 넣습니다.

코딩풀이

'준비' 신호를 받으며 [탄창] 오브젝트는 위치를 이동한 후 '총알' 변수의 값에 따라서 모양을 계속 바꿉니다. [탄창] 오브젝트의 모양은 총 7개이며, 총알이 발사될 때마다 총알이 한 개씩 빠진 모양으로 변경됩니다.

❸ [자료] 블록 꾸러미에서 [출현▼ 값] 을 첫 번째 '10'의 위치에 끼워 넣습니다. 이어서, [출현▼] 을 클릭하여 '재장전'을 선택한 후 두 번째 '10'을 '0'으로 변경합니다.

❹ [자료] 블록 꾸러미에서 [출현▼ 를 10 로 정하기] 를 아래 그림처럼 연결한 후 [출현▼] 을 클릭하여 '재장전'을 선택하고 '10'을 '1'로 변경합니다.

코딩풀이

[Space Bar] 키를 눌렀을 때 '재장전' 변수의 값이 '0'이라면 '재장전' 변수 값을 '1'로 정합니다. '재장전' 변수 값을 '1'로 정하는 이유는 [Space Bar] 키를 누르고 있어도 한 번만 재장전이 되며, 재장전 중에는 [총알]이 발사되지 않도록 하기 위해서입니다.

Chapter 20 공동 묘지 사격

❺ 『소리』 블록 꾸러미에서 `소리 총소리▼ 1 초 재생하기`를 아래 그림처럼 연결합니다. 이어서, `총 소리▼`를 클릭하여 '귀로'를 선택합니다.

- ❶ 연결
- ❷ 클릭
- ❸ 선택 (✓ 총 소리 / 귀로)

❻ 『생김새』 블록 꾸러미에서 `안녕! 을(를) 4 초 동안 말하기`를 아래 그림처럼 연결합니다. 이어서, '안녕'을 '재장전중', '4'를 '2'로 각각 변경합니다.

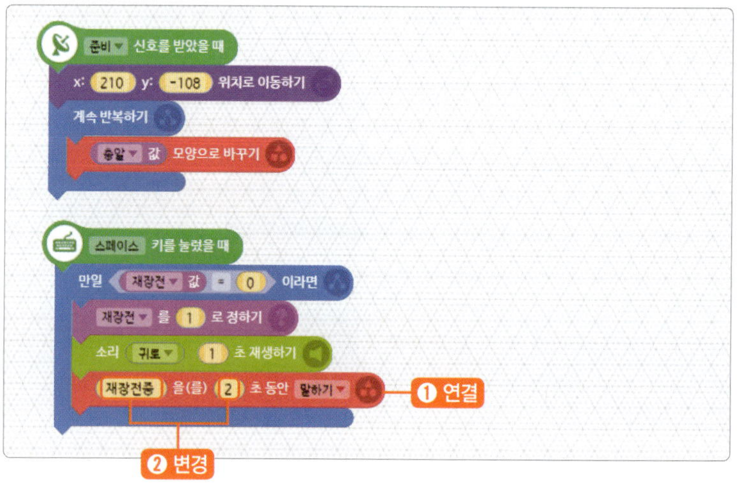

- ❶ 연결
- ❷ 변경

코딩풀이
재장전을 할 때 1초 동안 '귀로' 소리를 재생한 후 2초 동안 '재장전중'이라고 말을 합니다. 말하기 블록이 필요한 이유는 재장전에 걸리는 시간을 표현하기 위해서입니다.

❼ 『자료』 블록 꾸러미에서 `출현▼ 을 10 로 정하기`를 아래 그림처럼 2개 연결합니다. 첫 번째 `출현▼`은 '총알'로, 두 번째 `출현▼`은 '재장전'으로 변경하고 첫 번째 '10'은 '6'으로, 두 번째 '10'은 '0'으로 변경합니다.

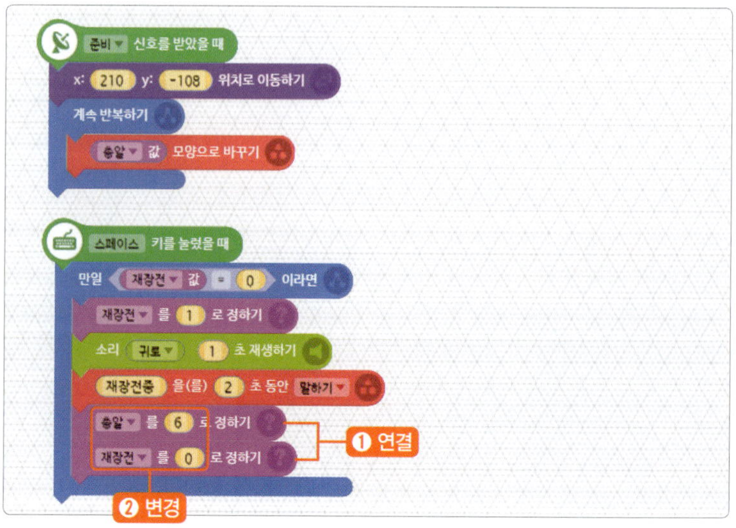

- ❶ 연결
- ❷ 변경

코딩풀이
말하기가 끝나면 '총알' 변수를 '6'으로 정해서 총알을 채우고, '재장전' 변수를 '0'으로 정해 다시 재장전 후 총알을 발사할 수 있도록 합니다.

❽ 🐱🔫 △총알 오브젝트를 선택한 후 [흐름] 블록 꾸러미에서 [복제본이 처음 생성되었을때]를 [블록 조립소]로 가져다 놓습니다.

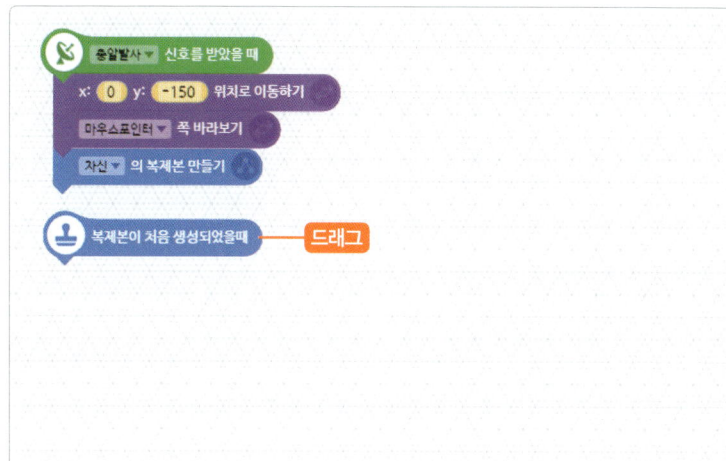

> **코딩풀이**
> 마우스를 클릭하여 '총알발사' 신호를 보내면 [총알] 오브젝트는 화면의 중앙 아래쪽 위치로 이동한 후 마우스 포인터 쪽을 바라보며 자신을 복제합니다.

❾ [생김새] 블록 꾸러미에서 [모양 보이기]와 [소리] 블록 꾸러미에서 [소리 총 소리 재생하기]를 아래 그림처럼 연결합니다.

※ '총 소리'가 '대상없음'으로 변경될 경우 클릭하여 '총 소리'로 변경합니다.

> **코딩풀이**
> 복제본이 처음 생성되었을 때는 [총알]이 발사되는 상황입니다. 그래서 [총알]의 모양을 보여주고 '총 소리'를 재생합니다.

❿ [움직임] 블록 꾸러미에서 [2 초 동안 x: 10 y: 10 위치로 이동하기]를 아래 그림처럼 연결한 후 '2'를 '0.2'로 변경합니다.

> **보충설명**
> [2 초 동안 x: 10 y: 10 만큼 움직이기]
> [2 초 동안 x: 10 y: 10 위치로 이동하기]
> 2개의 블록은 비슷하게 보이지만 기능이 다른 블록이니 주의합니다.

⑪ [계산] 블록 꾸러미에서 [마우스 x▼ 좌표]를 '10' 위치에 각각 끼워 넣습니다. 그리고 두 번째 [마우스 x▼ 좌표]의 [x▼]를 클릭하여 'y'를 선택합니다.

코딩풀이

[총알]을 발사하라고 신호를 보내는 [조준점] 오브젝트는 항상 마우스포인터 위치를 따라다니기 때문에 [총알] 오브젝트를 '0.2'초 동안 [조준점] 오브젝트가 있는 마우스포인터 위치로 이동시킵니다.

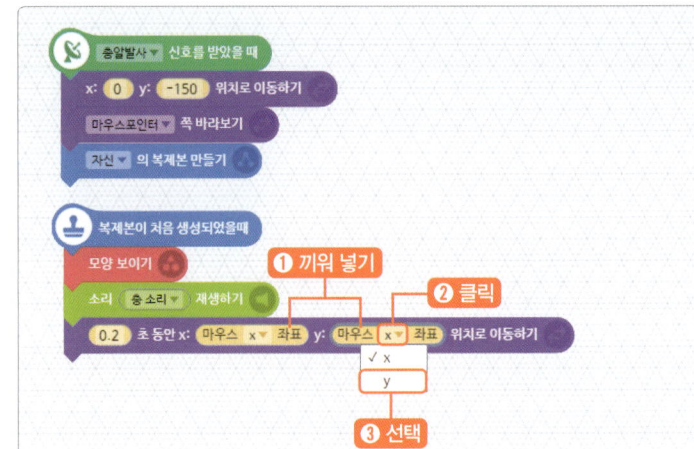

⑫ [생김새] 블록 꾸러미에서 [모양 숨기기]와 [흐름] 블록 꾸러미에서 [이 복제본 삭제하기]를 아래 그림처럼 연결합니다.

코딩풀이

이동이 끝나면 모양을 숨기고 복제본을 삭제합니다.

⑬ ▶ 버튼을 클릭하여 화면에 총알이 발사될 때 소리가 나는지 Space Bar 키를 눌러 총알이 재장전 되며 소리가 나는지 확인해 봅시다.

4 예제파일을 불러와 주어진 과제를 해결해 봅시다.

①  오브젝트에 재장전을 할 때마다 '남은총알개수'가 발사한 총알의 개수만큼 줄어들도록 코드를 추가했지만 작동하지 않습니다. 코드를 수정해 봅시다.

▶ 예제파일 : 공동묘지사격-1.ent

② 오브젝트에 총알을 전부 쏘면 게임이 종료되도록 아래 조건과 사용할 블록을 참고하여 코드를 추가해 봅시다.

▶ 예제파일 : 공동묘지사격-2.ent

조건

'준비' 신호를 받았을 때 '남은총알개수' 변수와 '총알' 변수의 합이 '0'보다 작거나 같은지 계속 확인한다. 만약 해당 조건에 만족하면 '0.5'초를 기다린 후 모든 코드를 종료한다.

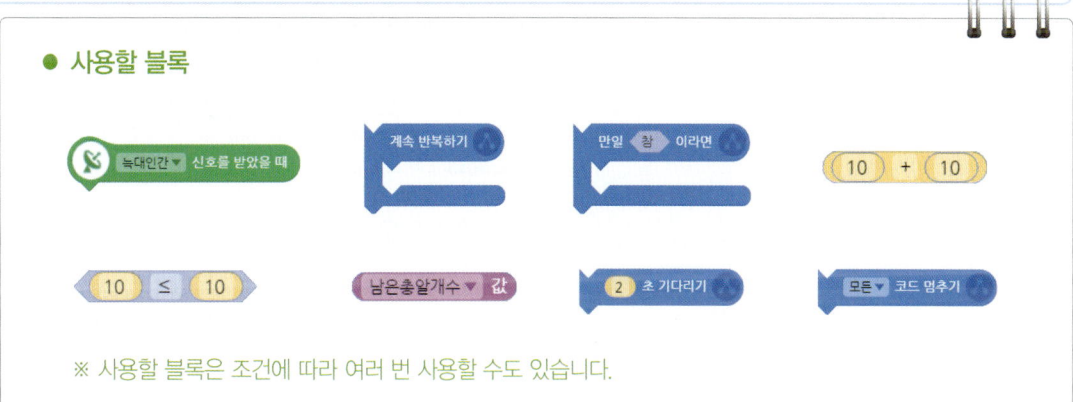

※ 사용할 블록은 조건에 따라 여러 번 사용할 수도 있습니다.

Chapter 21 가위바위보

📂 불러올 파일 : 가위바위보.ent   💾 완성된 파일 : 가위바위보(완성).ent

| 학습목표 |

▶ 함수의 매개변수에 따라서 다른 변수에 원하는 값을 설정할 수 있습니다.
▶ 장면을 전환할 수 있습니다.

1 순서도를 배워봅시다.

아래의 순서도는 늦잠 때문에 학교에 갈 준비가 늦은 학생이 집에서 학교까지 가는 순서도입니다.
● (가) 위치에 들어갈 순서도 기호를 고르세요.

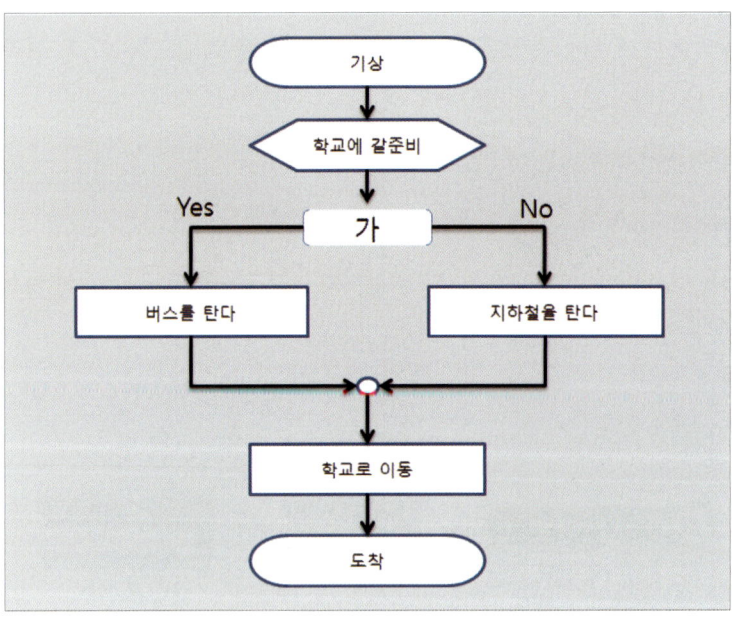

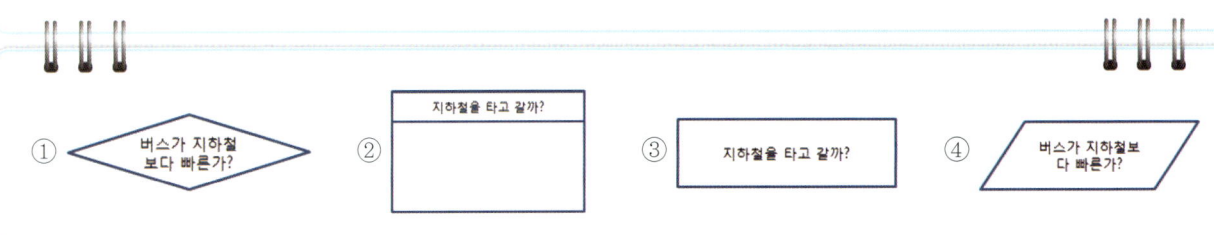

2. 알고리즘을 배워봅시다.

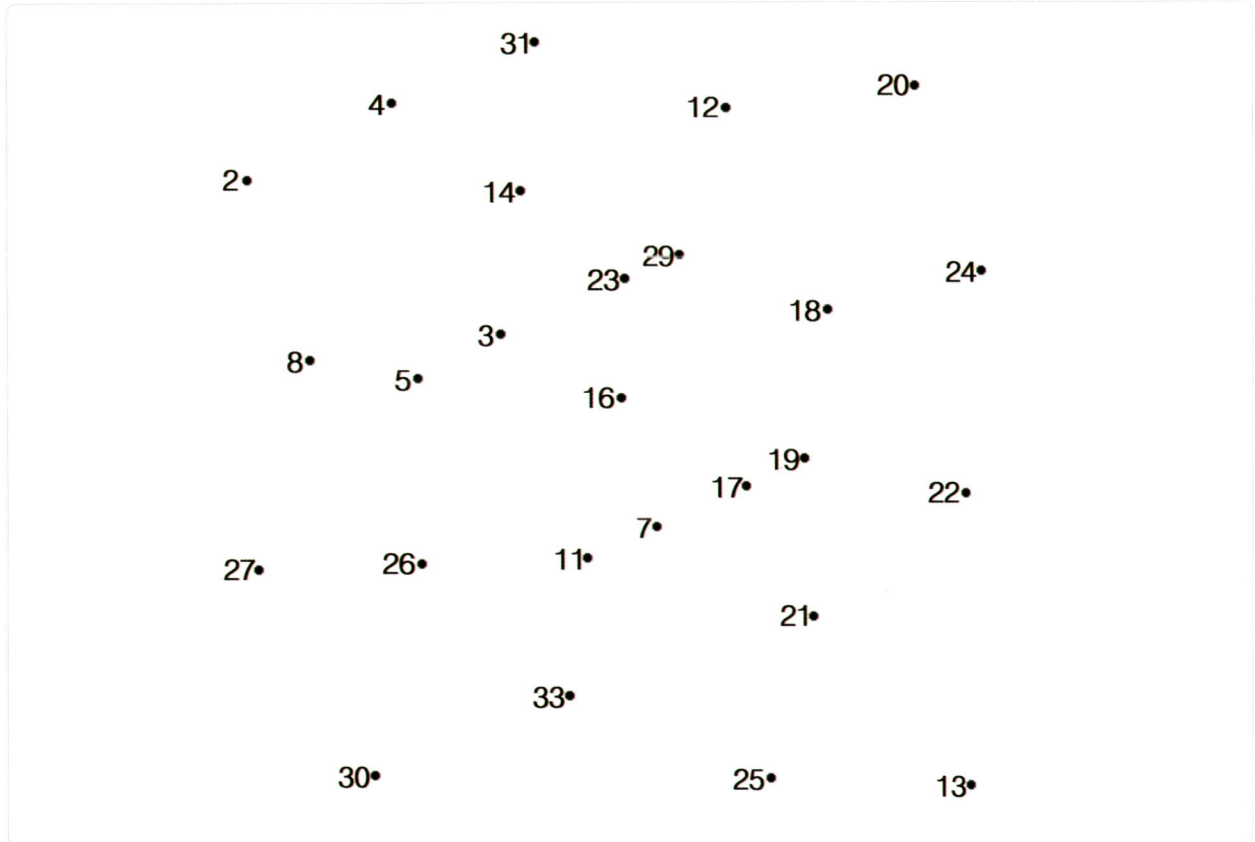

위의 그림에서 소수를 찾아 작은 수부터 시작하여 그 다음 큰 수를 선으로 이어서 어떤 그림이 나오는지 확인해 봅시다. 단, 더 이상 소수가 없을 때 가장 큰 소수를 가장 작은 소수에 연결합니다.

TIP

소수를 찾는 방법

1. 소수를 찾고자 하는 범위의 값을 나열합니다.

   > 2, 3, 4, 5, 7, 8, 11, 12, 13, 14, 16, 17, 18, 19, 20, 21, 22, 23, 24, 26, 27, 29, 30, 31, 33

2. 2의 배수(4, 6, 8⋯)를 모두 삭제합니다.
3. 2 다음으로 큰 소수인 3의 배수(3, 6, 9⋯)를 모두 삭제합니다.

보충설명

소수란 나머지 없이 나눌 수 있는 수가 '1'과 '자신' 밖에 없는 수를 말합니다. 예를 들어 4의 경우 2로 나머지 없이 나누어지기 때문에 소수가 아닙니다. 7의 경우는 '1'과 '자신'을 제외한 '2, 3, 4, 5, 6'중 어떤 수로 나누어도 나머지가 생기기 때문에 소수가 맞습니다.

Chapter 21 가위바위보

3 문제를 해결해 봅시다.

● 오브젝트를 소개합니다.

'장면 2'의 오브젝트들입니다.

- 엔트리봇2 오브젝트는 '내 가위바위보'와 '엔트리봇 가위바위보'를 비교하여 승자를 말해줍니다.
- 가위바위보2 오브젝트는 [엔트리봇]의 가위바위보를 보여줍니다.
- 내가위바위보2 오브젝트는 내가 입력한 가위바위보를 보여줍니다.
- 꽃밭2 오브젝트는 배경입니다.

'장면 1'의 오브젝트들입니다.

- 엔트리봇 오브젝트는 게임을 하자고 말을 합니다.
- 가위바위보 오브젝트는 [엔트리봇]의 가위바위보 게임 전 기본 모양입니다.
- 꽃밭 오브젝트는 배경입니다.
- 내가위바위보 오브젝트는 '가위바위보를 입력하세요'라고 물어보 대답에 맞추어 가위바위보 함수를 사용하여 '내가위바위보' 변수를 정하고 다음 장면을 보여주어야 하는데 문제가 발생하였습니다.

문제가 발생한 부분을 같이 해결해 봅시다.

❶ [21차시]-[불러올 파일] 폴더에서 '가위바위보.ent'를 불러옵니다. '장면 1'의 [오브젝트 목록]에서 내가위바위보 오브젝트를 클릭한 후 시작 블록 꾸러미에서 시작하기 버튼을 클릭했을 때 를 [블록 조립소]로 가져다 놓습니다. 이어서, 흐름 블록 꾸러미에서 2 초 기다리기 를 아래 그림처럼 연결합니다.

코딩풀이

'2'초를 기다리는 이유는 [엔트리봇] 오브젝트에서 '가위바위보 게임을 하자'라고 말을 하기 때문입니다.

❷ [자료] 블록 꾸러미에 [안녕! 을(를) 묻고 대답 기다리기] 아래 그림처럼 연결한 후 '안녕'을 '가위바위보를 입력하세요'로 변경합니다.

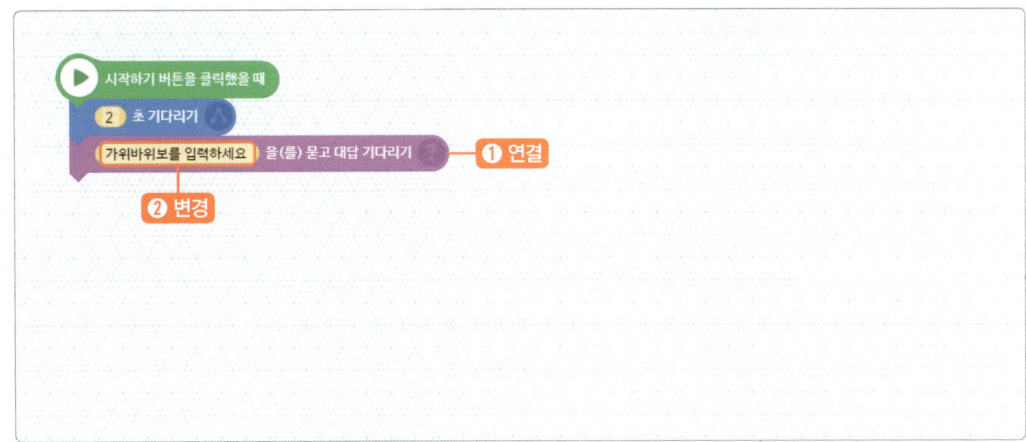

❸ [흐름] 블록 꾸러미에서 [계속 반복하기]와 [만일 참 이라면 아니면]을 아래 그림처럼 연결한 후 [판단] 블록 꾸러미에서 <참 또는 거짓> 2개를 서로 연결하여 '참'의 위치에 끼워 넣습니다.

❹ [판단] 블록 꾸러미에서 <10 = 10>을 '참'과 '거짓'의 위치에 모두 끼워 넣은 후 [자료] 블록 꾸러미에서 (대답)을 첫 번째, 세 번째, 다섯 번째 '10'의 위치에 각각 끼워 넣습니다. 이어서, 두 번째, 네 번째, 여섯 번째 '10'을 '가위', '바위', '보'로 변경합니다.

코딩풀이

가위바위보 입력을 물어봤을 때 대답이 '가위', '바위', '보' 중 하나라도 일치하면 다음 작업을 실행하고 아닐 경우에는 '아니면' 부분을 실행합니다.

Chapter 21 가위바위보

❺ [함수] 블록 꾸러미에서 [함수 만들기]를 클릭합니다. [블록 조립소] 화면이 바뀌면 '함수'를 '가위바위보'로 변경한 후 [함수] 블록 꾸러미에서 [문자/숫자값]을 [가위바위보] 오른쪽에 연결합니다.

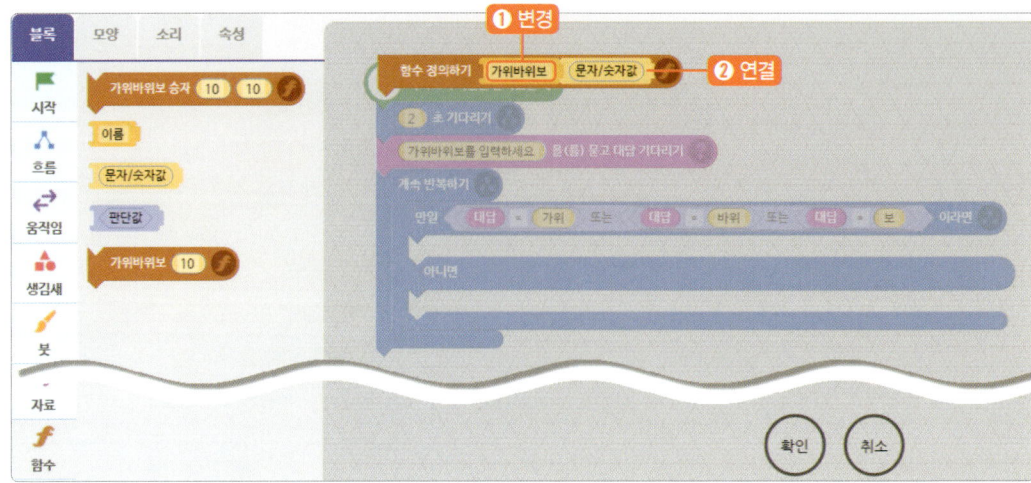

❻ [흐름] 블록 꾸러미에서 [만일 참 이라면]을 아래 그림처럼 연결합니다. 이어서, [판단] 블록 꾸러미에서 [10 = 10]을 '참'의 위치에 끼워 넣은 후 함수 명령 블록에서 [문자/숫자값]을 첫 번째 '10'의 위치에 끼워 넣은 후 두 번째 '10'을 '가위'로 변경합니다.

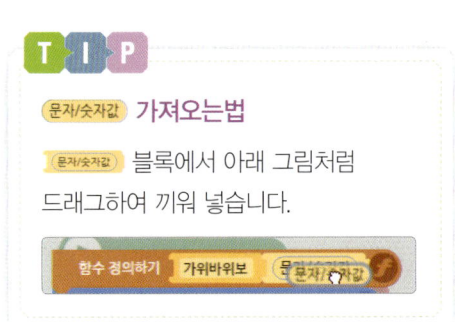

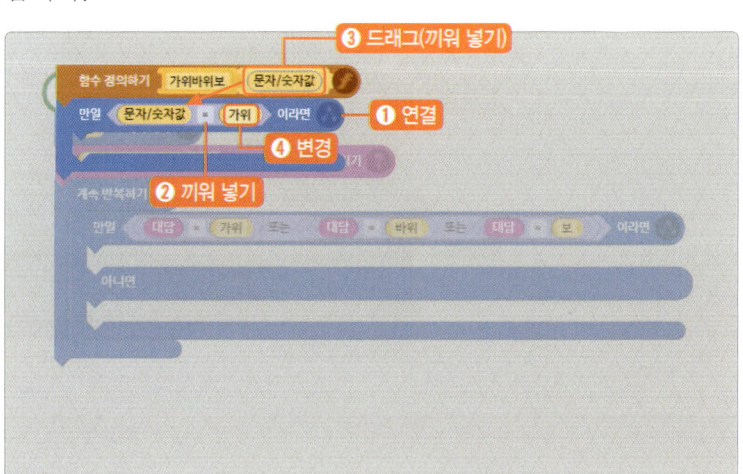

❼ [자료] 블록 꾸러미에서 [승자▼ 을 10 로 정하기]를 아래 그림처럼 연결합니다. 이어서, [승자▼]를 클릭하여 '내 가위바위보'를 선택한 후 '10'을 '1'로 변경합니다.

148 알고리즘으로 배우는 엔트리

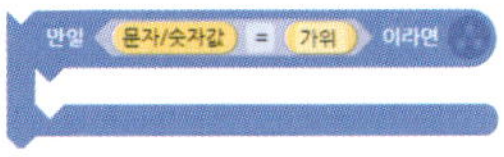

❽ 위에서 마우스 오른쪽 버튼을 눌러 [코드 복사 & 붙여넣기]를 선택한 후 블록을 2개 복사하여 아래 그림처럼 연결합니다. 이어서, 두 번째 '가위'는 '바위'로, 두 번째 '1'은 '2'로, 세 번째 '가위'는 '보'로, 세 번째 '1'은 '3'으로 각각 변경한 후 [확인]을 클릭합니다.

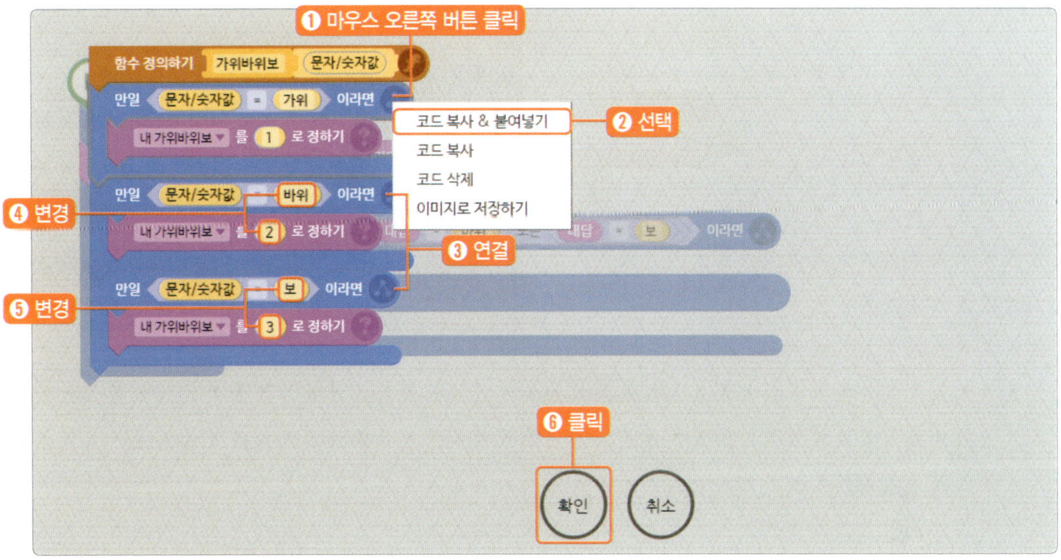

> **코딩풀이**
>
> 함수에 전해지는 매개변수(문자/숫자값)를 판단하여 '가위'일 때는 '내가위바위보' 변수를 '1'로, '바위'일 때는 '2', '보'일 때는 '3'으로 정합니다.

❾ [함수] 블록 꾸러미에서 [가위바위보 10]와 [시작] 블록 꾸러미에서 [다음 장면 시작하기]를 아래 그림처럼 연결한 후 [자료] 블록 꾸러미에서 [대답]을 '10'의 위치에 끼워 넣습니다.

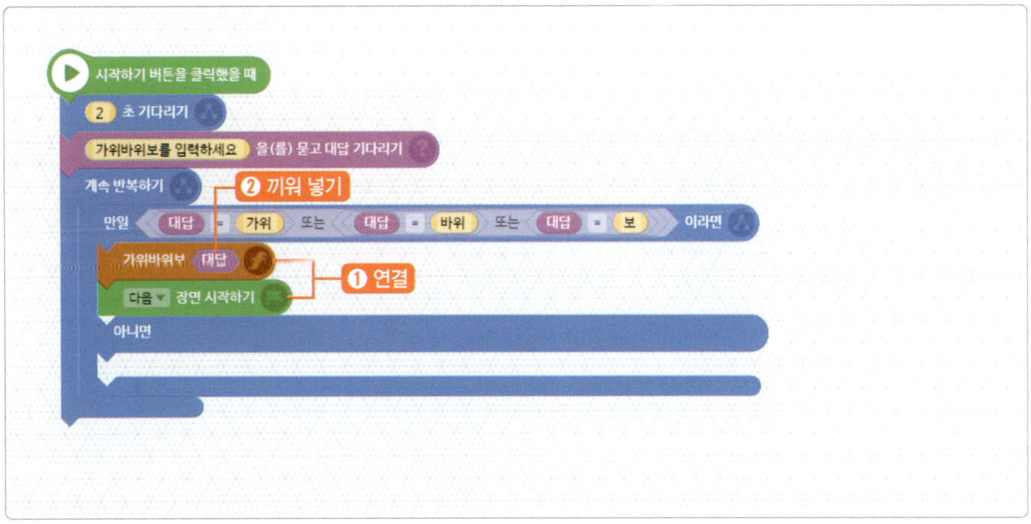

> **코딩풀이**
>
> 대답이 '가위, 바위, 보' 중 하나라도 일치하면 '가위바위보(가위바위보 10)' 함수를 실행하여 대답(매개변수)에 맞게 '내 가위바위보' 변수에 값(가위는 '1', 바위는 '2', 보는 '3')을 지정한 후 다음 장면(장면 2)을 시작합니다.

⑩ [?자료] 블록 꾸러미에서 [안녕! 을(를) 묻고 대답 기다리기] 를 아래 그림처럼 연결한 후 '안녕!'을 '다시입력하세요'로 변경합니다.

코딩풀이
가위바위보 입력을 물어봤을 때 대답이 '가위', '바위', '보'가 아닐 경우 다시 묻고 기다립니다.

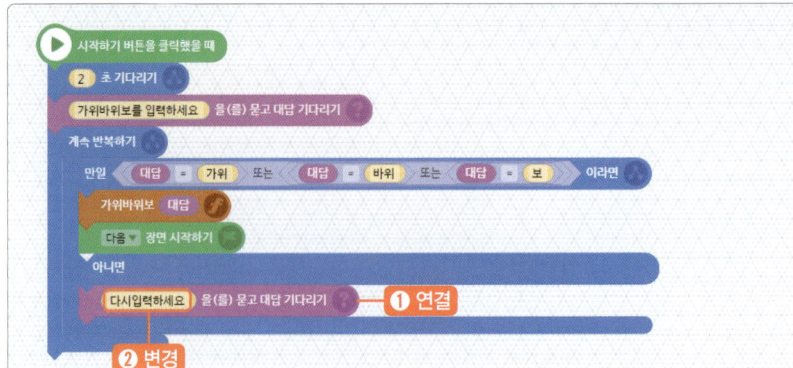

⑪ [시작] 블록 꾸러미에서 [장면이 시작되었을때] 를 [블록 조립소]로 가져다 놓은 후 [가위바위보를 입력하세요 을(를) 묻고 대답 기다리기] 위에서 마우스 오른쪽 버튼을 눌러 [코드 복사 & 붙여넣기]를 선택하여 블록을 복사합니다. 이어서, 아래 그림처럼 연결합니다.

코딩풀이
가위바위보 게임을 다시 시작하기 위하여 '장면 2'의 [엔트리봇2] 오브젝트가 '장면 1 시작하기' 블록을 실행했을 때 '장면 1'의 [내가위바위보] 오브젝트는 해당 신호를 받아서 복사한 코드(가위바위보)를 실행합니다.

⑫ [▶] 버튼을 클릭하여 가위바위보가 잘되는지 확인해 봅시다.
※ '장면 2'가 선택된 상태에서는 가위바위보 프로그램이 실행되지 않습니다.

4 예제파일을 불러와 주어진 과제를 해결해 봅시다.

❶ '장면 2'의  오브젝트에 내가 이길 때마다 '내가이긴횟수' 변수를 '1'씩 더해서 내가 몇 번을 이겼는지 알기 위해 새로 코드를 추가 했지만 작동하지 않습니다. 코드를 수정해 봅시다.

※ 게임을 실행하기 위해서는 '장면 1'을 선택한 후 ▶ 버튼을 클릭해야 합니다.

▶ 예제파일 : 가위바위보-1.ent

❷ '장면 1'의  오브젝트에 5판의 가위바위보 게임을 하여 먼저 3판을 이기면 승자를 말하도록 아래 조건과 사용할 블록을 참고하여 코드를 추가해 봅시다.

▶ 예제파일 : 가위바위보-2.ent

조건

장면이 시작되고 '5'번의 게임을 하여 내가 '3'번 이상 이겼을 때 [엔트리봇]이 '너가 이겼어'라고 말하고, 아닐 경우 '내가 이겼어'를 말한 후 모든 실행을 종료한다.

※ 비길 경우 '게임횟수' 변수가 감소하지 않는다.

Chapter 22 행성이 커진다 ①

📂 불러올 파일 : 행성이 커진다.ent   📁 완성된 파일 : 행성이 커진다(완성).ent

| 학습목표 |

▶ 장면을 전환할 때 오브젝트의 모양과 크기를 조절할 수 있습니다.
▶ 변수를 사용해서 오브젝트의 이동속도를 설정할 수 있습니다.

 순서도를 배워봅시다.

아래의 순서도는 무작위 숫자를 중복되지 않게 리스트에 넣는 순서도입니다.

● (가) 위치에 들어갈 순서도 기호를 고르세요.

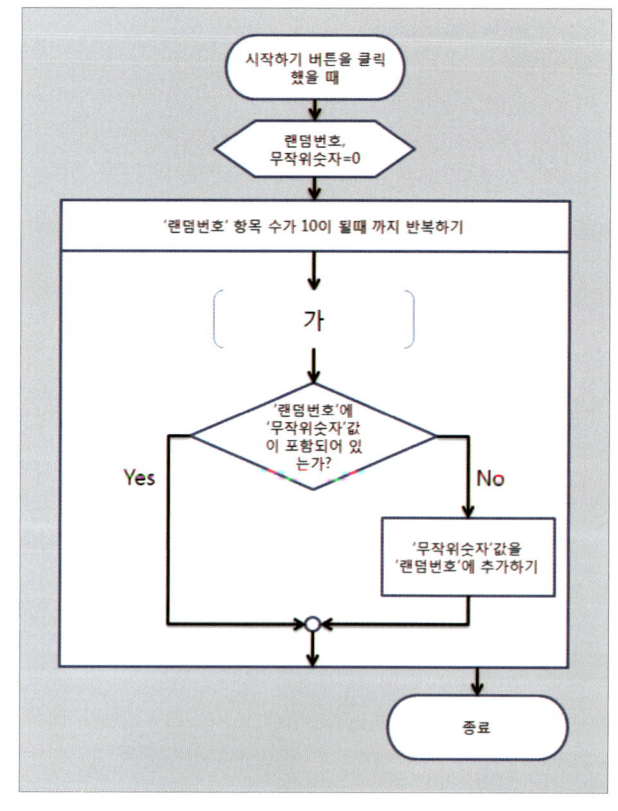

① '무작위숫자'를 1~10사이의 무작위 수로 정하기   ② '무작위숫자'에 1을 추가합니다   ③ '무작위숫자'에 1을 추가합니다   ④ '무작위숫자'를 1~10사이의 무작위 수로 정하기

2 ▶ 알고리즘을 배워봅시다.

- 다음을 보고 '?' 위치에 들어갈 숫자를 생각해 봅시다.

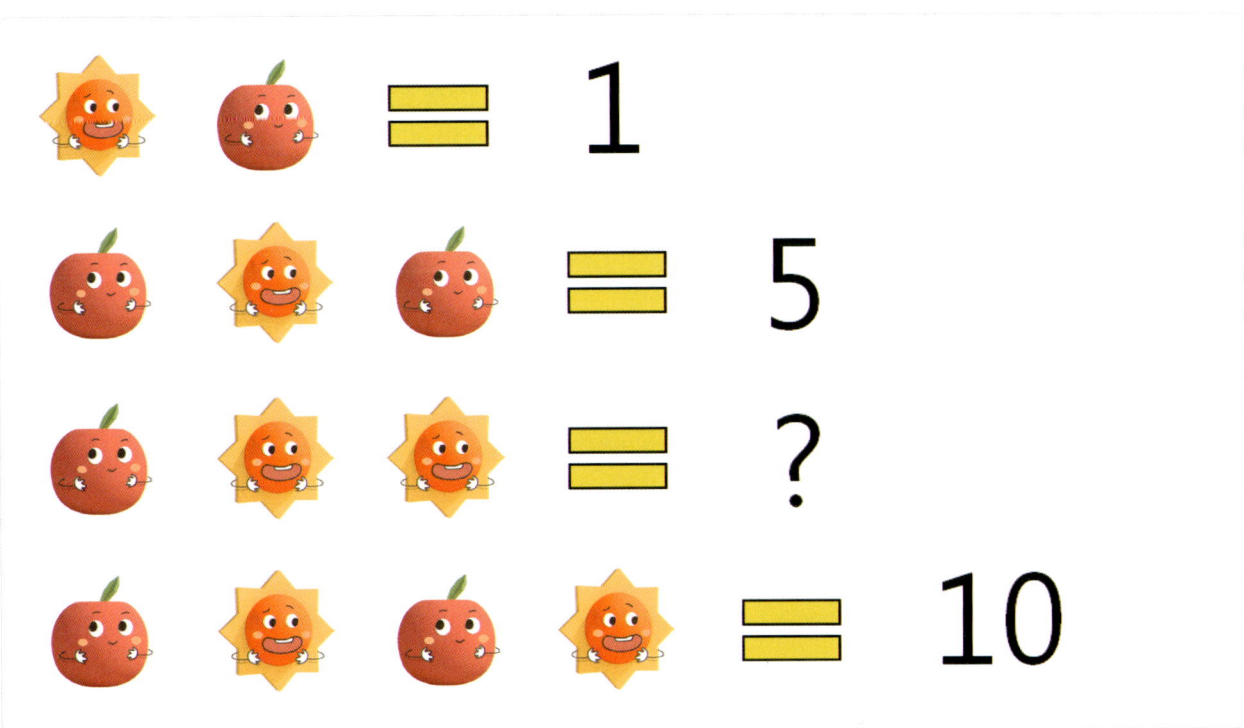

위의 식은 이진법이라고 하는 0과 1만을 사용하는 수 체계입니다. 우리가 흔히 사용하는 0~9까지를 십진법이라고 하는데 우리가 이진법을 알아야 하는 이유는 컴퓨터가 사용하는 기계어가 이진법이기 때문입니다.

T I P

이진법을 변환하는 방법

1. 1010을 변환하기 위해서는 우선 '1'이 있는 자리와 없는 자리를 구분합니다. 그리고 자리에 맞추어서 다음과 같은 식을 만듭니다.

   수식
   $(2^3 \times 1) + (2^2 \times 0) + (2^1 \times 1) + (2^0 \times 0)$

2. 수식을 계산하여 결과가 나오면 십진법으로 변환 결과(10)가 나옵니다.

3 문제를 해결해 봅시다.(22~23차시)

● 오브젝트를 소개합니다.

'장면 1'의 오브젝트들입니다.

[시작하기 버튼] 오브젝트를 클릭하면 다음 장면으로 넘어갑니다.

[설명배경] 오브젝트는 '장면 1'의 배경으로 게임에 대한 기본 내용을 알려줍니다.

'장면 2'의 오브젝트들입니다.

[해] 오브젝트는 게임의 아이템과 같은 요소로 화면에 무작위 위치에 복제본을 만들어 [행성]과 닿으면 화면에 보이는 다른 오브젝트를 삭제하고 닿지 않으면 '3'초를 기다린 후 자기 자신을 숨깁니다.

[흡수불가능] 오브젝트는 화면 밖의 무작위 위치에 복제본을 만들어 [행성]과 닿으면 '게임오버' 신호를 보낸 후 복제본을 삭제합니다.

[흡수가능] 오브젝트는 화면 밖의 무작위 위치에 복제본을 만들어 [행성]과 닿으면 '흡수' 신호를 보낸 후 복제본을 삭제합니다.

[우주] 오브젝트는 배경을 보여줍니다.

[행성] 오브젝트는 W, S, A, D 키를 눌러 움직이며 다른 오브젝트와 닿았을 때 색깔이 잠깐 변합니다. 그리고 [흡수가능] 오브젝트에 10번 닿으면 [행성]이 커집니다. 하지만 주요 오브젝트에 문제가 발생하여 정상적으로 실행되지 않습니다. 문제가 발생한 오브젝트를 같이 해결해 봅시다.

❶ [22차시]-[불러올 파일] 폴더에서 '행성이 커진다.ent' 파일을 불러옵니다. '장면 2'의 [오브젝트 목록]에서 [행성] 오브젝트를 선택한 후 [시작] 블록 꾸러미에서 [장면이 시작되었을때]를 드래그하여 [블록 조립소]로 가져다 놓습니다.

❷ [생김새] 블록 꾸러미에서 [행성(1)_1 모양으로 바꾸기]와 [크기를 10 만큼 바꾸기]를 아래 그림처럼 연결한 후 '10'을 '40'으로 변경합니다.

❸ [움직임] 블록 꾸러미에서 [x: 0 y: 0 위치로 이동하기]와 [흐름] 블록 꾸러미에서 [계속 반복하기]를 아래 그림처럼 연결합니다.

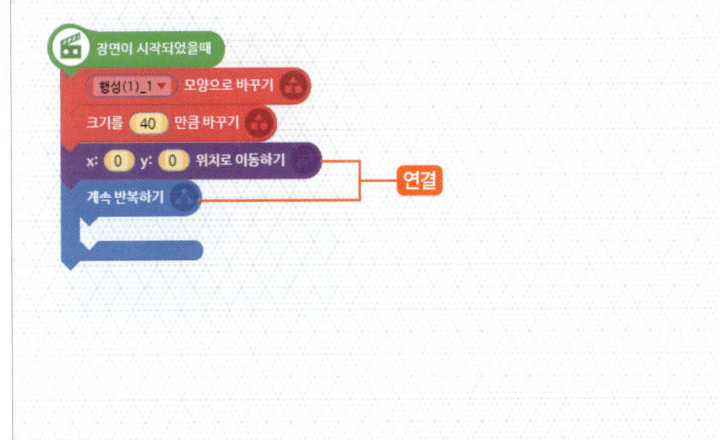

코딩풀이

'장면 2'가 시작되면 [행성]의 모양을 첫 번째 (행성(1)_1) 모양으로 변경합니다. 이어서, 크기를 기본 크기에서 '40'만큼 확대시킨 후 화면의 가운데 위치(x : 0, y : 0)로 이동시킵니다.

❹ [흐름] 블록 꾸러미에서 [만일 참 이라면]을 아래 그림처럼 연결합니다. 이어서, [판단] 블록 꾸러미에서 [마우스포인터 에 닿았는가?]를 '참'의 위치에 끼워 넣습니다.

Chapter 22 행성이 커진다 ① **155**

❺ 마우스포인터▼ 를 클릭하여 '해'를 선택합니다. 이어서, 시작 블록 꾸러미에서 해 숨기기▼ 신호 보내기 를 아래 그림처럼 연결합니다.

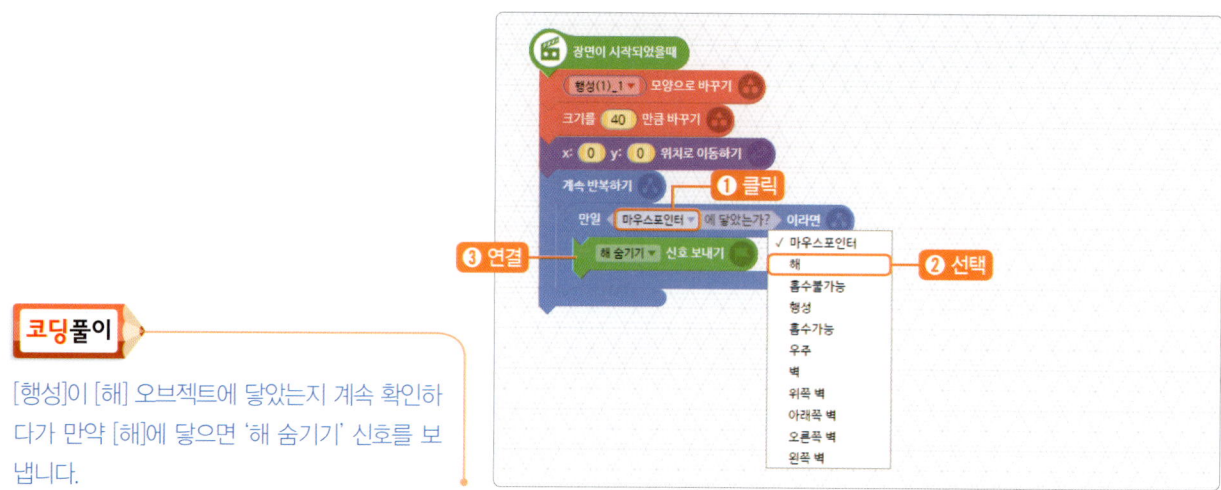

코딩풀이
[행성]이 [해] 오브젝트에 닿았는지 계속 확인하다가 만약 [해]에 닿으면 '해 숨기기' 신호를 보냅니다.

❻ 흐름 블록 꾸러미에서 만일 참 이라면 을 아래 그림처럼 연결합니다. 이어서, 판단 블록 꾸러미에서 q 키가 눌러져 있는가? 를 '참'의 위치에 끼워 넣습니다.

❼ 만일 q 키가 눌러져 있는가? 이라면 위에서 마우스 오른쪽 버튼을 눌러 [코드 복사 & 붙여넣기]를 선택하여 블록을 복사한 후 아래 그림처럼 연결합니다. 똑같은 방법으로 2개를 더 복사하여 아래 그림처럼 총 3개를 연결합니다.

156 알고리즘으로 배우는 엔트리

❽ 첫 번째 q 를 클릭하여 키보드 모양의 이미지가 나오면 키보드의 A 키를 눌러 변경합니다. 이어서, 아래 그림을 참고하여 나머지 q 도 'd, w, s'로 각각 변경합니다.

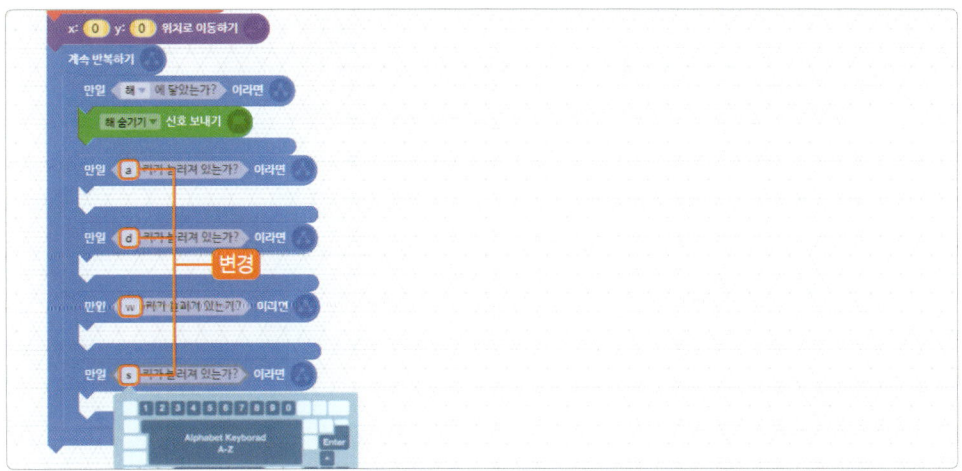

❾ 움직임 블록 꾸러미에서 x좌표를 10 만큼 바꾸기 와 y좌표를 10 만큼 바꾸기 를 아래 그림처럼 각각 2개씩 연결합니다.

코딩풀이

키보드의 'A', 'D' 키를 눌렀을 때는 x좌표 (왼쪽 또는 오른쪽)로 이동하고, 'W', 'S' 키를 눌렀을 때는 y좌표(위쪽 또는 아래쪽)로 이동을 합니다.

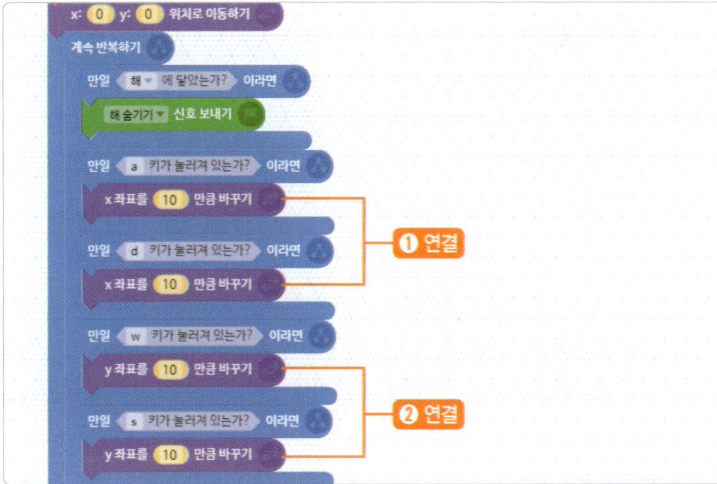

❿ 계산 블록 꾸러미에서 10 x 10 을 첫 번째와 네 번째 '10'의 위치에 각각 끼워 넣습니다. 이어서, 자료 블록 꾸러미에서 홀수한 개수 값 을 아래 그림을 참고하여 '10'의 위치에 각각 총 4개를 끼워 넣습니다.

Chapter 22 행성이 커진다 ① **157**

⓫ 첫 번째와 두 번째 '10'을 '-1'로 변경한 후 흡수한 개수▼ 를 클릭하여 '행성의 이동속도'를 선택합니다. 이어서, 나머지 블록들도 똑같은 방법으로 변경합니다.

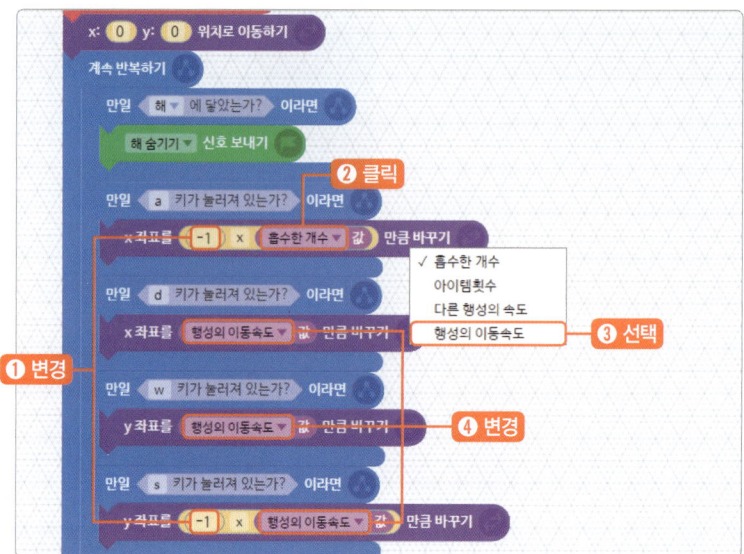

코딩풀이

'행성의 이동속도' 변수에 '-1'을 곱하는 이유는 'A', 'S' 키를 눌렀을 때 화면에서 왼쪽과 아래쪽으로 이동하기 위해서입니다.

TIP

이미 완성되어 있는 [행성] 오브젝트 코드

1. '흡수' 신호를 받으면 '흡수한 개수' 변수에 '1'을 증가시킵니다.
2. 만약 '흡수한 개수'를 '10'으로 나누었을 때 나머지가 '0'이면(10, 20, 30…) 다음 모양(수성, 금성, 지구…)으로 바꾸고 크기를 '5'만큼 확대합니다. 이어서, '다른 행성의 속도' 변수 값을 '0.2'만큼 증가시킨 후 '아이템횟수'([해] 오브젝트의 기능을 사용할 횟수)의 변수 값 역시 '2'만큼 증가시킨 후 색상을 20번 변경합니다.
3. 만일 [행성]의 모양 번호가 '7'이 되면(70개 흡수) 모든 코드를 멈춥니다.

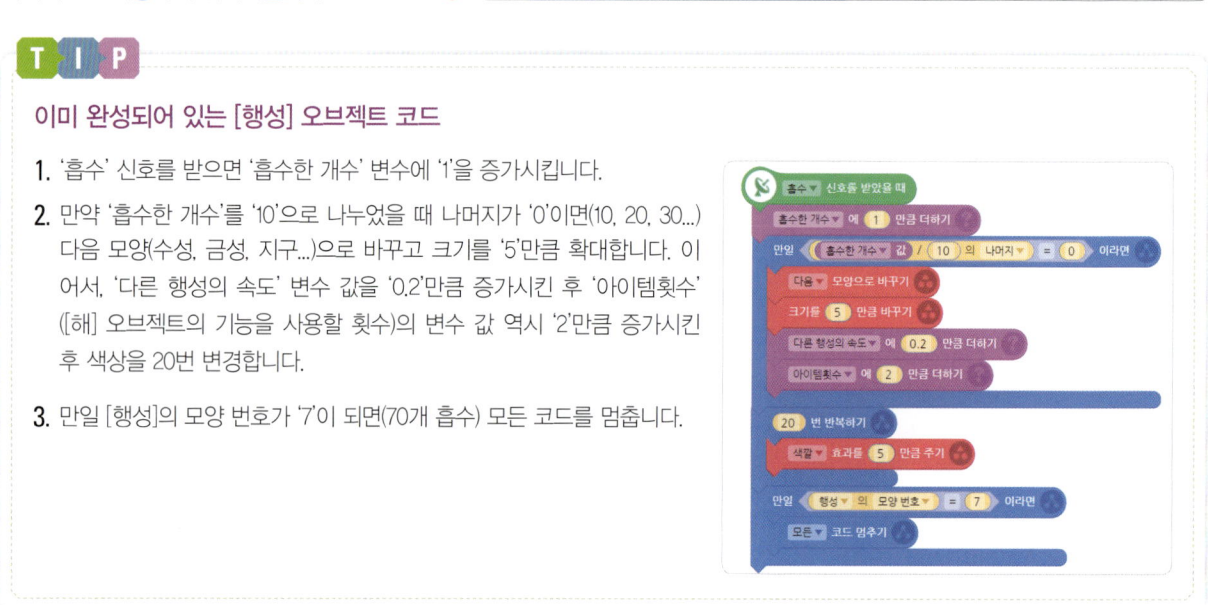

⓬ '장면 1'에서 ▶ 버튼을 클릭한 후 [시작하기 버튼] 오브젝트를 클릭합니다. 다음 장면으로 넘어가면 W, S, A, D 키를 눌러 [행성]이 움직이는지 확인해 봅시다.

158 알고리즘으로 배우는 엔트리

4 예제파일을 불러와 주어진 과제를 해결해 봅시다.

❶ '장면 2'의  오브젝트에 게임이 진행된 시간을 알고 싶어 코드를 추가했지만 시간이 맞지 않습니다. 코드를 수정해 봅시다.

▶ 예제파일 : 행성이 커진다 −1.ent   ▶ 완성파일 : 행성이 커진다 −1(완성).ent

❷ '장면 2'의 ☀ 해 오브젝트에 장면이 시작되면 화면의 무작위 위치에 나오도록 아래 조건과 사용할 블록을 참고하여 코드를 추가해 봅시다.

▶ 예제파일 : 행성이 커진다 − 2.ent   ▶ 완성파일 : 행성이 커진다 − 2(완성).ent

조건

장면이 시작되면 '아이템횟수'를 한 번만 사용할 수 있게 정해준다.
'5~10'초를 기다린 후 '아이템횟수' 변수 값이 '0'보다 크면
화면의 무작위(x : −200~200, y : −120~120) 위치로 이동하여
'3'초간 모습을 보여주는 것을 계속 반복한다.

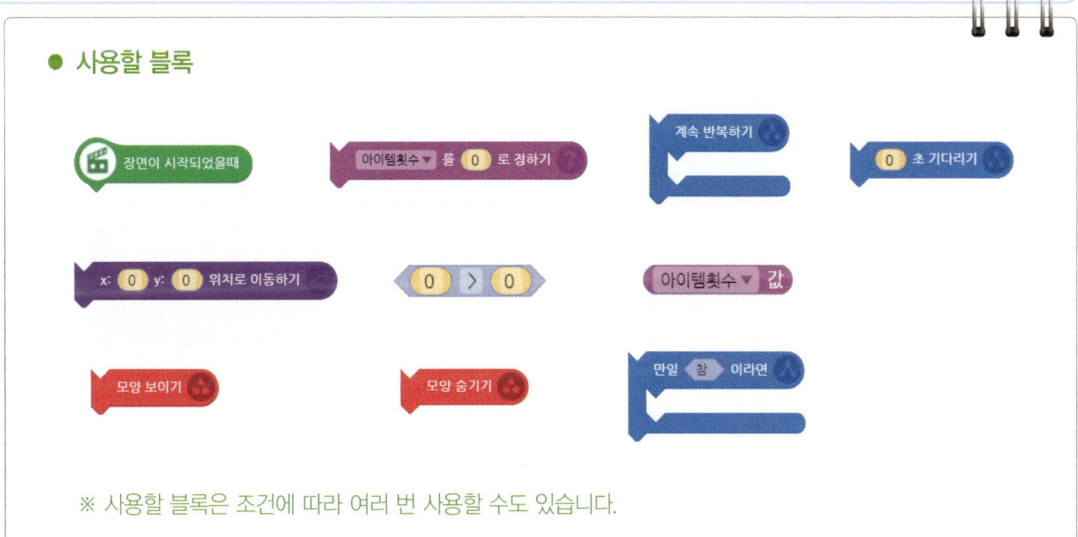

Chapter 23

행성이 커진다 ②

📁 불러올 파일 : 행성이 커진다2.ent   💾 완성된 파일 : 행성이 커진다2(완성).ent

| 학습목표 |

▶ 함수에 여러 개의 매개변수를 사용할 수 있습니다.
▶ 매개변수에 따라서 함수가 작동하는 기능을 다르게 설정할 수 있습니다.

1 순서도를 배워봅시다.

아래의 순서도는 마트에서 달걀을 사기 위한 순서도입니다.

● (가) 위치에 들어갈 순서도 기호를 고르세요.

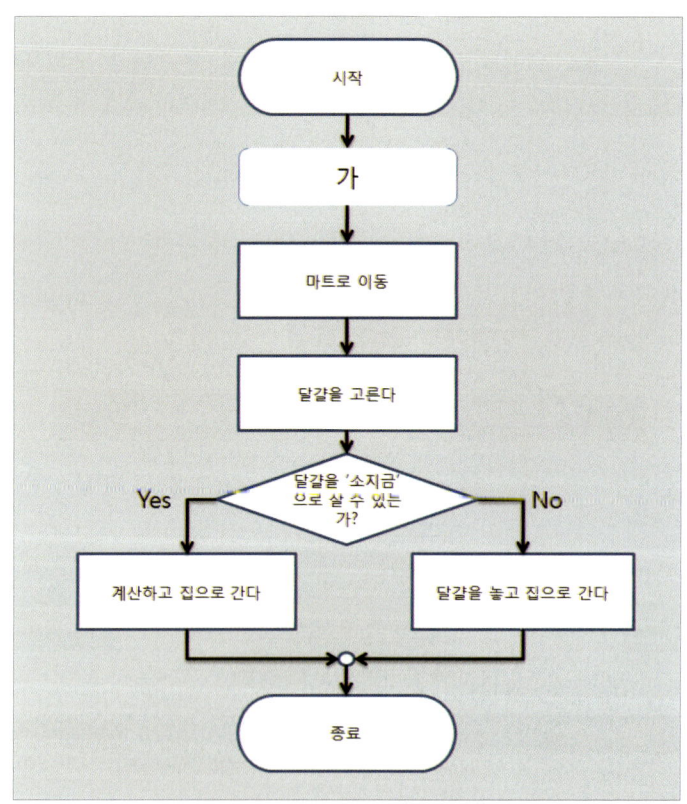

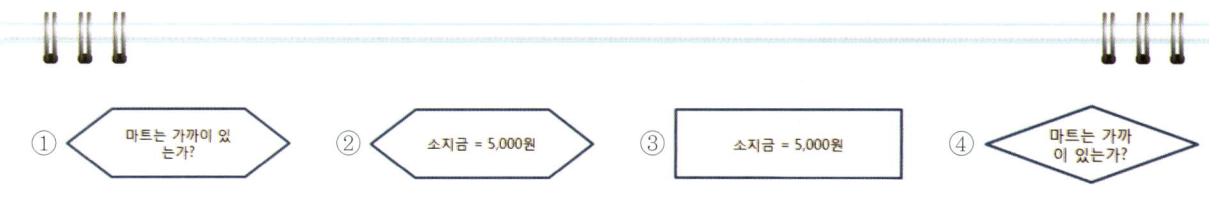

① 마트는 가까이 있는가?   ② 소지금 = 5,000원   ③ 소지금 = 5,000원   ④ 마트는 가까이 있는가?

 알고리즘을 배워봅시다.

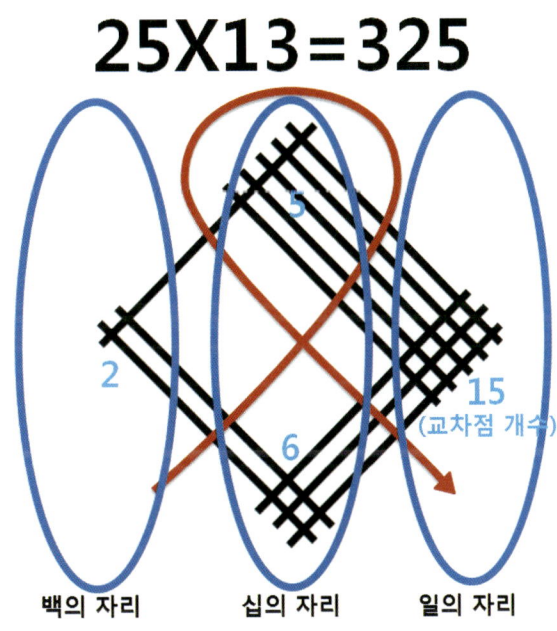

위의 그림은 두 자리 수의 곱하기를 간단하게 계산하는 계산법입니다.

우선 25×13을 계산하기 위해서 빨간 화살표의 순서대로 2줄, 5줄, 1줄, 3줄의 선을 그립니다. 이어서, 선이 교차한 점들을 세면 오른쪽 파란 원은 15개, 가운데 파란 원은 위, 아래 점을 합쳐 11개, 왼쪽의 점은 2개입니다. 이 점들을 오른쪽부터 (15×1)+(11×10)+ (2×100)이란 식으로 계산하면 325란 정답을 찾을 수 있습니다.

위의 그림을 참고하여 옆에 곱셈을 풀어봅시다.

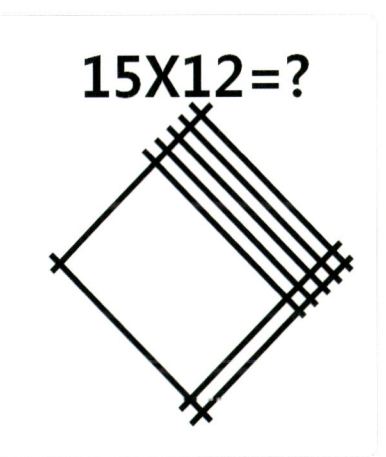

> **보충설명**
>
> 위의 계산 방법은 인도의 베다 수학이라는 고대 인도에서 형성되어 발전된 수학체계로 브라만의 힌두교 경전인 '베다'에서 파생되어 베다 수학이라고 합니다.

3 '행성이 커진다'에서 사용하는 '변수'와 '신호'에 대해 알아봅시다.

경과한 시간 : 게임이 종료되기 전까지의 시간을 확인하기 위해 사용되는 변수입니다. 해당 변수는 '장면 2'의 [우주] 오브젝트에서 사용됩니다.

흡수한 개수 : [행성] 오브젝트가 [흡수가능] 오브젝트에 닿았을 때 개수를 증가시키기 위한 변수입니다. 해당 변수는 [행성] 오브젝트에서 사용됩니다.

아이템횟수 : [해] 오브젝트의 기능(모든 복제본 삭제)을 실행할 횟수를 지정하는 변수로 기본값은 '1'로 지정되어 있습니다. [행성] 오브젝트가 모양을 바꿀 때 '2'만큼 증가시키며, [해] 오브젝트가 화면에 나타나 [행성] 오브젝트에 닿으면 '1'만큼 감소시킵니다. 해당 변수는 [해]와 [행성] 오브젝트에서 사용됩니다.

다른 행성의 속도 : [흡수불가능]과 [흡수가능] 오브젝트의 이동속도에 사용되는 변수로 기본값은 '1'로 지정되어 있습니다. [행성] 오브젝트가 일정 개수를 흡수하였을 경우 '0.2'를 증가시킵니다. 해당 변수는 [행성], [흡수불가능], [흡수가능] 오브젝트에서 사용됩니다.

행성의 이동속도 : [행성] 오브젝트의 이동속도를 지정하는 변수로 기본값은 '2'로 지정되어 있습니다. 해당 변수는 [행성] 오브젝트에서 사용됩니다.

게임오버 : [흡수불가능] 오브젝트에서 이 신호를 보내면 [우주] 오브젝트는 해당 신호를 받아서 모든 코드를 멈춥니다.

해 숨기기 : [행성] 오브젝트에서 이 신호를 보내면 [흡수불가능], [흡수가능] 오브젝트는 해당 신호를 받아서 모든 복제본을 삭제하고, [해] 오브젝트는 모양을 숨긴 후 '아이템횟수' 변수 값을 '1'만큼 감소시킵니다.

흡수 : [흡수가능] 오브젝트에서 이 신호를 보내면 [행성] 오브젝트는 해당 신호를 받아서 '흡수한 개수' 변수 값을 '1' 증가시킵니다.

❶ [23차시]-[불러올 파일] 폴더에서 '행성이 커진다2.ent' 파일을 불러옵니다. '장면 2'의 [오브젝트 목록]에서 오브젝트를 선택한 후 블록 꾸러미에서 함수 만들기 를 클릭합니다. 이어서, [블록 조립소]의 화면이 바뀌면 '함수'를 '다른 행성 이동'으로 변경한 후 이름 과 문자/숫자값 을 아래 그림처럼 3개의 그룹으로 연결합니다.

※ 엔트리 버전에 따라서 문자/숫자값 블록이 다를 수 있습니다.
  1.5.0버전 다른 행성 이동 이름 문자/숫자값 이름 문자/숫자값 1 이름 문자/숫자값 2
  1.5.2버전 다른 행성 이동 이름 문자/숫자값 1 이름 문자/숫자값 2 이름 문자/숫자값 3

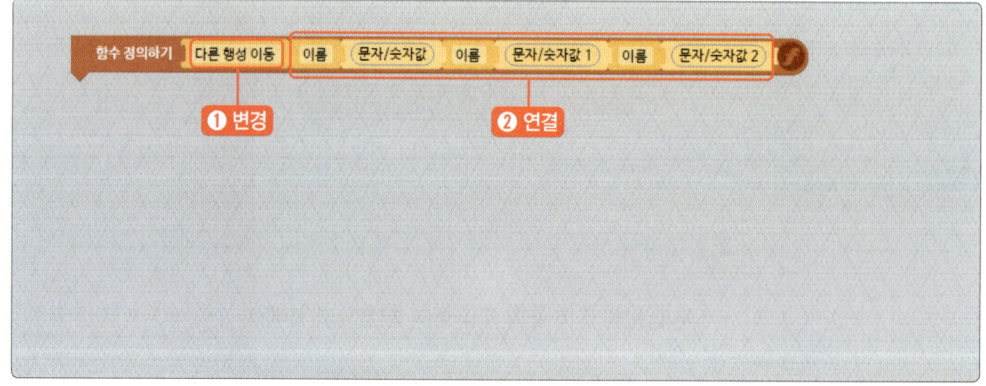

❷ 첫 번째 '이름'을 'X좌표:'로, 두 번째 '이름'을 'Y좌표:'로, 세 번째 '이름'을 '흡수가능'으로 각각 변경합니다.

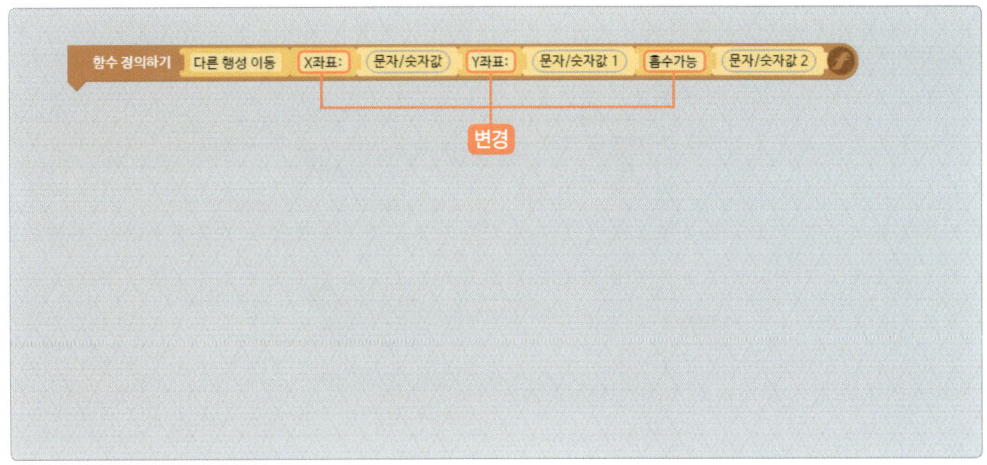

❸ [움직임] 블록 꾸러미에서 [x: 0 y: 0 위치로 이동하기]와 [생김새] 블록 꾸러미에서 [모양 보이기]를 아래 그림처럼 연결합니다. 이어서, 첫 번째 '0'의 위치에 함수 블록에서 [문자/숫자값]을, 두 번째 '0'의 위치에 [문자/숫자값 1]을 각각 끼워 넣습니다.

※ 엔트리 1.5.0 이상의 상위 버전은 [문자/숫자값], [문자/숫자값 1] 블록이 아닌 [문자/숫자값 1]과 [문자/숫자값 2]를 끼워 넣습니다.

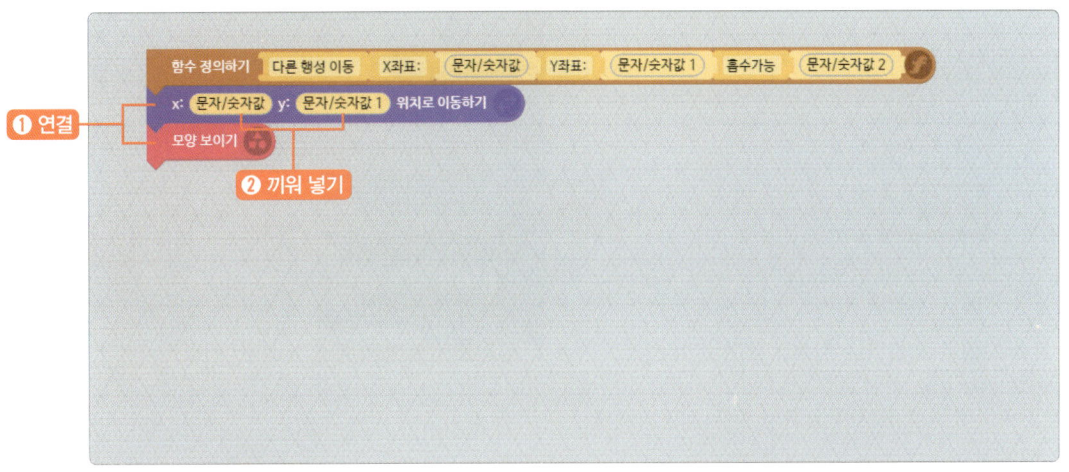

❹ [움직임] 블록 꾸러미에서 [해 쪽 바라보기]를 아래 그림처럼 연결한 후 [해▼]를 클릭하여 '행성'을 선택합니다. 이어서, [흐름] 블록 꾸러미에서 [계속 반복하기]와 [움직임] 블록 꾸러미에서 [이동 방향으로 10 만큼 움직이기]를 아래 그림처럼 연결한 후 [자료] 블록 꾸러미에서 [경과한 시간▼ 값]을 '10'의 위치에 끼워 넣습니다.

코딩풀이

해당 함수가 적용된 오브젝트는 x좌표([문자/숫자값])와 y좌표([문자/숫자값 1])에 입력받은 매개변수의 값으로 위치를 이동하여 모양을 보인 후 [행성] 쪽으로 '10'만큼 이동합니다.

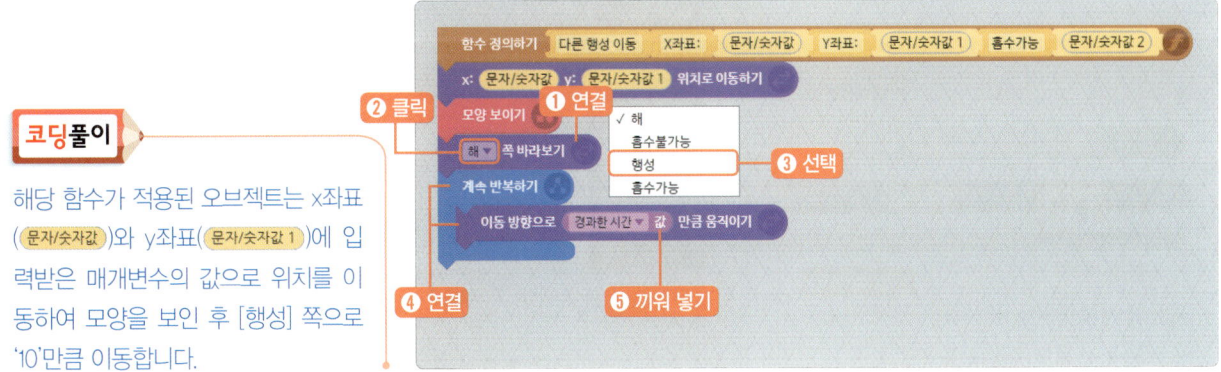

Chapter 23 행성이 커진다 ② **163**

❺ 경과한시간▼ 을 클릭하여 '다른 행성의 속도'를 선택합니다. 이어서, 흐름 블록 꾸러미에서 만일~이라면 을 아래 그림처럼 연결한 후 판단 블록 꾸러미에서 마우스포인터▼에 닿았는가? 를 '참'의 위치에 끼워 넣습니다.

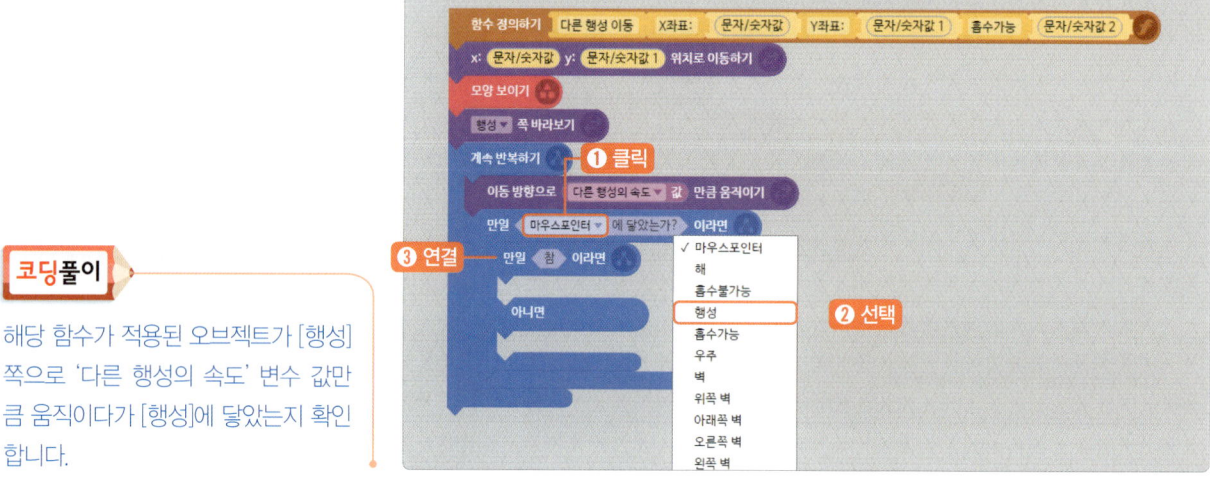

❻ 마우스포인터▼ 를 클릭하여 '행성'을 선택한 후 흐름 블록 꾸러미에서 만일~이라면~아니면 을 아래 그림처럼 연결합니다.

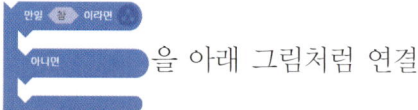

코딩풀이
해당 함수가 적용된 오브젝트가 [행성] 쪽으로 '다른 행성의 속도' 변수 값만큼 움직이다가 [행성]에 닿았는지 확인합니다.

❼ 판단 블록 꾸러미에서 10 = 10 을 '참'의 위치에 끼워 넣습니다. 이어서, 함수 블록에서 문자/숫자값 2 를 첫 번째 '10'의 위치에 끼워 넣은 후 두 번째 '10'을 '1'로 변경합니다.
※ 엔트리 1.5.0 이상의 상위 버전은 문자/숫자값 2 이 아닌 문자/숫자값 3 을 끼워 넣습니다.

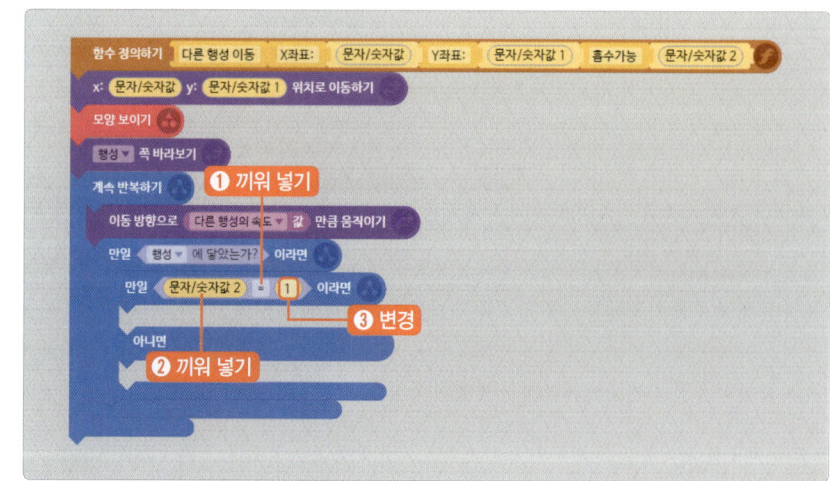

코딩풀이
문자/숫자값 2 의 값이 '1'이면 [흡수가능] 오브젝트에서 사용되고, '0'이면 [흡수불가능] 오브젝트에서 사용됩니다.

8 생김새 블록 꾸러미에서 모양 숨기기 와 시작 블록 꾸러미에서 게임오버 신호 보내기 그리고 흐름 블록 꾸러미에서 이 복제본 삭제하기 를 아래 그림처럼 연결합니다. 이어서, 모양 숨기기 위에서 마우스 오른쪽 버튼을 눌러 [코드 복사 & 붙여넣기]를 선택하여 블록을 복사한 후 아래 그림처럼 연결합니다.

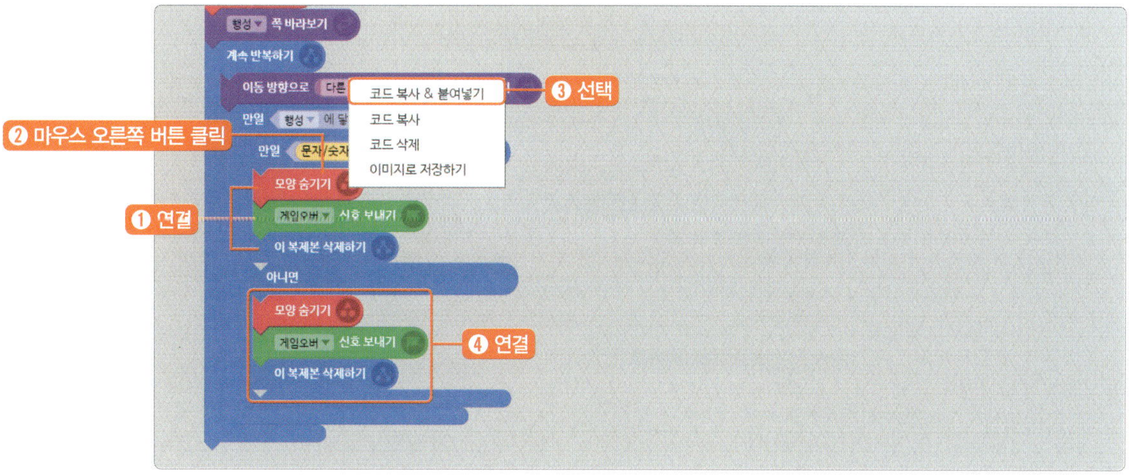

9 첫 번째 게임오버 를 클릭하여 '흡수'를 선택한 후 확인 을 클릭합니다.

코딩풀이

해당 함수가 적용된 오브젝트가 [행성]에 닿았을 경우 문자/숫자값 2 (엔트리 1.5.0 이상의 상위 버전은 문자/숫자값 3)의 값이 '1'이면 모양을 숨기고 '흡수' 신호를 보낸 후 복제본을 삭제합니다. 만약, '1'이 아니면 모양을 숨기고 '게임오버' 신호를 보낸 후 복제본을 삭제합니다.

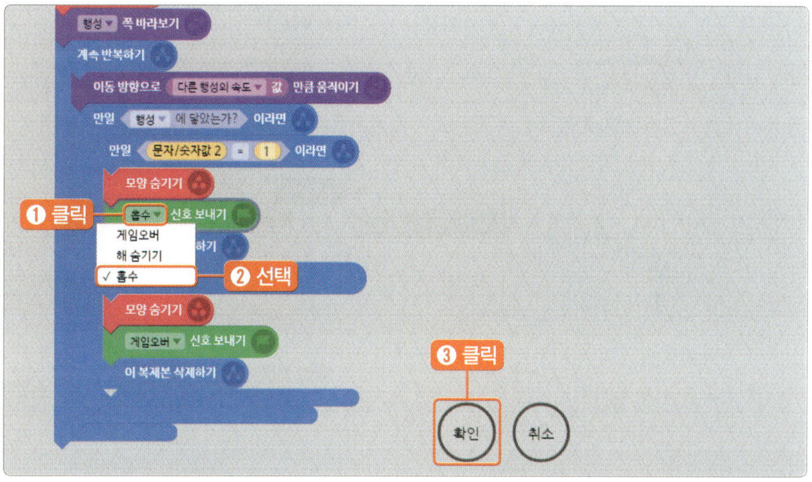

10 '장면 2'의 흡수가능 오브젝트를 클릭한 후 함수 블록 꾸러미에서 다른 행성 이동 X좌표: 10 Y좌표: 10 흡수가능 10 4개를 아래 그림처럼 연결합니다.

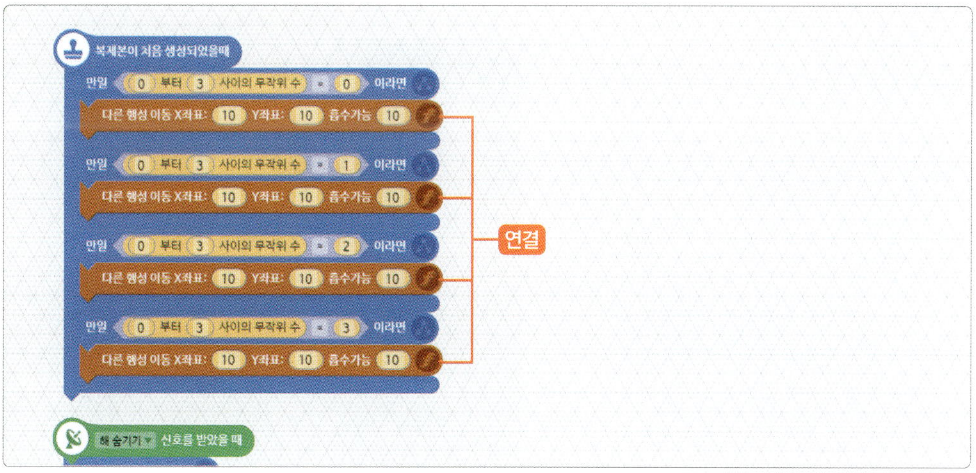

⑪ 아래 그림을 참고하여 4개의 `다른 행성 이동 X좌표: 10 Y좌표: 10 흡수가능 10` 함수 블록에 값을 변경합니다.

⑫ `계산` 블록 꾸러미에서 `(0) 부터 (0) 사이의 무작위 수`를 아래 그림처럼 4개의 함수 블록에 끼워 넣은 후 값을 입력합니다.

코딩풀이

[흡수가능] 오브젝트에 복제본이 생성되었을 때 '0'부터 '3'사이의 무작위 숫자 중에서 '0, 1, 2, 3'을 비교하여 해당 조건에 맞으면 아래쪽 함수가 실행되어 매개변수(x좌표, y좌표, 흡수가능)를 전달합니다. 해당 함수는 흡수가능이 '1'이기 때문에 [행성]에 닿으면 '흡수' 신호를 보냅니다.

⑬ '장면 1'에서 ▶ 버튼을 클릭한 후 `시작하기 버튼`을 클릭합니다. 다음 장면으로 넘어가면 [흡수가능] 오브젝트들이 화면 밖에서 나오는지 [행성] 오브젝트가 [해] 오브젝트와 닿으면 다른 행성들이 없어지는지 확인해 봅시다.

4 예제파일을 불러와 주어진 과제를 해결해 봅시다.

❶ '장면 2'의  오브젝트를 키보드(W, S, A, D)가 아닌 마우스로 조정할 수 있도록 코드를 수정해 봅시다.

▶ 예제파일 : 행성이 커진다 2-1.ent   ▶ 완성파일 : 행성이 커진다 2-1(완성).ent

❷ '장면 2'의 [흡수가능] 오브젝트에서 [복제본이 처음 생성되었을때] 코드를 참고하여 [흡수불가능] 오브젝트에 코드를 작성해 봅시다.

▶ 예제파일 : 행성이 커진다 2-2.ent   ▶ 완성파일 : 행성이 커진다 2-2(완성).ent

조건

'0'부터 '3' 사이의 무작위 수를 이용한다.
함수에 사용되는 x-y 좌표값은 [흡수가능] 오브젝트와 동일하게 입력한다.
[흡수불가능] 오브젝트가 [행성]에 닿았을 때 '게임오버' 신호를 보내도록 매개변수를 설정합니다.

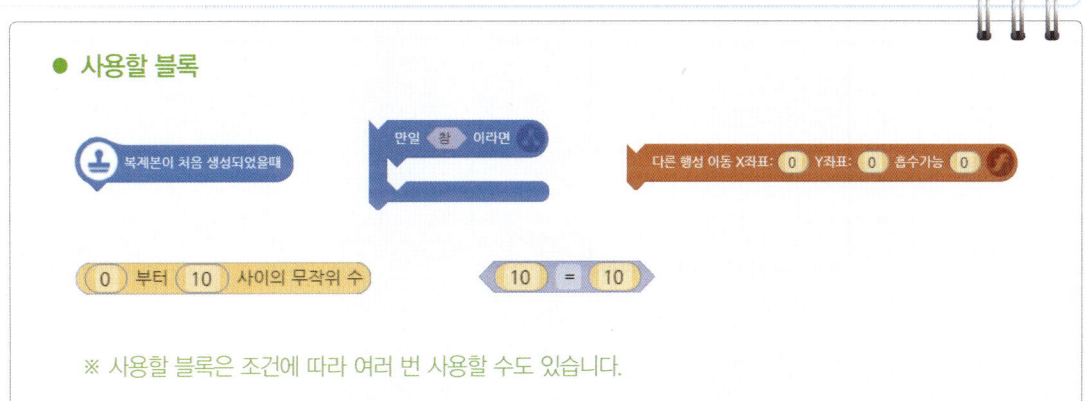

※ 사용할 블록은 조건에 따라 여러 번 사용할 수도 있습니다.

Chapter 24 단원종합 평가문제

1. 아래의 순서도를 보고 숫자1은 '10', 숫자2는 '8'로 각각 대입하여 순서도가 종료되었을 때 임시변수의 값을 적으세요.

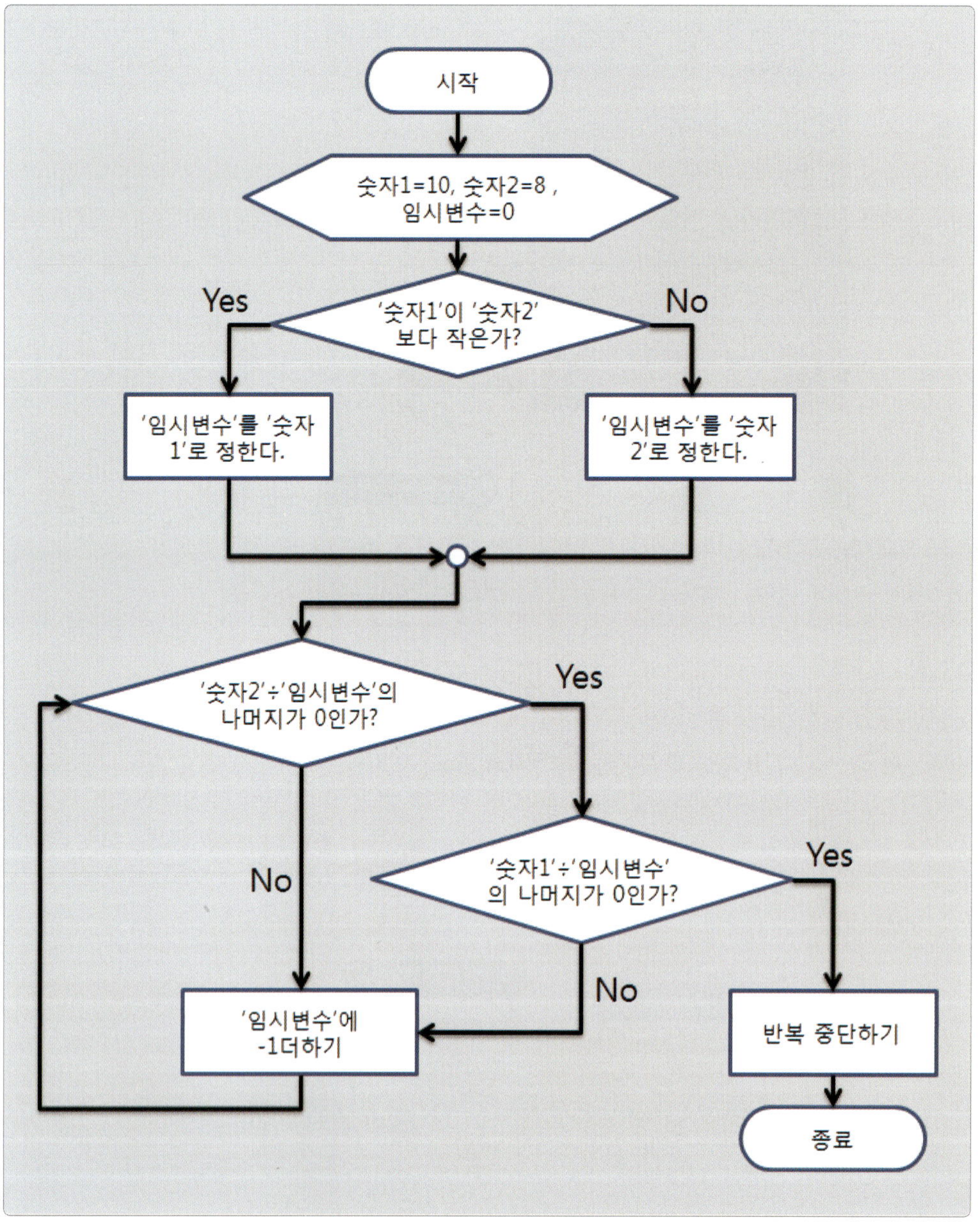

2 문제 **1**의 순서도와 아래 블록을 참고하여 최대공약수를 구하는 코드를 만들어 봅시다.

> **TIP**
>
> **최대공약수** : 2개 이상의 수에 대한 공약수 중에서 가장 큰 수를 말합니다.
> **공약수** : 2개 이상의 수에 대한 공통인 약수
> **약수** : 어떤 수를 나머지 없이 나눌 수 있는 수 (예 : 4의 약수는 1, 2, 4)

● 사용할 블록

※ 변수 : '숫자1'의 기본값 '10', '숫자2'의 기본값 '8', '임시변수'의 기본값 '0'

Chapter 24 단원종합 평가문제

3 아래의 순서도를 보고 숫자1은 '12', 숫자2는 '10'을 각각 대입하여 순서도가 종료되었을 때 최소공배수의 값을 적으세요.

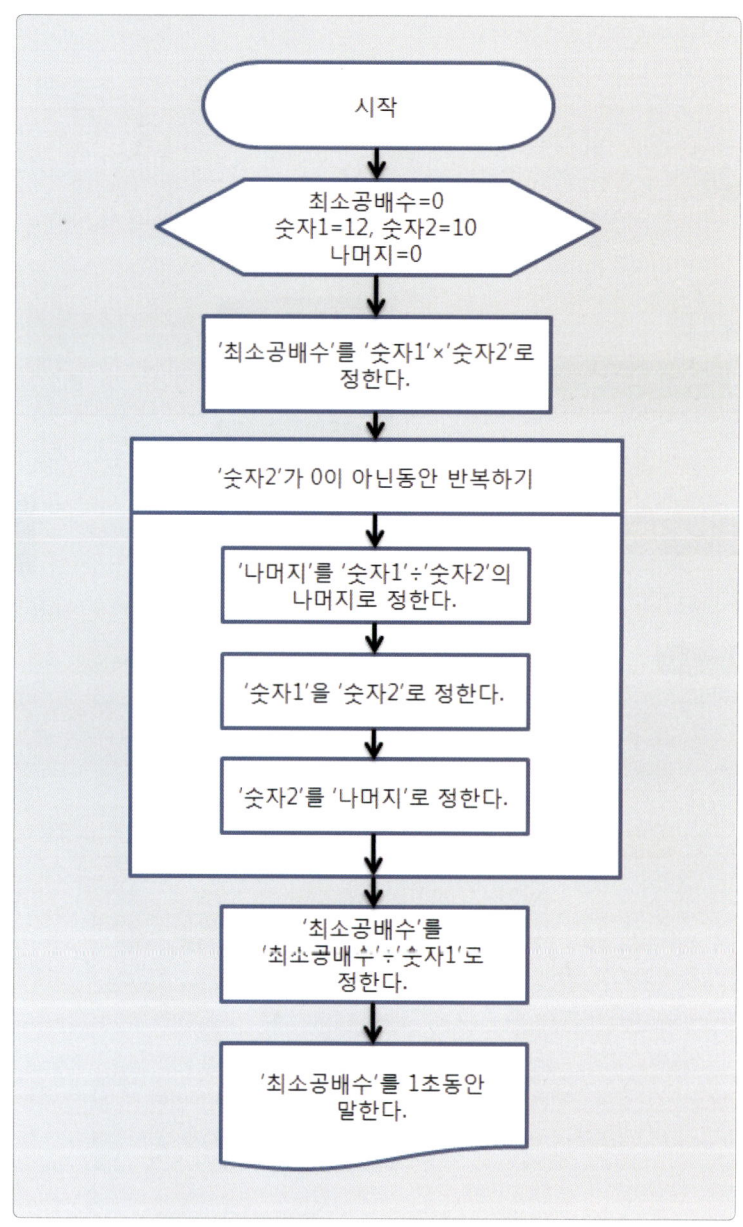

4 문제 **3**의 순서도와 아래 블록을 참고하여 최소공배수를 구하는 코드를 만들어 봅시다.

> **TIP**
>
> **최소공배수** : 2개 이상의 수에 대한 공배수 중에서 가장 작은 수를 말합니다.
> **공배수** : 2개 이상의 수에 대한 공통인 배수
> **배수** : 어떤 수에 정수를 곱한 수 (예 : 4의 배수는 4, 8, 12…)

● 사용할 블록

※ 변수 : '숫자1'의 기본값 '12', '숫자2'의 기본값 '10', '나머지'의 기본값 '0', '최소공배수'의 기본값 '0'

● **〈부록 1 (가위로 오려서 정육면체를 만들어 보세요)〉**

● **〈부록 1 (가위로 오려서 정육면체를 만들어 보세요)〉**

● 〈부록 2 (가위로 오려서 오리 모양을 만들어 보세요)〉

● 〈부록 2 (가위로 오려서 오리 모양을 만들어 보세요)〉